KANT & KANTISTES

ÉTUDE CRITIQUE

SELON LES PRINCIPES DE LA MÉTAPHYSIQUE THOMISTE

PAR

M. L'ABBÉ GOUJON

Curé d'Autrécourt

LILLE
H. MOREL, IMPRIMEUR-ÉDITEUR
77, Rue Nationale, 77
ET CHEZ L'AUTEUR, A AUTRÉCOURT, PAR LAVOYE (MEUSE)

1901

KANT & KANTISTES

KANT & KANTISTES

ÉTUDE CRITIQUE

SELON LES PRINCIPES DE LA MÉTAPHYSIQUE THOMISTE

PAR

M. L'Abbé GOUJON

Curé d'Autrécourt

LILLE
H. MOREL, IMPRIMEUR-ÉDITEUR
77, Rue Nationale, 77
ET CHEZ L'AUTEUR, A AUTRÉCOURT, PAR LAVOYE (MEUSE)

—

1901

AVANT-PROPOS

Sommaire : 1. La philosophie française, humble vassale de la pensée allemande. — 2. Idée générale de la *Critique de la Raison pure*. — 3. Protestation du bon sens. — 5. Le point de départ de Kant est une contradiction. — 5. Invasion du kantisme chez les catholiques : citation de M. Piat. — 6. Subjectivisme cartésien dans les manuels de baccalauréat. — 7. Saint Thomas a posé les principes d'une théorie critique de la connaissance. — 8. Nécessité de les étudier ; réponse à l'objection tirée des examens officiels. — 9. Idée générale de notre étude qui est une réponse aux principales objections de Kant, de MM. Rabier et Liard contre la métaphysique. — 10. Nécessité de la métaphysique. — 11. Beau texte de Mgr Mignot. — 12. Utilité apologétique de ces études.

1. — Depuis un certain nombre d'années, la philosophie française s'est faite la très humble vassale de la philosophie allemande. « La Grèce, soumise par les armes, dit Horace, sut imposer sa civilisation et sa haute culture intellectuelle aux Romains vainqueurs. » Un phénomène absolument opposé s'est produit en France. Non contente de nous avoir pillés, rançonnés et mutilés, l'Allemagne a continué et continue toujours sa conquête, en nous imposant sa politique bismarkienne et sectaire, ses Juifs et sa philosophie.

Le grand maître de la pensée française, à l'heure présente, est Kant, le patriarche de Kœnigsberg. Ouvrez n'importe quel ouvrage récent, qui traite d'une question philosophique quelconque, depuis les manuels de baccalauréat jusqu'aux thèses de doctorat ès lettres, jusqu'aux œuvres plus savantes des plus illustres professeurs de l'Université, vous voyez la pensée française, si spontanée, si libre d'allures en d'autres temps et si indépendante, perdre ces nobles caractères, s'effacer elle-même et disparaître sous le joug tyrannique du dogmatisme kantien. Car, malgré des apparences contraires et ce nom de *Critique* dont Kant a paré son œuvre, rien n'est plus dogmatique que ses élucubrations.

2. — Il est impossible, enseigne le grand homme, que nous connaissions quelque chose ; nous ne pouvons sortir de nos propres représentations.

Nous avons tort d'attribuer des qualités sensibles aux personnes ou aux choses : ces qualités ne sont que des apparences purement subjectives. L'espace et le temps sont des formes de la sensibilité. Les événements, considérés en eux-mêmes, ne sont pas successifs, les êtres ne sont pas étendus. En réalité, il n'y a pas plusieurs êtres ; le nombre est une invention de l'esprit pensant. La causalité, isolée de l'intelligence humaine, n'est rien du tout. La substance, l'être en soi, n'existe pas objectivement. En dehors de l'intelligence qui la conçoit par une nécessité de sa nature, la substance s'évanouit comme un fantôme illusoire et vain.

Y a-t-il un monde extérieur ? Les plus profonds interprètes de la pensée kantienne, dociles aux leçons générales du maître, opinent pour la négative. Quant au maître lui-même, on ne sait pas trop ce qu'il a voulu dire. Dans la première édition de la *Critique de la Raison pure*, il se montre réaliste et paraît admettre l'existence du monde ; dans la seconde édition, il est franchement idéaliste et nie toute existence objective.

Dernièrement un jeune professeur de l'Université voulut tirer au clair cette question de fait et ne put y parvenir, malgré la puissance d'une intelligence d'élite. Ce qui est hors de doute, ce qui ressort avec évidence des principes kantiens, c'est que le monde, s'il existe, est pour nous inconnu et absolument inconnaissable.

Quelle peut être la doctrine de la critique sur la spiritualité et l'immortalité de l'âme, sur l'existence de Dieu et les attributs divins ? « Ces idées de la raison, dit Kant, n'ont aucune valeur réelle. Il est impossible que nous connaissions quoi que ce soit par la raison spéculative. Entre l'intelligence et l'objet, la séparation est absolue ; il est contradictoire que l'esprit puisse atteindre une réalité située hors de lui. »

Non content d'avoir creusé cet abîme entre le sujet connaissant et les choses à connaître, le philosophe allemand introduit la division au sein de l'intelligence elle-même. Nous avons deux raisons, non seulement distinctes, mais opposées : la raison pure ou spéculative, qui ne connaît rien en dehors d'elle-même, et la raison pratique, qui, partant de l'idée du devoir et de l'idée du bien, aboutit à des conclusions solides et nous apprend les vérités qu'il nous importe de savoir. Celle-ci reconstruit l'édifice de la science philosophique, que la première avait rasé jusque dans ses fondements. Ainsi la contradiction siège en permanence au cœur de la doctrine kantienne et se répand de là sur toutes les parties du système, qui aboutit logiquement à un scepticisme sans frein et sans remède.

3. — Le bon sens se révolte avec indignation contre cette philosophie de Kant, qui n'a pas l'ombre de sens commun. Ce n'est pas que nous voulions faire du consentement général des hommes un criterium infaillible de vérité. Il y a des erreurs qui ont reçu pendant longtemps l'adhésion unanime des intelligences : avant Copernic, tout le monde admettait avec une certitude entière le mouvement annuel du soleil autour de la terre immobile. Mais si l'humanité s'est trompée dans la solution d'un problème astronomique, est-il légitime de conclure qu'elle se trompe toujours, même dans les questions les plus simples ? Kant le déclare dans la préface de sa seconde édition et se proclame modestement le Copernic des temps modernes.

Le bon sens, qui n'est rien autre chose que la raison même, admet avec une certitude absolue un certain nombre de vérités évidentes, placées au-dessus de toute discussion : le monde existe réellement et objectivement ; dans le monde, il y a de vrais hommes, de vrais animaux, de vrais arbres, de vrais minéraux. Le témoignage de notre conscience nous fait saisir par une autorité souveraine notre propre existence substantielle. Deux fois deux font quatre. Le tout est plus grand que sa partie. La ligne droite est le plus court chemin d'un point à un autre. Ces propositions sont nécessaires à divers titres, mais leur certitude est indéniable et force l'assentiment. Cette certitude ne résulte pas de la croyance, ni de la foi, ni de la démonstration, mais d'une intuition immédiate sur la vérité objective. Je suis persuadé que le monde existe et qu'il est composé de minéraux, de végétaux, d'animaux et d'hommes, parce que je les vois, je les sens, je les entends, je les touche ; mes sens extérieurs me mettent en communication directe et immédiate avec le monde et les êtres qui les composent. Je suis persuadé que j'existe, non pas comme phénomène et pure apparence, mais comme un être vrai et réel, comme une substance en soi distincte de mon voisin, de mon chien, de mon chat, du sol sur lequel je marche, parce que je me vois par la vue directe et immédiate de ma conscience. Je suis persuadé que deux fois deux font quatre, que la même chose ne peut pas être et n'être pas sous le même rapport, que le tout est plus grand que sa partie, parce que mon intelligence voit clair dans le monde intelligible objectif et qu'elle saisit avec une force invincible ces vérités primordiales qui en sont le fondement.

C'est en vain que Descartes et tous les kantistes à sa suite veulent me persuader, avec des raisonnements abstraits, que les sensibles propres, c'est-à-dire la couleur, le son, la saveur, la résistance, n'existent que dans nos sensations et nullement dans l'objet. Cela n'est pas vrai ; ce n'est pas moi qui donne au marbre sa résistance ni la fluidité à l'eau ; ce n'est pas mon œil qui établit la différence entre le pantalon rouge des soldats de la ligne et le pantalon bleu foncé des chasseurs à pied. Mes sens, quand ils sont sains et que je m'en sers bien, atteignent directement leur objet : par eux, je connais immédiatement le monde extérieur.

Kant perd son temps et sa peine en essayant d'établir, par des abstractions très obscures, très inintelligibles et très contradictoires, que ma conscience n'atteint qu'un moi apparent, phénoménal, nullement réel ni substantiel ; que l'étendue n'existe pas dans les objets, ni la succession dans les événements, mais seulement dans ma sensibilité subjective ; qu'en disant deux fois deux font quatre, j'affirme seulement la contrainte où je me trouve de penser ainsi, et que je ne vois pas l'être objectif de cette vérité. Cela n'est pas vrai, je me révolte contre de telles absurdités, et je suis persuadé que Kant lui-même et tous les criticistes, quand ils sont hors de leur cabinet de travail et qu'ils ont cessé de s'adonner à la construction de leurs ténébreux systèmes, pensent et sentent comme moi.

Quand il s'agit de ces vérités primordiales d'évidence immédiate, le sens commun est identique à la raison même. Mais nous ne voulons pas insister sur le témoignage du bon sens ; depuis une trentaine d'années que la philosophie allemande règne en France, le pauvre bon sens est presque un inconnu, on ne l'écoute guère. Ceux qui l'aiment et ne veulent pas s'en séparer s'abstiennent d'en parler, de crainte d'attirer sur lui et sur eux les dédains transcendants des penseurs modernes. Nous ne l'invoquerons pas directement dans cette *Étude critique;* et qu'on nous pardonne de lui avoir accordé cette petite place dans l'*Avant-Propos*.

4. — D'ailleurs, la philosophie réaliste et objective possède à son service d'autres armes, très puissantes, contre le système kantien. La critique de la Raison Pure repose sur une contradiction évidente ; le grand homme, selon la pittoresque et juste expression du P. Tilmann Pesch (1), a commencé par scier la branche sur laquelle il veut s'asseoir.

Le but du philosophe allemand n'est pas de rechercher comment nous arrivons à la connaissance

---

(1) Pesch. — *Die Haltlosigheit der modernen Wissenschaft.* Chap. I.

objective, et d'examiner avec soin quelle autorité possèdent l'expérience, la conscience et la raison, pour nous conduire à la possession de la vérité. Une telle intention serait louable. Aucune philosophie ne peut accepter sans examen et sans critique les données du sens commun et les résultats des persuasions instinctives. La science doit savoir qu'elle sait. Le philosophe manquerait à sa mission s'il négligeait de contrôler chacune des facultés humaines : sens extérieurs et intérieurs, conscience, intelligence, s'il n'expliquait pas clairement et complètement la certitude de la connaissance et en particulier de l'expérience sensible.

Tel n'est pas le but du grand maître de la philosophie contemporaine. Il ne se demande pas comment nous parvenons à la connaissance ; il pose en question si nous connaissons quelque chose. Il en doute, il le nie ; son ouvrage n'a point d'autre but que de démontrer l'impossibilité d'atteindre jamais l'objet par la raison spéculative. Il décrète que nous ne pouvons savoir ce qu'il y a de puissance dans nos facultés pour connaître le vrai que par la Critique de la Raison Pure, c'est-à-dire par l'analyse de la pensée dépouillée de toute expérience. Par la conscience, dit-il, nous ne saisissons que le moi phénoménal ; par les sens, nous n'atteignons que l'apparence des choses sensibles ; par l'entendement, nous ne percevons pas les objets vrais, mais seulement tels que nous nous les formons à nous-mêmes par une contrainte naturelle.

Les idées de la raison elle-même n'ont aucune valeur subjective. Alors il ne reste rien ; et la conclusion de ce début serait de cesser d'écrire et même de penser. Mais s'il écrit, s'il veut enseigner quelque chose, il commence par se contredire d'une façon absolue. En mettant en question la possibilité de la connaissance, il entreprend une recherche critique avec des forces qu'il ne tient pas pour certaines.

Malgré son orgueil, Kant n'a jamais osé dire qu'il fût d'une nature supérieure à la nature humaine, ni qu'il possédât des facultés différentes des nôtres. Donc ses sens extérieurs, sa conscience, sa raison ne peuvent atteindre rien d'extérieur. Ses idées sont donc subjectives, son moi est une simple apparence, alors puisqu'il ne peut pas sortir de son moi et toucher un objet quelconque, pourquoi prend-il la peine de philosopher et de composer son livre ? quelle autorité peuvent avoir les conceptions d'un homme qui doute de son existence, de ses sens et de sa raison, qui le dit, s'en vante et donne cette invention comme une découverte admirable qui va révolutionner la pensée humaine ? Comment ! vous déclarez ne rien savoir, votre existence est problématique ! C'est entendu : alors vous ne pouvez rien m'apprendre, je m'en vais et ne reviendrais jamais plus chez vous.

En s'obstinant à composer son livre, Kant s'est posé en noumène ; il ajoute foi à la puissance de sa propre raison ; il existe donc vraiment et ses facultés atteignent leur objet. Mais ceci est en contradiction flagrante avec l'idée mère qui a inspiré l'entreprise kantienne.

« Kant, dit le P. Pesch, doit se mouvoir sans espoir de salut dans cette suite de pensées : je n'admets rien avant de le comprendre, c'est-à-dire avant de l'avoir démontré par ses fondements : je ne me fie pas à mon intelligence avant de l'avoir comprise. Mais je ne peux comprendre mon intelligence autrement que par le moyen de mon intelligence, à laquelle je ne puis me fier, parce que je ne l'ai pas encore comprise. Donc je ne peux rien comprendre. Voilà le résultat positif et réel auquel aboutit le travail gigantesque de l'esprit gigantesque de Kant ! »(1).

5. — Il est donc permis de s'étonner que des philosophes appartenant à la nation française, « célèbre entre toutes, dit le Souverain Pontife, par son amour pour la clarté des idées et celle du langage », soient devenus avec tant d'enthousiasme les disciples très humbles d'une doctrine si contradictoire et si ténébreuse. Mais ce qui est mille fois plus étrange encore, ce qui attriste Léon XIII et tous les penseurs chrétiens, c'est que des catholiques, des prêtres mêmes subissent la séduction de l'enseignement officiel, abandonnent la philosophie de saint Thomas et la combattent avec les arguments ou plutôt les rêveries de la critique kantienne.

M. l'abbé Piat, dans son livre sur *la Personnalité humaine,* nie que la conscience psychologique atteste la substantialité du moi (2). « Poser la question de la substantialité de l'âme, c'est se demander si l'âme subsiste en elle-même, ou s'il faut la concevoir comme immanente de quelque manière, à l'insondable nature. Or, je crois qu'au problème ainsi délimité, la psychologie actuelle ne peut que très difficilement fournir une réponse

---

(1) *Die Haltlosigkeit.* Ch. I, à la fin.
(2) *La Personnalité humaine,* par l'abbé C. Piat, professeur à Paris, page 60. Cet ouvrage est d'ailleurs remarquable par une réfutation très forte des objections phénoménistes contre l'unité du moi. Il contient, en outre, sur l'abstraction intellectuelle et sur l'intelligence, une étude qui est un vrai chef-d'œuvre.

décisive... En dehors de la psychologie, proprement dite, la substantialité de l'âme peut s'éclairer soit à la lumière de la théologie naturelle, soit à la lumière de la foi, et c'est là, pour moi, que se trouve la vraie solution du problème (1). »

Saint Thomas enseigne que dans l'homme vivant en ce monde, il n'y a pas deux substances, mais une seule composée d'âme et de corps; et que cette unité substantielle de la personne humaine est attestée d'une façon invincible et souveraine par le témoignage de la conscience. Ma conscience me dit en effet que je suis un être en soi, différent de mon voisin, différent de la chaise où je suis assis, et de la plume qui me sert à écrire.

Quant à la question de la *spiritualité* de l'âme, elle n'est pas résolue par la conscience. « L'âme, dit Saint Thomas, ne se connait pas, ne peut se connaître par son essence ». Et le saint Docteur donne des preuves très belles et très convaincantes de cette impossibilité. La conscience est souveraine pour affirmer les existences, et non pas pour expliquer les natures, les essences ; cette œuvre relève du raisonnement. Si le savant professeur était un peu plus familiarisé avec la philosophie thomiste et chrétienne, il y aurait trouvé une réfutation complète du dualisme cartésien et n'aurait pas eu besoin d'alléguer contre cette erreur l'objection mille fois plus erronée qu'il formule en ces termes : Faut-il concevoir l'âme comme immanente, de quelque manière, à l'insondable nature ? Objection très obscure, très kantienne, et de saveur panthéistique.

Plus loin, M. Piat déclare que la question de la

---

(1) *La Personnalité humaine*, page 65.

substantialité de l'âme « n'intéresse qu'indirectement la personnalité humaine. Que je sois une substance ou non, je n'en reste pas moins un sujet indivisible et permanent, doué d'intelligence et de liberté ; je n'en suis pas moins une personne ». Nous avouons franchement ne pas comprendre cette distinction entre la substantialité et la personnalité humaines (1). Elle nous paraît inspirée par une confusion singulière entre le noumène et la substance. Mais il y a un abîme incommensurable entre le noumène kantien et la substance péripatéticienne !...

6. — Rien n'est donc plus opportun que les instructions pontificales qui ordonnent aux philosophes chrétiens d'étudier et de méditer les œuvres de S. Thomas. On s'en convaincra mieux encore, en jetant un coup d'œil rapide sur l'état de l'enseignement philosophique dans les établissements libres. Nous avons entre les mains un *Cours de philosophie*, préparatoire au baccalauréat et patronné par *l'Alliance des maisons d'éducation chrétienne* ; c'est le manuel classique, mis entre les mains des élèves dans un grand nombre de collèges et de petits séminaires. Ce volume est le fruit d'un travail persévérant et révèle une vaste science chez son auteur. Le chapitre sur l'*Objectivité des perceptions* a pour sous-titre : *Fondement de la croyance* à la réalité du monde extérieur. Là, sont exposées clairement et fortement discutées, une multitude de doctrines, les systèmes des Ecossais, de Berkelay, de Hume, de Stuart Mill, de Taine, de Descartes, de Malebranche, de Maine de Biran, etc... Mais on peut constater

---

(1) On connaît la splendide définition de la personne par les scolastiques : *Persona est rationalis naturae individua substantia.*

une omission très regrettable, on ne voit rien du tout sur le système, si clair, si complet et si vrai de la philosophie péripatéticienne et thomiste. Bien plus, le subjectivisme de Descartes et de Kant est affirmé dogmatiquement en ces termes :

« Il est impossible d'admettre avec le sens commun l'intuition des choses mêmes en dehors de notre esprit et de soutenir que les qualités sensibles sont réellement dans les objets telles qu'elles nous apparaissent. L'esprit ne perçoit intuitivement que lui-même : il n'a conscience que de lui-même. »

C'est une erreur. Le sens commun a raison : ici, il est identique à la raison même, à la conscience, à l'expérience universelle. Je rencontre un ami dans la rue, je lui serre la main, je le félicite de sa brillante santé, il me répond par des paroles aimables. Ce que je vois, ce n'est pas ma sensation visuelle, mais mon ami en personne, réellement et substantiellement présent devant moi. Ce que je serre, c'est sa main objective et non pas ma sensation tactile ; ce que j'entends, c'est sa parole extérieure et non pas ma sensation auditive ; les brillantes couleurs de la santé que je contemple ne sont pas dans mon œil, mais sur la figure d'un homme qui m'est cher. L'intuition est directe, immédiate, indéniable. Il y aurait, en face de moi, mille Descartes et autant de Kant, qui voudraient me persuader du contraire avec dix mille fois plus de sophismes qu'on en peut compter dans le *Discours de la méthode* ou *la Critique de la Raison pure*, que je protesterais avec toute l'énergie contre leurs abstractions ténébreuses, au nom de la raison, de l'expérience et de la conscience, et que je crierais très fort : LES QUALITÉS SENSIBLES SONT, DANS LES OBJETS, SEMBLABLES OU ANALOGUES A L'APPARENCE SUBJECTIVE QU'ELLES PRODUISENT EN NOUS.

7. — Comment cela peut-il se faire ? Comment puis-je percevoir et savoir de science sûre que je perçois. La théorie de la connaissance doit répondre à cette question, mais sans dénaturer le fait éclatant de la perception directe de l'intuition immédiate du monde extérieur. Autrement, si elle s'obstine à nier le soleil en plein midi, elle est sophistique et fausse. Si la philosophie ne parvient pas à donner de ce fait très réel une explication satisfaisante, elle devra constater très humblement son ignorance ; la science aura cette lacune, qui ne doit à aucun prix être comblée par des négations absurdes. Mais la scolastique tant décriée possède une doctrine très vraie et très claire, la SEULE VRAIE, sur la connaissance sensible et la connaissance intellectuelle. Et cette doctrine a l'avantage, sur les autres systèmes, d'être d'accord avec le fait de l'expérience universelle ; elle ne le dénature pas comme tous les autres systèmes, elle évite les objections, sous lesquelles ils succombent tous ; elle répond victorieusement à toutes difficultés, sans exception, qu'on lui oppose, à tort, au nom des sciences modernes.

A l'époque de saint Thomas, l'idée n'était venue à personne de refuser aux actes des facultés humaines tout contenu réel et toute certitude. Aussi, l'on chercherait en vain dans les œuvres de saint Thomas une théorie complète de la connaissance, réunie en un corps de doctrine. Mais les éléments et les principes d'une telle critique s'y trouvent néanmoins ; et par là est expliquée la certitude objective de la science et en particulier de l'expérience sensible. Aux philosophes chrétiens revient la mission de rassembler ces éléments épars, de montrer le parfait accord de ces principes avec les découvertes les plus récentes des sciences modernes et d'opposer à la critique kantienne, contradictoire et inintelligible, une critique scolastique et thomiste, qui sera un chef-d'œuvre de clarté, de vérité et de profondeur. Kleutgen, les auteurs de *la Philosophia lacencis*, ont accompli ce noble travail en Allemagne, le P. Salis Lewis en Italie, dans son admirable Traité *della Conoscenza sensitiva*.

Si les catholiques français, auxquels la philosophie est chère, entraient dans cette voie, ils abandonneraient le subjectivisme kantien et fonderaient une école dont l'influence serait considérable sur le mouvement de la pensée contemporaine. Ils cesseraient d'être les partisans très humbles de ce subjectivisme « d'origine protestante et d'importation étrangère », pour nous servir de la forte expression pontificale, qui aboutit nécessairement au panthéisme, au scepticisme, au nihilisme, et qu'il est impossible d'accommoder logiquement à la défense des grandes vérités spiritualistes.

« Le Souverain Pontife, dit Mgr Mignot dans son savant commentaire de l'Encyclique *OEterni Patris*, regarde les théories, ou si l'on aime mieux, les doctrines de l'Ecole comme plus propres que les autres à défendre la religion, il faudrait presque dire comme les seules armes à l'heure présente, étant donné l'insuccès des théories qui se sont succédé depuis deux siècles, comme aussi le désarroi intellectuel de nos philosophes, qui ne savent comment concilier les exigences de la science expérimentale, avec telles ou telles théories, comme le cartésianisme, l'ontologisme et autres. »

Nous avons dans la personne du Saint Docteur un maître incomparable, qui s'est assimilé les plus belles doctrines des princes de la philosophie antique, qui connaît à fond les écrits philosophiques des plus illustres Pères de l'Eglise. C'est donc un devoir pour nous, catholiques, laïques et prêtres, de méditer les œuvres de Saint Thomas, et de populariser ses doctrines. Alors le subjectivisme de Descartes et de Kant ne sera plus enseigné dans nos écoles : et l'on n'assistera plus jamais au spectacle lamentable dont nous fûmes les témoins attristés dans un passé qui n'est pas encore bien loin. Il y a quelques années, l'enseignement de la philosophie scolastique fut tout à coup supprimé presque totalement dans un grand Séminaire de France, que nous ne voulons pas nommer. Nous disons *presque*, parce que la logique fut conservée, et le temps réservé à cette science se réduisit à trois mois. Mais on cessa d'enseigner l'ontologie de Saint Thomas, la cosmologie de Saint Thomas, la psychologie de Saint Thomas, la théologie naturelle de Saint Thomas. Et cependant l'Encyclique *OEterni Patris* venait de paraître. Le *compendium* du P. Liberatore fut proscrit ; on le remplaça par un manuel de baccalauréat qui fut condamné par l'Index l'année suivante.

Un tel bouleversement des études ecclésiastiques ne serait plus possible depuis les Instructions de Léon XIII, publiées au mois de septembre 1899. Nous avons les meilleures raisons d'espérer que bientôt il n'y aura plus, en France, un seul grand séminaire, où le cours de philosophie scolastique ne dure deux années entières, conformément à l'ordre du Pape.

Nous espérons même que les auteurs de manuels pour le baccalauréat et les professeurs de philosophie dans les collèges libres se conformeront dans leurs livres et dans leurs leçons aux ordres si précis, si sages, si autorisés du Chef suprême de l'Église catholique et donneront à l'exposition des doctrines thomistes une place prépondérante.

8. — Que l'on n'allègue pas la nécessité qui s'imposerait aux futurs bacheliers de répondre soit dans la dissertation écrite, soit à l'examen oral, conformément aux doctrines de leurs examinateurs. Cette nécessité n'existe pas. L'Université, comme telle, n'a pas de doctrine ; elle admet toutes les opinions, pourvu qu'elles s'appuyent sur une argumentation solide, revêtue de la forme littéraire. Dans les degrés inférieurs de la hiérarchie universitaire, on trouverait peut-être à cette époque où le gouvernement lutte avec tant d'âpreté contre tout ce qui est chrétien, quelques ambitieux, quelques adulateurs du pouvoir qui ne toléreraient pas sur les lèvres ou sous la plume d'un candidat, l'expression d'idées personnelles et la critique des opinions dominantes; et trouveraient un motif d'exclusion dans la manifestation de cette indépendance. Le danger n'existe pas avec le jury du baccalauréat. Les professeurs des facultés sont des hommes impartiaux ; ils exigeront peut-être des arguments plus solides pour la démonstration d'une thèse dans le sens péripatéticien et thomiste. Et le mal ne sera pas grand ; cela obligera nos élèves à une formation philosophique plus forte et plus personnelle. Quelque kantistes ou criticistes, ou athées, ou panthéistes, ou sceptiques, ou nihilistes, que vous supposiez les professeurs de Faculté, ils n'excluront jamais un candidat parcequ'il aura soutenu fortement et vaillamment la solution chrétienne de la question posée. Nous sommes sûrs même que la théorie de la perception

extérieure, bien comprise, clairement exposée, solidement défendue, vaudrait à l'auteur de la composition une note splendide à l'examen.

Depuis Descartes et surtout depuis Kant, la philosophie a déserté la voie de la raison. Le kantisme est actuellement de mode ; mais il ne satisfait pas, il ne peut pas satisfaire l'esprit français ; il est trop obscur et trop contradictoire. Les philosophes de l'Université seraient heureux qu'il s'élevât, en face des opinions dominantes, une école de métaphysiciens catholiques, nourris des doctrines les plus pures de Saint Thomas d'Aquin et les exposant avec la clarté, la précision et la force que le saint Docteur savait répandre dans les questions les plus profondes.

Qu'on nous permette d'invoquer ici le souvenir d'un fait personnel. Il y a quelques années, nous avions l'honneur de nous entretenir avec un professeur de l'Université, enseignant dans une Faculté de l'État. La conversation qui roulait sur la philosophie se termina par un conseil qui nous fut adressé : « Vous, catholiques et prêtres, adonnez-vous à l'étude de la métaphysique. » Ce penseur, éminent par l'intelligence, d'un caractère très droit, chercheur obstiné, avide de savoir, avait abandonné le kantisme. Le phénoménisme de M. Renouvier paraissait alors avoir toutes ses préférences, mais avec le doute et l'inquiétude qu'un tel système doit laisser dans l'esprit. Le conseil qui nous était donné signifiait : Nous n'avons pas de doctrine, et nous serions heureux que les catholiques voulussent bien nous aider dans nos recherches en soutenant leur doctrine métaphysique, en l'étudiant dans ses sources, en l'exposant avec clarté et avec vaillance.

9. — Le sage conseil qui nous fut donné jadis est l'origine du livre que nous publions aujourd'hui. Nous aurions peut-être dû exposer d'abord la théorie scolastique de la connaissance sensible et de la connaissance intellectuelle ; nous avons mieux aimé répondre aux principales objections de Kant et de quelques-uns de ses disciples français : MM. Rabier et Liard contre l'ontologie générale.

Notre but est simplement d'exposer avec clarté — ce qui n'est pas facile — les principales idées de la *Critique de la Raison Pure*, surtout de l'Esthétique et de l'Analytique transcendantales, et de la combattre avec les armes fournies par la métaphysique chrétienne. Contre les négations et les doutes kantiens, nous démontrons l'objectivité du temps, de l'espace, de la substance, de la cause, du nombre.

Nous apprécions ensuite quelques unes des solutions kantiennes, contenues dans la *Psychologie* de M. Rabier. Cet auteur, qui est actuellement directeur de l'enseignement secondaire au ministère de l'Instruction publique, essaye d'appliquer les principes de Kant aux principales questions de la psychologie expérimentale. Malgré le grand talent déployé, ce but n'est pas atteint. M. Rabier ne paraît pas fortement persuadé de l'excellence du point de départ ; c'est ce qui explique sans doute pourquoi sa métaphysique, annoncée depuis si longtemps, n'a pas encore paru.

La foi kantienne de M. Liard est plus solide. *La Science positive et la métaphysique* est la traduction aussi claire et aussi précise qu'elle peut être, du chef-d'œuvre du maître. Le philosophe français laisse de côté le formalisme suranné du philosophe allemand : la division arbitraire des facultés en sensibilité, entendement et raison, les formes vides de l'Espace et du Temps, et les douze compartiments ou catégories qui constituent l'entendement pur. Mais cette divergence est toute extérieure ; au fond, M. Liard admet, sous le nom de *lois objectives de la connaissance*, la subjectivité du temps, de l'espace, de la substance, de la cause et du nombre ; il va jusqu'à soutenir que « ce que le bon sens appelle les hommes, les animaux, les plantes, la terre, les planètes..., se réduit au regard de la science, en des relations ordonnées et un système abstrait », c'est-à-dire que rien n'existe sinon des idées générales dans un moi irréel.

Son ouvrage est le manuel classique du criticisme actuel. Il exerce une influence détestable sur les esprits dépourvus de toute conviction solide, et qui se laissent séduire par la rigueur apparente de l'argumentation et l'appareil scientifique dont elle est entourée.

Mais avec des armes fournies par un penseur tel que saint Thomas d'Aquin, on n'a pas de peine à démontrer l'inanité des objections criticistes : on ne se borne pas à se défendre, on attaque et on met dans un plein jour la faiblesse des preuves et les contradictions énormes de cette étrange doctrine.

10. — La métaphysique, que Kant et ses disciples veulent détruire et chasser du catalogue des sciences, survivra à cette injuste guerre ; elle existera tout le temps qu'il y aura des hommes. La logique étudie les lois de la pensée, la morale, les lois de l'action ; la métaphysique a pour objet l'être. Elle ne crée pas des entités vaines et insaisissables, elle ne réalise pas des abstractions, comme on l'en accuse à tort. M. Liard, pour la condamner plus facilement, s'en fait une idée très fausse. Il n'est pas vrai qu'elle se

présente comme la science adéquate de Dieu, et qu'elle déduise toutes ses conclusions particulières de la science de Dieu. Elle s'occupe du réel, qui ne doit pas être confondu avec l'absolu ; l'existence, l'être, l'essence, la substance, les accidents constituent son domaine. L'homme ne peut jamais se séparer de l'idée d'être. Que je marche, que je mange ou que je pense, j'ai toujours présente à l'esprit, d'une manière plus ou moins précise, l'idée du moi et l'idée du non-moi, c'est-à-dire de l'objet extérieur. Le philosophe étudie ces notions générales et les réalités auxquelles elles correspondent dans leurs éléments constitutifs et en forme une vraie science qui possède une certitude supérieure à toutes les certitudes humaines.

Est-ce à dire que la métaphysique résolve parfaitement et sans laisser d'ombre toutes ces hautes questions ? Nullement ; la science humaine est imparfaite. Nous n'avons pas l'intuition immédiate du dedans des choses.

11. — « Le vice principal du kantisme, dit Mgr Mignot, archevêque d'Albi, dans une lettre adressée au clergé de son diocèse sur les études ecclésiastiques, est de nier l'objectivité des choses, sous prétexte que nous ne les saisissons pas dans leur essence. Mais qui a jamais prétendu que nos jugements fussent adéquats ? Personne, puisque personne ne saurait dire au juste quelle est la nature de la substance, de la causalité, de la matière ? Mais s'ensuit-il que nous ne sachions rien, parce que nous ne savons pas tout ? L'imperfection de nos connaissances détruit-elle l'objet de nos connaissances ? Nullement... Au lieu de dire, avec le sophiste Protagoras, que le monde n'a d'autre vérité, d'autre

réalité que celle que lui confère l'esprit de l'homme, — puisque seul l'esprit le connaît et le connaît conformément à ses lois, — ne faut-il pas dire bien plutôt : Si les choses sont-elles, ce n'est ni parce que notre esprit les fait telles, ni parce qu'elles sont moulées, façonnées, mesurées, ajustées suivant le cadre des lois de mon intelligence, mais parce que nos facultés intellectuelles ont été intentionnellement adaptées, sinon à leur mesure réelle, au moins à celle que Dieu a voulu que nous en eussions. Ce n'est pas notre esprit qui crée la finalité des choses ; c'est celle-ci qui s'impose à notre esprit et l'oblige à conclure à l'existence d'une loi.

» En d'autres termes, nous ne faisons pas l'objectivité des choses, nous ne tirons pas la vérité de notre fonds, nous ne la créons pas de notre substance, comme l'araignée produit son fil de soie ; nous la recevons. L'œil s'ouvre à la lumière, il ne la crée pas. J'accorde que nous ne savons le tout de rien, mais je nie que nous ne connaissions rien. Nous en savons ce que Dieu a voulu, et nos connaissances s'accroissent même en raison de nos découvertes de chaque jour. La nature ne se connaît pas, elle ne se connaît et ne s'affirme que dans l'esprit humain. Très bien ; mais qui a jamais prétendu qu'elle se connaissait, qu'elle avait conscience d'elle-même ? S'ensuit-il qu'elle n'existe pas, qu'elle n'ait d'autre objectivité que celle que nous lui donnons ?... »

Certes non. Le monde existe, il y a de l'être, il y a des êtres et un ordre admirable entre eux. Il faut donc conclure à l'existence d'une Puissance Souveraine, qui a créé les êtres, et d'une Suprême Intelligence, qui a tout ordonné. Cette conclusion gêne les athées ; de là vient la critique kantienne, qui est la théorie de l'athéisme. Voulant nier Dieu, Kant et ses disciples sont obligés de nier le monde, de nier le moi ; ces grands savants proclament avec enthousiasme l'ignorance absolue de l'homme. C'est ainsi que la défense de la métaphysique rentre dans l'apologétique chrétienne ; c'est ainsi que Kant fournit à la philosophie spiritualiste un argument nouveau. Pour arriver à ébranler les preuves métaphysiques de la psychologie et de la théologie naturelle, le plus grand philosophe des temps modernes s'est vu obligé de révoquer en doute, de nier l'existence du monde et du moi substantiel.

Ses abstractions nuageuses et ses contradictions révoltantes n'auront qu'un règne éphémère. « L'on se demande, dit Mgr Mignot, si la scolastique tant décriée ne répond pas mieux que d'autres systèmes aux besoins intellectuels de notre âge, s'il ne faut pas ressusciter certaines idées que l'on croyait mortes, pour leur rendre la vigueur, l'éclat, la fécondité. Telle est la pensée de Léon XIII, si nettement précisée dans l'Encyclique *Œterni Patris*, dans laquelle il nous prescrit de revenir à la doctrine de Saint Thomas ».

12. — Simple soldat dans l'armée catholique, nous avons essayé, dans la mesure de nos forces, de répondre aux intentions du Souverain Pontife. Nous avons étudié notre Grand Docteur et ses plus savants disciples : Sanseverino, Pesch, Salis Sewis. L'excellent ouvrage de M. l'abbé Chollet « *La Notion d'Ordre* », nous a été d'un précieux secours.

Ces études n'étaient pas destinées à la publicité du volume. Elles ont paru depuis plusieurs mois dans la *Revue des Sciences ecclésiastiques*, et n'auraient peut-être pas dû en sortir. Des amis, trop bienveillants nous ont engagé à les publier à part. Nous avons cédé à la tentation, peut-être à tort ; nous sentons ce qu'elles ont d'imparfait. Telles qu'elles sont, réussiront-elles à ébranler la foi kantienne dans quelques intelligences ? Nous ne saurions le dire ; en tout cas, nous n'avons pas d'autre ambition.

Prêtre catholique, nous avons voulu attaquer des doctrines qui mènent tout droit à l'athéisme ; homme raisonnable, nous protestons contre un système saturé de nuages noirs et rempli de contradictions inintelligibles. Citoyen français, nous avons accompli un acte d'insurrection contre la tyrannie de la philosophie allemande.

Autrécourt, le 28 Mai 1901.

PRÉFACE

Sommaire : 1. L'Encyclique « Aeterni Patris » du 4 août 1879, sur la philosophie de S. Thomas. — 2. L'envahissement toujours croissant de la doctrine subjectiviste en France rend nécessaires les nouvelles instructions de l'Encyclique au Clergé français. — 3. But du présent travail.

1. — Les instructions si précises et si fortement motivées que, dans une récente Encyclique, le Souverain Pontife Léon XIII a données au clergé français sur l'enseignement de la philosophie, méritent de fixer l'attention de tous les penseurs chrétiens.

Déjà le chef de l'Église avait démontré, avec toute l'ampleur que la question comporte, la nécessité de revenir à la doctrine thomiste : c'est le sujet de l'Encyclique *Aeterni Patris*, publiée le 4 août 1879, et adressée à tous les évêques du monde catholique.

« L'Église, dit le Pape, a toujours eu la plus haute estime pour la saine philosophie dont elle est la gardienne vigilante ; les Pères et les anciens docteurs ont été philosophes avant d'être théologiens ; ils se sont servis des arguments rationnels pour démontrer philosophiquement les plus importantes vérités sur Dieu et sur l'âme humaine ; et cette démonstration est nécessaire pour que la foi soit possible. Bien loin que la foi arrête les progrès de l'intelligence, elle les favorise de tout son pouvoir et préserve des erreurs monstrueuses dans lesquelles sont tombés, sans aucune exception, les plus illustres savants du paganisme.

» Si ces erreurs, jadis victorieusement combattues, reprennent aujourd'hui leur funeste empire sur beaucoup d'esprits, la cause doit en être cherchée dans l'abandon de la scolastique. A la place de la doctrine ancienne, une nouvelle méthode s'est introduite, laquelle n'a point porté les fruits désirables que l'Église et la société civile elle-même eussent souhaités. Sous l'impulsion des novateurs du seizième siècle, on se prit à philosopher sans aucun égard pour la foi, avec pleine licence de laisser aller sa pensée selon son caprice et son génie. Des catholiques eux-mêmes, dédaignant le patrimoine de la sagesse antique, aimèrent mieux édifier à neuf qu'accroître et perfectionner le vieil édifice. De là naquirent une multitude de systèmes contradictoires, uniquement appuyés sur l'*autorité* et l'*arbitraire* de chaque maître particulier ; de là des hésitations, des doutes pour les vérités les plus évidentes ; de là ce scepticisme universel, si fatal à la science ; de là tant de négations et tant d'erreurs, qui ne le cèdent en rien, pour l'incohérence et l'absurdité, aux plus abominables systèmes de l'antiquité païenne. »

Pour réagir contre ces déplorables tendances, le souverain Pontife adjure les évêques de faire tous leurs efforts pour la restauration de la philosophie scolastique et recommande, avec les plus vives instances, l'étude et la méditation de la doctrine de saint Thomas d'Aquin, ce prince des philosophes chrétiens dont les écrits résument clairement la substance des enseignements des Pères et même tout ce que les païens ont pensé de plus beau, de plus juste et de plus vrai. »

Ces instructions pontificales ont été entendues dans tout le monde catholique. En France notamment, en Allemagne, en Italie, des religieux, surtout les jésuites, les dominicains, les sulpiciens, des prêtres séculiers et même des laïques se sont appliqués avec une nouvelle ardeur à l'étude de saint Thomas et ont publié des ouvrages remarquables où ils montrent que les principes thomistes, bien loin d'être ébranlés par les découvertes récentes des sciences naturelles et physiques, en reçoivent, au contraire, la plus solide confirmation. Ces travaux ont eu pour résultat de faire connaître et apprécier la philosophie chrétienne par les penseurs incrédules et impies qui n'avaient pour elle que de l'indifférence et du dédain.

2. — Mais ce mouvement de retour vers la saine philosophie n'a pas été en France aussi complet, aussi général qu'il aurait dû l'être. Malgré la diversité des écoles et la multiplicité des systèmes, qui divisent aujourd'hui les penseurs non chrétiens, un lien les unit entre eux et en fait pour ainsi dire les tenants d'un même système. Ce lien est le kantisme. Kant est le grand-maître de la philosophie contemporaine. Phénoménistes, idéalistes, panthéistes, positivistes, matérialistes, nihilistes, tous sont les disciples de Kant et se déclarent plus ou moins ouvertement pour le subjectivisme absolu. Dans les collèges, les lycées, dans les facultés de lettres, l'enseignement de la philosophie est pénétré des principes, nous allions dire des dogmes de la *Critique de la Raison pure*. Il en résulte que les programmes de l'Université et des examens publics, du baccalauréat surtout, s'inspirent de la philosophie de Kant.

La conséquence est facile à prévoir. Le diplôme du baccalauréat, cette consécration officielle de l'instruction secondaire complète étant exigé par la loi pour avoir accès dans presque toutes les carrières libérales, les professeurs de philosophie qui appartiennent à l'enseignement libre et les auteurs des manuels qui préparent à cette épreuve, sont réellement imbus des principes kantiens.

Cette philosophie exerce à l'heure présente une séduction si universelle que des écrivains indépendants et catholiques subissent eux-mêmes la contagion, et font à l'auteur de la critique de la Raison pure des concessions telles qu'ils doivent être mis au nombre de ses disciples. La philosophie chrétienne subit en ce moment en France, malgré les les efforts individuels des sulpiciens, des jésuites et des dominicains, des professeurs des grands séminaires, malgré les écrits de penseurs tels que MM. Gardair et Domet de Vorges, une crise redoutable, au grand dommage des plus importantes vérités rationelles sur Dieu et sur l'âme, et au grand détriment de la foi. Les essentielles conclusions du thomisme sont ignorées ou méconnues. Le vainqueur de cette lutte, c'est l'indifférence religieuse et l'impiété positive.

Selon notre humble avis, le Souverain Pontife, parfaitement instruit de cette situation, a donné aux évêques de France les nouvelles instructions, si formelles sur la question philosophique, uniquement pour conjurer ce péril.

« La cause des maux qui nous oppriment, dit le Pape, comme de ceux qui nous menacent, vient de ce que des opinions erronées sur toutes choses, divines et humaines, émises par les écoles de philosophes, se sont peu à peu glissées dans tous les rangs de la société et sont arrivées à se faire accepter d'un grand nombre d'esprits. » Léon XIII déplore ensuite que le *subjectivisme*, c'est-à-dire les données principales de la critique kantienne, ait envahi l'intelligence de plusieurs philosophes catholiques.

« Nous réprouvons ces doctrines qui n'ont de la vraie philosophie que le nom, et qui ébranlent la base même du savoir humain, conduisant logiquement au scepticisme universel et à l'irréligion. *Ce nous est une profonde douleur d'apprendre que, depuis quelques années, des* CATHOLIQUES *ont cru pouvoir se mettre à la remorque d'une philosophie qui, sous le spécieux prétexte d'affranchir la raison humaine de toute idée préconçue et de toute illusion, lui dénie le droit de rien affirmer au-delà de ses propres opérations,* SACRIFIANT AINSI A UN SUBJECTIVISME RADICAL *toutes les certitudes que la métaphysique traditionnelle, consacrée par l'autorité des plus vigoureux esprits, donnait comme nécessaires et inébranlables fondements à la démonstration de l'existence de Dieu, de la spiritualité et de l'immortalité de l'âme, et de la réalité objective du monde extérieur.* »

Le Pape regrette ensuite que la doctrine de Kant, qui est toujours enveloppée d'une obscurité impénétrable et qui est une lutte perpétuelle contre le bon sens, ait pu être accueillie avec tant de faveur en France, dans ce pays justement célèbre par son amour pour la clarté des idées et pour celle du langage.

Puis Sa Sainteté exprime l'espérance que les évêques redoubleront de sollicitude et de vigilance pour écarter de l'enseignement des séminaires cette fallacieuse et dangereuse philosophie, et prescrit, au nom de l'autorité souveraine dont elle est revêtue, que le cours de philosophie dans les grands séminaires dure au moins deux années entières.

3. — Le présent travail n'a pas d'autre but que de commenter les instructions pontificales. Nous étudierons, dans une première partie, les principes développés par Kant dans la *Critique de la Raison pure*, et pour mettre dans ces ténèbres épaisses des conceptions kantistes la clarté nécessaire, nous nous aiderons des écrits d'un des plus habiles critiques de Kant, le R. P. Tilmann Pesch, de la Compagnie de Jésus, qui a publié il y a vingt ans sous le titre de (1) *Haltlosigkeit der modernen Wiessenschaft*, *Incohérence de la Science moderne*, une réfutation péremptoire et victorieuse de la doctrine kantienne. Un philosophe chrétien de langue allemande peut seul dissiper les obscurités du philosophe de Kœnigsberg. Nous constaterons ensuite l'existence du kantisme chez les principaux penseurs qui appartiennent à l'Université ; nous verrons quelle influence désastreuse leurs écrits exercent sur l'enseignement philosophique des écoles secondaires ecclésiastiques. L'on comprendra alors pourquoi le Pape insiste avec tant d'énergie sur la nécessité urgente de fortifier dans les grands séminaires l'enseignement de la doctrine thomiste ; l'on verra qu'il s'agit de sauver d'un danger imminent, non seulement le dogme chrétien, non seulement la philosophie spiritualiste, mais le sens commun, le bon sens, cette forme essentielle de la raison humaine.

(1) Die Haltlosigkeit der « Modernen Wissensschaft » Eine Kritik der Kant'schen Vernunftkritik, brochure in-8° de 131 pages. Chez Herder, à Fribourg en Brisgau.

L'ENCYCLIQUE AU CLERGÉ FRANÇAIS
ET L'ENSEIGNEMENT DE LA PHILOSOPHIE

CHAPITRE PREMIER

Le subjectivisme de Kant

Sommaire : 1. Caractère objectif de la connaissance humaine, conformément au sens commun, justifié par la *critique* thomiste. — 2. Idée générale du subjectivisme. — 3. Subjectivisme modéré de Descartes. — 4. Subjectivisme extrême de Kant. Son fondement dans les jugements synthétiques *a priori*. — 5. Fausseté des exemples allégués. — 6. Caractère analytique des propositions géométriques. — 7. Conclusion. — 8. L'Esthétique transcendantale : affirmation de la subjectivité de l'espace et du temps. — 9. Sophismes de Kant sur l'espace. — 10. Doctrine thomiste sur l'origine de l'idée d'espace et son caractère objectif. — 11. Sophismes de Kant sur le temps. — 12. Réfutation. — 13. Obscurité, impuissance et contradiction du subjectivisme de l'esthétique transcendantale.

1. — L'humanité tout entière a toujours cru — et croira toujours — à l'objectivité de la connaissance. J'existe, il y a en dehors de moi une multitude d'autres hommes qui existent également : outre l'humanité, il existe un monde extérieur, où se meuvent une infinité d'êtres vivants, où les végétaux

vivent et se multiplient, où les êtres dépourvus de sensation et de vie, les minéraux de tout genre et de toute espèce, possèdent l'existence, dans son degré inférieur sans doute, mais enfin réellement et vraiment ; non seulement, la terre existe, mais encore le soleil, la lune et les étoiles.

La matière a des propriétés dont l'étude est l'objet des sciences physiques et naturelles. Ces propriétés ne sont pas des mythes, des inventions de mon esprit ; elles aussi possèdent l'existence objective. Les évènements qui se produisent dans le monde matériel, les mouvements, les changements, causés par l'action continue des forces naturelles, les révolutions des corps célestes dans l'espace, et les révolutions des empires, les alternatives de lumière et d'obscurité, de froid et de chaleur, tout cela et tout le reste qui se passe dans l'univers : tous ces mouvements, ces révolutions, ces évènements ont vraiment lieu : ce sont de vrais mouvements, des évènements réels, des révolutions qui existent en dehors de moi.

Avant que je sois, le monde existait : il existera encore après que je ne serai plus, et son existence est absolument indépendante de la mienne.

Outre le monde extérieur, il y a un autre monde inaccessible à nos sens, le monde des vérités, des principes, que l'intelligence seule peut concevoir. La même chose ne peut pas, en même temps et sous le même rapport, être et ne pas être ; le tout est plus grand que sa partie ; deux fois deux font quatre. Voilà quelques-unes de ces vérités dont l'évidence est incontestable. L'humanité les admet comme indubitables et les admettra toujours.

Il importe d'insister sur le caractère objectif de

cette connaissance. En disant que deux multipliés par deux égalent quatre, je n'affirme pas seulement que je suis obligé d'admettre que quatre est le produit de deux par deux : si, placé en face de Notre-Dame de Paris, je dis à mon voisin : quel splendide monument de l'architecture religieuse ! je n'affirme pas seulement que je suis obligé de conclure à l'existence de cette magnifique cathédrale. Mon affirmation s'étend plus loin que cette nécessité subjective. Elle connaît l'être objectif, réel, indépendant de moi, de cette vérité, l'existence vraie de ce monument.

Je vois non seulement par le regard de mon intelligence l'être de cette vérité, mais je vois clair dans l'ordre de l'être, je comprends que toujours et nécessairement il est et sera vrai, indépendamment de ma nécessité subjective et de toutes les circonstances possibles, deux multipliés par deux donneront quatre au produit. Je vois que cette antique cathédrale existe en dehors de mon regard et qu'elle existera quand je ne la regarderai plus ; son existence substantielle ne dépend pas de ma vision.

En affirmant l'être objectif, je ne fais pas un raisonnement, je n'admets pas une croyance : mon acte est une claire vue sur la réalité extérieure.

Voilà le fait : rien ne pourra le détruire : il s'appuie sur l'évidence.

Comment cela peut-il se faire ? Comment puis-je en quelque sorte sortir de moi-même et connaître des objets matériels comme les corps, ou spirituels comme les premiers principes ? Car, pour connaître, la condition indispensable est l'union entre le sujet, voyant ou pensant et l'objet vu ou pensé.

La *critique de la connaissance sensible et de la*

connaissance intellectuelle répond à cette question dans la philosophie scolastique.

L'accusation portée contre le moyen âge de passer outre à ce problème important dans toute philosophie, ne peut venir que d'une ignorance profonde. Saint Thomas a résolu avec sa sagacité ordinaire la question de la connaissance sensible, par sa belle théorie de l'excitation objective — species impressa — et de la réaction subjective — species expressa, — si mal jugée et si mal comprise par les philosophes universitaires.

De plus, la théorie scolastique si subtile et si profonde de l'intellect possible et l'intellect agent, qu'est-ce autre chose qu'une critique complète de la connaissance intellectuelle? Sans doute, la question de la connaissance n'absorbe pas toutes les autres questions dans la philosophie du moyen âge. Il n'était alors entré dans l'esprit d'aucun penseur de nier l'objectivité de la science et de tout renfermer dans le moi. La nécessité ne s'imposait pas de s'appesantir outre mesure sur la réfutation du subjectivisme radical qui n'existait pas encore. Mais l'examen des facultés et de leurs organes est aussi complet que possible; on n'a besoin que de développer les principes qui y sont contenus pour réfuter victorieusement tout le kantisme.

La critique, telle que la comprennent les penseurs du moyen-âge, est renfermée dans de justes limites. Ils ne se demandent pas *si* nous connaissons quelque chose, ils admettent avec l'universalité du genre humain et avec le sens commun que la science est objective, que les choses que nous voyons et que nous touchons sont des choses réelles, des objets distincts du moi. Toute leur attention se concentre dans l'étude de l'essence de l'acte de connaître. Ils n'ont pas besoin de chercher *si* nous connaissons ; mais ils expliquent avec beaucoup de perspicacité *comment* la connaissance s'opère.

2. — Bien différente est la méthode de la philosophie subjectiviste. Elle ne tient nul compte des faits. En plein midi, par un ciel serein, en face du soleil, elle se demande si le soleil existe. Un kantiste, arrêté sur le plan du Parvis, vis-à-vis de Notre-Dame, ouvre ses yeux qui sont très sains et n'éprouvent aucun symptôme d'ophtalmie, Ce philosophe n'ose pas affirmer que le spectacle qu'il a devant lui, lui montre une réalité vraie, il se demande très sérieusement si le monument qu'il voit de ses yeux et qu'il peut toucher de ses mains, est un monument qui existe réellement et en dehors de ses yeux et de ses mains.

La *Critique de la raison pure* n'a pas d'autre but que de démontrer non-seulement le néant de l'objet, mais même l'impossibilité de toute connaissance objective. Tout ce que nos sens nous révèlent, est illusion ; nous ne voyons pas les choses, nous ne voyons que nos représentations subjectives ; le monde n'existe pas en dehors du sujet voyant et pensant. Ce que je vois, ce que je touche, ce que je comprends, c'est moi qui le crée. Notre science n'a pas d'objet, ou, du moins, cet objet est pour nous inconnaissable.

Comment est-il possible d'arriver à une conclusion pareille qui est en contradiction si formelle avec la persuasion du genre humain et avec le sens commun ? Quel est le principe de déductions aussi étranges ? Par quelle série de raisonnements le philosophe allemand passe-t-il pour aboutir à ce subjectivisme absolu, à ce scepticisme effréné ? Notre but est de le rechercher et de l'expliquer avec toute la clarté dont nous sommes capable.

3. — Avant d'aborder l'étude de la *critique de la raison pure*, il n'est pas inutile de constater que le véritable auteur du subjectivisme moderne est Descartes.

Voulant réfuter le sensualisme des savants physiciens de son temps, ce philosophe ramène toute vérité à l'évidence de la seule raison et attaque la légitimité de la connaissance sensible. Ayant remarqué, dit-il dans le *Discours de la méthode,* que des soldats amputés se plaignent de ressentir des douleurs dans les membres qu'ils n'ont plus, et constatant ainsi que les sens trompent quelquefois, Descartes en conclut qu'ils trompent toujours. C'est à tort que, sur la foi de nos sens, nous attribuons aux corps des qualités spéciales, que nous disons qu'ils sont colorés, sapides, sonores, pesants, chauds ou froids. Ces qualités n'existent pas dans les corps. L'essence de la matière corporelle est l'étendue abstraite, possédant les trois dimensions géométriques. L'action immanente des corps organiques, l'action extérieure que les corps exercent les uns sur les autres, sont de pures illusions. Tout changement dans la nature doit être ramené à un mouvement dans l'espace ; tous les phénomènes doivent être expliqués mécaniquement. L'univers n'est qu'une immense machine : les végétaux, les animaux, le corps humain ne sont que des machines plus ou moins perfectionnées : la vie n'est qu'un nom, en réalité, elle n'existe pas ; les animaux n'éprouvent aucune douleur, aucun plaisir, pas plus qu'une montre ne peut éprouver de sensation.

De ces principes devait découler le scepticisme universel. Ce qui en préserve Descartes, c'est sa foi en Dieu créateur et providence. C'est Dieu qui a imprimé le mouvement au monde, dès le commencement. C'est la véracité divine qui est notre unique garantie de l'existence du monde : Dieu nous tromperait si les choses dont nous sommes entourés, n'avaient pas de réalité objective.

Quant à l'existence et aux perfections de Dieu, il les démontre en analysant les idées rationnelles, surtout l'idée de l'infini. C'est le couronnement de son système.

Le commencement est l'affirmation de la pensée et du moi. Son doute, non seulement méthodique mais réel, s'étend sur toutes les données sensibles. Descartes s'isole d'abord, ferme ses sens, chasse de son esprit toutes les idées et tous les souvenirs anciens, et, au milieu de toutes ces ruines, il ne trouve qu'une chose qui subsiste toujours, c'est sa pensée et le sujet pensant. Je pense, donc je suis. Il n'entre pas dans notre plan de démontrer que si Descartes se renfermant dans le moi, est assez heureux pour en sortir, ce n'est qu'à la suite de déductions illogiques. Qu'il nous suffise d'avoir établi que ce philosophe est le vrai père du subjectivisme moderne.

4. — Kant se renferme aussi dans le moi et tous ses efforts tendent à y rester. Descartes avait supprimé les qualités objectives que nos sensations nous forcent d'attribuer aux corps, mais avait reconnu que l'existence des choses est réelle et que leur substance est constituée par l'étendue objective ; d'après Kant, l'étendue n'est rien en dehors de nous, ni la succession. Un des principaux dogmes de la critique kantienne est celui-ci : l'Espace et le Temps,

purement subjectifs, sont des formes de la sensibilité. Il le démontre, ou plutôt tâche de le démontrer dans la première partie de son ouvrage, qu'il intitule l'*Esthétique* transcendantale.

Avant d'étudier cette esthétique, essayons d'éprouver la solidité du fondement sur lequel tout l'édifice du kantisme est construit. Cette base, que son auteur considère comme inébranlable, ce sont les *jugements synthétiques a priori*, dont il analyse la nature et proclame l'existence dans l'Introduction de la *Critique de la raison pure*.

La distinction des jugements analytiques et des jugements synthétiques était connue d'Aristote et des péripatéticiens du moyen âge.

La réflexion sur nos pensées montre que nos jugements peuvent être rangés en deux catégories : les jugements d'intelligence, les jugements d'expérience. Quand je dis : le cercle est rond (1), je forme un jugement d'intelligence, parce que l'attribution de ce prédicat au sujet a sa raison dans l'idée même du sujet. Je n'ai besoin de faire aucune expérience pour savoir que la rondeur appartient au cercle. Quand je dis : le cercle est bleu, je forme un jugement d'expérience, parce que l'attribution du prédicat « bleu » au cercle n'est pas fondée sur l'idée de cercle même ; aucune activité intellectuelle ne peut découvrir dans l'idée du cercle une raison quelconque qui nous forcerait à dire qu'il est bleu. Si je le dis d'un cercle déterminé, c'est après en avoir fait l'expérience, c'est après avoir vu cette couleur dans le cercle que j'ai là sous les yeux.

Les jugements d'intelligence sont nécessaires et

---

(1) Die Hatlosigkeit..., p. 12 et suiv.

universels, c'est-à-dire sont vrais toujours et partout et ne peuvent pas être autrement. Les jugements d'expérience sont en soi, dépourvus de ce double caractère.

Les jugements d'intelligence sont appelés *analytiques*, parce que la simple analyse du sujet nous fait voir la raison pour laquelle le prédicat est attribué au sujet, parce que nous voyons la vérité de ce jugement par simple analyse du sujet et du prédicat. Les jugements d'expérience sont *synthétiques*, parce que le prédicat ajoute au sujet quelque chose dont la raison ne se trouve ni dans l'idée du sujet ni dans l'idée du prédicat : cette addition, vient de l'expérience, du fait qui nous est révélé par l'intuition sensible.

On donne encore aux jugements d'intelligence une autre appellation. On les nomme *a priori*. Connaître une chose *a priori*, c'est la connaître par son idée, indépendamment de l'expérience. Tous les jugements analytiques sont *a priori*.

Tous les philosophes antérieurs à Kant ont toujours admis que les jugements synthétiques sont *a posteriori* ; personne, en effet, ne peut se sentir forcé d'attribuer à un sujet une qualité étrangère à l'idée de ce sujet même, ne découlant pas nécessairement de sa nature, sans s'appuyer sur l'expérience.

Le premier parmi tous les penseurs, Kant prétend qu'il existe des jugements synthétiques *a priori*. Cette affirmation est essentielle dans le kantisme ; elle porte tout le système. S'il y a des jugements nécessaires et universels dont la vérité n'est fondée ni sur sur l'expérience ni sur la considération de l'idée objective du sujet et du prédicat, la nécessité qui nous oblige à les admettre comme vraie est purement subjective ; ces jugements ne peuvent rien nous faire connaître sur la nature des objets extérieur à nous ; leur solidité, leur force, leur nécessité, leur universalité viennent de notre esprit, de notre manière de concevoir ; ils nous font connaître notre intelligence et ses lois, mais ne peuvent rien nous apprendre sur les objets, sur les choses en soi.

Alors le subjectivisme a un fondement solide sur lequel un système peut être construit.

Mais Kant a-t-il raison ? y a-t-il vraiment des jugements synthétiques *a priori* ?

Le grand penseur l'affirme ; selon lui les principes de l'arithmétique, de la géométrie et des sciences naturelles sont des synthèses aprioriques.

5. — Le premier exemple qu'il donne est l'équation $5 + 7 = 12$. « Le concept de la somme de 5 et de 7, dit-il, ne nous fait nullement connaître quel est le nombre unique qui contient les deux autres. L'idée de douze n'est point du tout connue, par cela seul que je conçois cette réunion de cinq et de sept, et j'aurais beau analyser mon concept d'une telle somme, je n'y trouverais point le nombre douze. Il faut que je sorte du concept en ayant recours à l'intuition, c'est-à-dire à l'expérience. Je prends d'abord le nombre 7, et en me servant, pour le concept de 5, des doigts de ma main, comme d'intuition ; j'ajoute peu à peu au nombre sept les unités que j'avais d'abord réunies pour former le nombre cinq, et j'en vois résulter le nombre 12. Dans le concept d'une somme égale à $7 + 5$, j'ai bien reconnu que 7 devait être ajouté à 5, mais non pas que cette somme était égale à douze. Les propositions arithmétiques sont donc toujours synthétiques ; c'est ce qu'on verra encore plus clairement en prenant des nombres plus grands : il devient

alors évident que de quelque manière que nous tournions et retournions nos concepts, nous ne saurions jamais trouver la somme sans recourir à l'intuition et par la seule analyse de ces concepts. » (1)

Nous avons tenu à faire cette citation pour rendre évident le sophisme. On ne croirait pas à un raisonnement aussi puéril de la part d'un tel philosophe. Kant commet ici une confusion grossière. Nous n'avons pas, dit-il, le concept du nombre 12, par cela seul que nous pensons à l'union des deux nombres 7 et 5. Pour avoir le nombre 12, nous avons besoin de nous aider par un signe extérieur : les doigts, des points, des chiffres. La représentation de l'imagination, l'image est confondue ici avec le concept abstrait, l'idée pure. Certes, 12 est un signe différent de 7 + 5. Mais que l'on analyse d'une part 12 et d'autre part 7 + 5 et l'on verra que le sujet est la même chose que le prédicat.

6. — La réfutation du second exemple offre une égale facilité : le sophisme brille avec un éclat semblable. « C'est une proposition synthétique que celle-ci, dit l'illustre penseur : entre deux points, la ligne droite est la plus courte... Le concept du plus court est une véritable addition, et il n'y a pas d'analyse qui puisse le faire sortir de la ligne droite. Il faut donc ici encore revenir à l'intuition ; elle seule rend possible la synthèse... »

Une longue réflexion n'est pas nécessaire pour voir que le concept de la plus courte brièveté est contenu dans le concept de la ligne droite. Cette expression « la plus courte » est une comparaison,

(1) *Critique de Raison pure*, traduction Barni. Introduction, p. 59.

dont la ligne droite est un terme, l'autre terme est la ligne courbe ; ce terme n'est pas exprimé, mais l'idée qu'il contient est présente à l'esprit. Et de cette comparaison résulte évidemment en faveur de la ligne droite l'attribution de la plus grande brièveté : l'esprit voit clairement que l'espace parcouru par une ligne courbe entre deux points a une longueur plus grande. Ces deux concepts, ligne droite et plus court chemin, sont identiques. Il n'y a donc pas de synthèse, mais un jugement analytique, comme du reste tous les principes de la géométrie pure.

Kant se fait une idée très étroite et très fausse du jugement analytique ; c'est à tort qu'il exige que le prédicat soit contenu *formellement, explicitement* dans le sujet. Voici la vraie notion de ce jugement : c'est celui dans lequel par la seule considération des idées, je reçois l'intelligence de la nécessité du rapport exprimé, et cela avant toute expérience. Je n'ai pas besoin de mesurer la ligne droite et la ligne courbe, tracées toutes deux entre deux points ; il suffit que je considère ces deux lignes, et je conclus nécessairement que la droite est plus courte que l'autre.

De même, il n'est pas évident au premier abord que le carré construit sur l'hypothénuse d'un triangle rectangle soit égale à la somme des carrés construits sur les deux autres côtés ; mais quand la démonstration est faite, quand on a analysé les diverses grandeurs contenues dans ces surfaces, par le seul raisonnement analytique, avant toute expérience, on énonce la théorie que nous venons de citer : les deux grandeurs sont identiques nécessairement.

Quant aux autres exemples cités par Kant et tirés

des principes des sciences physiques, ces jugements sont synthétiques, il est vrai, mais *a posteriori* « Je ne prendrai pour exemples que ces deux propositions : Dans tous les changements du monde corporel, la quantité de matière reste invariable ; — dans toute communication du mouvement, l'action et la réaction doivent être égales l'un à l'autre. » Kant a raison de dire que l'idée de matière ne me fait pas concevoir sa permanence, que l'idée de mouvement ne me fait pas concevoir l'égalité de l'action et de la réaction. J'arrive à ces conclusions en me servant de l'expérience et de l'induction ; l'expérience m'ayant fait constater dans plusieurs cas mon impuissance d'annihiler, je généralise, grâce à l'induction, et je conclus à la permanence d'une même quantité de matière, malgré les changements qu'elle peut subir.

L'oracle de la philosophie moderne termine par la métaphysique et déclare que cette proposition : le monde doit avoir un premier principe est une proposition synthétique *a priori*. C'est encore une erreur. L'existence de Dieu n'est pas un principe, mais une conclusion à laquelle on arrive par le raisonnement.

7. — Il n'y a donc pas de jugements synthétiques *a priori*. Ceux-ci sont une pure fiction, qu'il suffit de considérer avec quelque attention pour qu'elle s'évanouisse. La critique de la raison pure s'appuie donc sur une base caduque. En soi, du reste, ces jugements sont contraires à la nature de l'esprit et l'on ne comprend pas comment une intelligence vraiment philosophique peut en faire l'origine d'un système. Quand nous jugeons, c'est parce que nous croyons que la chose est ou doit être ainsi : il faut une raison pour donner un attribut à un sujet. Or, toute raison est absente de ces jugements dont nous

parlons. Le lien entre le sujet et le prédicat (qui est l'objet du jugement) n'existe pas dans l'expérience, puisque par définition ces propositions sont *a priori;* ce lien ne résulte pas davantage de l'analyse immédiate des concepts ni de la déduction raisonnée, puisque par définition ils ne sont pas analytiques. Il n'y a donc pas de lien, c'est un acte aveugle. Nécessité subjective, répond le grand philosophe, qui découle de la nature de la raison. Comment ose-t-il attribuer à la constitution naturelle de la raison, un acte dépourvu de toute raison ? On voit clairement dans le commencement même du kantisme la contradiction dont les autres parties de son ouvrage ne sont que le développement.

8. — Mais l'invention la plus bizarre, nous allions dire la plus incohérente, la plus incompréhensible, est la doctrine de Kant sur l'*Espace* et le *Temps,* exposée tout au long sous le nom d'Esthétique transcendantale, dans la première partie de la Critique.

L'esthétique transcendantale n'est pas ce que le nom semble indiquer: une étude critique sur les sources rationnelles du beau. Le philosophe allemand, qui est devenu, malgré l'obscurité de ses conceptions, le grand maître d'une multitude de philosophes français, a donné cette appellation bizarre à ses idées sur l'Espace et le Temps.

D'après lui, l'étendue, le mouvement, le changement, la juxtaposition n'existent pas dans les choses, mais sont des formes purement subjectives. Les choses nous paraissent étendues, les faits successifs, mais c'est une pure illusion.

Notre intelligence, ou plutôt notre sensibilité, nos facultés sensibles seules produisent en nous cet effet que les choses nous paraissent spaciales et temporelles. En elles-mêmes elles ne sont pas dans l'espace et dans le temps ; hors de notre esprit, il n'y a ni temps, ni espace. « L'espace » (1) n'est pas une forme des choses considérées en elles-mêmes ; ce que nous nommons objets extérieurs consiste dans de simples représentations de notre sensibilité, dont l'espace est la forme, mais dont le véritable corrélatif, c'est-à-dire la chose en soi n'est pas et ne peut pas être connue par là... Le temps (2), n'est autre chose que la forme du sens interne, c'est-à-dire de l'intuition de nous-mêmes. Il ne peut-être une détermination des phénomènes extérieurs... ; le temps est la condition *a priori* de tout phénomène en général. Sa valeur objective disparaît dès qu'on fait abstraction de la sensibilité de notre intuition. Le temps n'est autre chose qu'une condition subjective de notre intuition ; en dehors du sujet, il n'est rien et ne peut être attribué aux choses en soi.

Les raisonnements qui servent de démonstration à cette théorie si étrange sur l'Espace et le Temps sont aussi étranges que cette théorie elle-même.

9. — « Ce n'est pas la sensation, dit Kant, qui me donne la Représentation de l'Espace, puisque sans cette Représentation je ne saurais me représenter les choses de cette manière. Il faut donc qu'elle existe déjà en moi (3). »

En d'autres termes, si la Représentation de l'Espace ne précédait pas toute expérience, nous ne pourrions jamais l'avoir. Il nous serait impossible

---

(1) *Critique de la raison pern.*, p. 85.
(2) *Ibidem*, p. 89.
(3) Page 77.

de l'extraire par voie de conséquence de notre perception, puisque toute perception la suppose.

« Nous nous représentons l'espace comme une grandeur infinie. Cette idée ne vient donc pas de la sensation, qui ne nous donne que des objets finis. »

Un autre argument est tiré de la valeur universelle et nécessaire des propositions et des principes géométriques. Les jugements de la géométrie, en effet, ont pour objet l'étendue spaciale et ses rapports. Si la représentation de l'espace était une idée acquise *a posteriori*, puisée dans l'expérience externe, les principes et les conclusions géométriques auraient toute la fragilité de la perception, et il ne serait pas nécessaire qu'entre deux points on ne puisse mener qu'une seule ligne droite.

Cette idée a donc son origine dans une intuition qui précède toute perception des objets : elle ne peut être autre chose que la forme du sens extérieur. Donc, l'espace n'est pas une propriété inhérente aux choses ou à leurs rapports. Quand nous disons que toutes les choses sont juxtaposées dans l'espace, cela ne veut pas dire qu'elles existent réellement ainsi, indépendamment de notre manière de les percevoir ; cela signifie uniquement qu'elles nous apparaissent telles, en vertu de la constitution subjective de notre sensibilité.

Puisque l'espace n'existe pas, comment le mouvement, dont les kantistes ne nient pas l'objectivité, peut-il se produire ? Nous ne nous chargeons pas de l'expliquer. Quoiqu'il en soit, nous affirmons que, dans aucun séminaire de France et de Navarre, il n'est aucun élève, pourvu qu'il ne soit pas dépourvu d'intelligence, et qu'il ait suivi un cours de philosophie scolastique, qui ne refute victorieusement les sophismes de l'illustre géant de la pensée moderne, du grand Maître de la science contemporaine.

Voici le résumé de la doctrine thomiste sur cette question :

10. — Nous n'avons rien d'*a priori*, sinon nos facultés sensibles et nos facultés intellectuelles. L'apriorisme, en philosophie, ne signifie rien autre chose que l'impuissance de donner une explication vraiment scientifique. L'idée d'espace est une idée acquise, qui a pour origine l'idée d'étendue. Celle-ci résulte du travail de l'intelligence sur la perception sensible. D'abord la perception sensible, notamment les sensations tactiles et visuelles, nous font voir que quelque chose est situé hors de nous et que ces objets extérieurs ont des parties et sont étendues. L'animal, doué des organes de la vue et du tact, possède aussi la représentation des objets extérieurs étendus et éloignés; la preuve en est dans les mouvements qu'il fait pour saisir sa proie. Il n'a pas l'idée de l'étendue abstraite, parce que ses facultés de connaissance ne peuvent se dégager de la matière. Mais nous autres, hommes, nous avons une intelligence qui considère à part chacun des éléments dont se compose l'objet sensible. Nous supprimons, par l'abstraction, les qualités et la substance qui le constituent et nous concentrons notre attention sur la seule multiplicité de ses parties et sur la place qu'elles occupent.

Kant déclare dogmatiquement que la représentation de l'espace infini précède nécessairement la représentation d'une étendue déterminée, mais il se garde bien de donner de cette affirmation la plus petite preuve.

Ce dogmatisme arbitraire est démenti par les faits.

Nous avons d'abord la représentation d'un objet extérieur, tel qu'il se présente dans la sensation. Puis, par un léger effort intellectuel, nous ne faisons attention qu'à son étendue déterminée, au lieu intérieur qu'il occupe. Cette idée nous conduit à la considération du lieu extérieur, de l'étendue spaciale, dépouillée par l'abstraction, de tous les contours, de toutes les formes, de toutes les limites. Nous pouvons alors étudier les propriétés géométriques de cette étendue spaciale, de cet espace indéterminé, y trouver, par l'analyse intellectuelle, des principes et des conclusions universels et nécessaires. Cette universalité et cette nécessité objectives ne sont pas aperçues par la perception externe, qui ne nous offre que le concret, le variable, le contingent ; mais notre intelligence, qui a pour objet spécial, la connaissance de l'être et de sa nature dans son universalité et de ses rapports nécessaires, les contemple et les analyse avec sa pénétration originelle et innée.

D'après le dogmatisme kantien, qui affirme sans preuve, l'idée d'espace infini précède l'idée d'étendue : nous n'obtenons celle-ci qu'en plaçant des limites dans l'espace qui n'en a pas. D'après la critique thomiste, nous commençons par l'idée de l'étendue objective, concrète et limitée comme l'objet : et nous obtenons l'idée de l'espace en supprimant par la pensée les limites.

Si maintenant de la question d'origine des idées d'espace et d'étendue, nous passons à la question ontologique, si nous nous demandons à quelle réalité extérieure correspondent ces concepts d'étendue et d'espace, ce qu'ils sont en soi et pour soi, voici les réponses de la philosophie thomiste. En soi, l'espace séparé des corps et considéré isolément n'est rien de réel ; il n'est rien autre chose qu'une pure possibilité. Quand nous disons : l'espace est infini, cela veut dire, au regard de l'intelligence : En dehors des corps actuellement existants dans le monde, rien ne s'oppose à ce qu'une puissance infinie en ajoute d'autres en nombre illimité, la création d'autres mondes est possible.

Mais alors que signifie l'infinité de l'espace, c'est-à-dire cette étendue immense, cette profondeur sans limites à laquelle nous nous surprenons parfois à rêver ?

Elle est l'œuvre de l'imagination pure ; ce n'est pas un concept intellectuel, mais une véritable image. L'expression d'espace infini est d'ailleurs très impropre, c'est indéfini qu'il faut dire. L'existence actuelle d'un espace indéfini est contradictoire ; puisque l'espace est composée de parties et qu'à un nombre donné de parties, si grandes qu'elles soient, on peut toujours en ajouter d'autres. Kant a donc raison de dire que l'espace, entendu dans ce sens, ne peut exister en soi et pour soi, mais il a tort d'y voir une création de l'intelligence, c'est une pure représentation imaginaire ; il a tort surtout d'affirmer, faute d'une analyse assez pénétrante, que cette image est antérieure à la perception de l'étendue.

Quand à la réalité de l'étendue déterminée, circonscrite dans ses limites, isolée de tout corps quelconque, elle n'existe pas dans la réalité comme dans notre esprit. Les scolastiques, si méprisés et si méconnus des philosophes contemporains et surtout de Descartes et de Kant, ont pour désigner cette idée, une expression très claire et très juste : c'est un acte de l'esprit qui a son fondement dans l'objet, *fundamentum in re*. Notre esprit tire ce concept de l'objet dont les parties sont situées les unes hors des autres, c'est-à-dire de l'objet étendu.

Donc l'étendue est objective. Donc c'est rêver comme un poète, ce n'est pas raisonner comme un philosophe que de déclarer que l'étendue n'existe pas dans les choses, qu'elle est simplement une forme subjective de la sensibilité.

11. — La même critique peut s'appliquer au dogme kantien sur le temps. D'après le grand penseur, le temps est la seconde des formes pures et subjectives de la sensibilité, dans laquelle l'âme fait entrer la matière de la sensation pour lui imprimer la marque de la temporalité. Le temps, comme l'espace, ne réside que dans notre tête ; il est une illusion du sujet pensant.

Le philosophe répète ici, en les appliquant au temps, les affirmations précédentes sur l'espace. « Le temps, dit-il (1), n'est pas un concept empirique ou qui dérive de quelque expérience. La simultanéité ou la succession ne pourraient être perçues par nous, si la représentation du temps ne lui servait *a priori* de fondement. Il y a des principes nécessaires qui découlent du temps ; par exemple : le temps n'a qu'une dimension ; des temps différents ne sont pas simultanés, mais successifs. Or ces principes ne peuvent être tirés de l'expérience, qui ne saurait donner ni généralité, ni certitude absolue. Le temps qui donne naissance à ces principes nous apparaît donc comme nécessaire. Et comme il n'est pas un concept analytique, on doit admettre qu'il est une pure forme subjective de l'intuition sensible. Ce qui achève cette démonstration est ce fait que la représentation

---

(1) Pages 95 et suiv. de la *Critique de la Raison pure.*

du temps nous est donnée à l'origine comme illimitée. »

12. — Autant de propositions, autant d'erreurs.

Prétendre que l'idée du temps en général précède l'idée d'un temps particulier est une affirmation purement gratuite. L'idée d'un temps particulier naît de la perception sensible. Le temps est la succession du mouvement. L'analyse découvre dans le mouvement deux sortes de parties : d'abord, des parties subjectives et simultanées, si l'on considère le sujet mû ; ensuite, des parties successives et s'excluant les unes les autres, si l'on considère le mouvement en soi, abstraction faite du sujet mû. Le temps ne mesure pas le mouvement considéré dans ses parties subjectives. Mais si nous concentrons notre attention sur les parties successives, les unes nous paraissent antérieures, les autres postérieures. Ces notions de l'avant et de l'après sont deux éléments essentiels de l'idée du temps ; ces deux éléments sont le passé et l'avenir. Nous les considérons à part et nous avons ainsi la représentation du temps limité. Un simple effort d'abstraction intellectuelle nous rend capable de cette opération. Nous séparons des choses qui se meuvent et changent, le mouvement et le changement, dont nous étudions la nature toujours successive et fuyante.

Quant à la notion de durée permanente, nous l'acquérons surtout par l'observation intérieure. Nous ne sommes pas seulement conscients que des sensations naissent et meurent en nous, mais que nous demeurons pendant qu'elles passent. Nous ne pourrions avoir cette conscience, si nous ne sentions en nous, en dehors des actes successifs, un être permanent qui est nous-même. Nous isolons de notre être cette idée de la permanence, et nous obtenons ainsi la notion de la durée. Nous analysons ensuite la durée limitée quelconque : comme elle est une grandeur continue, nous pouvons la mesurer d'après le temps, en choisissant comme unité de mesure un mouvement ou une série de mouvements particuliers, et nous nous faisons ainsi une idée nette de la durée des choses. Si maintenant nous supprimons les limites, nous avons la notion d'une durée qui peut être continuée sans fin.

C'est donc à tort que le philosophe de Koenisberg affirme que la représentation d'un temps infini est originelle, innée, *a priori*; que nous acquérons l'idée d'un temps déterminé en plaçant des limites dans le temps infini et que nous saisissons les différents temps, comme des parties du temps illimité. Cette théorie arbitraire et dénuée de preuves est un vrai travestissement. Nous connaissons d'abord des temps déterminés : nous supprimons par la pensée les limites et nous obtenons le temps illimité

Il est clair que le temps n'existe pas en soi et pour soi, séparé des choses qui durent, qui se meuvent et qui changent. Mais est-ce à dire qu'il soit une affection du sujet pensant ? Non, assurément. Entre les idées pures, les êtres de raison qui n'existent que dans notre esprit et les substances extérieures, il y a une autre catégorie d'êtres, appelés par les scolastiques : *entia rationis cum fundamento in re*, c'est-à-dire qui n'existent pas dans les choses comme elles existent dans notre pensée, mais qui n'en ont pas moins un être réel, un fondement objectif. Le temps que notre esprit sépare des choses qui durent et qui se meuvent n'a qu'une existence idéale ; ainsi considéré, il n'est rien. Mais si nous le voyons tel qu'il est, manière d'être très positive et très réelle des objets mobiles et permanents, son caractère objectif apparaît avec une évidence lumineuse.

Si Kant en a fait une pure forme subjective, c'est parce qu'il n'a pas connu l'analyse pénétrante et profonde de la philosophie scolastique.

13. — D'ailleurs, que signifient ces expressions : formes pures et subjectives de la sensibilité, dans lesquelles coule et se moule la matière de l'intuition sensible pour en recevoir l'empreinte de la temporalité et de la spacialité ? Quel est le mode d'existence de ces formes dans les facultés sensibles ? Si ces pauvres scolastiques, si dédaignés parce qu'on les ignore, s'étaient rendus coupables d'une invention pareille, il n'y aurait dans aucune langue assez de sarcasmes pour les flétrir. Mais cette fantasmagorie est sortie du cerveau de Kant ; on la considère comme l'expression de la vérité pure. Des commentateurs en nombre infini emploient toutes leurs forces à essayer de mettre quelque lumière dans cette nuit, sans succès d'ailleurs, car, malgré le talent déployé, les explications sont contradictoires et l'obscurité est toujours aussi profonde.

Ce subjectivisme étrange est d'ailleurs démenti à chaque instant par l'expérience universelle. Personne n'a jamais eu l'intuition directe de l'espace et du temps ; nous voyons des corps de toutes les dimensions et de toutes les formes existant dans tels ou tels lieux et occupant les uns par rapport aux autres telle ou telle place déterminée, nous voyons des corps se mouvoir et des changements se succéder en des temps distincts. Mais en aucune façon cette intuition, cette expérience sensible des temps et des lieux limités ne nous paraît contenue dans l'intuition du temps et de l'espace illimités. Quand même nous ferions au kantisme cette concession, nous serions impuissants à expliquer l'expérience. Admettons que l'espace et le temps soient des formes purement subjectives ? Comment expliquer alors que nous percevions les choses dans des espaces si divers, avec des formes si variées et des temps si dissemblables ? Ici, dit le P. Tilmann Pesch, nous voyons un corps carré, là un corps rond ; plus loin, un homme grand comme un enfant, ailleurs un homme de taille ordinaire. Tel événement passe comme l'éclair, tel autre ressemble à une pièce de théâtre qui a cinq actes et dure trois ou quatre heures ou dix années. D'où viennent ces différences ? Est-ce de l'intérieur des formes subjectives d'espace et de temps ? Il y a donc en nous une quantité innombrable de formes subjectives ? Si le philosophe kantiste répond : Ces différences viennent de la matière objective, nous répliquons : L'objet extérieur a donc un rôle dans la confection des formes de l'espace et de temps ; elles ne sont donc pas des formes pures et subjectives. Que devient alors l'esthétique transcendantale ? Voici la réponse : elle est un tissu de contradictions. Cette note que mérite tout le kantisme apparaîtra plus juste encore quand nous aurons étudié l'*analytique transcendantale*.

CHAPITRE DEUXIÈME

LE SUBJECTIVISME KANTIEN

(Suite).

Sommaire : 1. L'ANALYTIQUE TRANSCENDANTALE. Son objet. — 2. Théorie thomiste de la connaissance intellectuelle ; objectivité. L'universel. — 3. Les 12 catégories de Kant, formes subjectives de l'entendement pur. Injuste critique des catégories d'Aristote par Kant. — 4. Réfutation. Inutilité, contradiction, inintelligibilité de l'hypothèse kantienne, justement critiquée par M. Rabier. Ruine de la causalité. — 5. Le NOUMÈNE. Trois théories diverses de Kant sur le Noumène. Nouvelles contradictions. — 6. LA DIALECTIQUE TRANSCENDANTALE. Les trois idées de la Raison Pure : l'âme, le monde, Dieu. Elles sont subjectives. Le moi. « Je pense. » Donc je ne suis pas. — 7. Dogmatisme de Kant. Un rêve sans rêveur. — 8. Les deux autres idées de la Raison Pure. Les antinomi Solution kantienne. Toujours la contradiction. L' TRANSCENDANTAL. — 9. Où vient aboutir le kan Du fragment réaliste laissé par la Critique, il résu   que la Chose en soi n'est pas du tout inconnue. — 10. Scepticisme universel. La guerre du Transwaal appréciée par un vrai kantiste. — 11. Le Panthéisme ou plutôt l'idéalisme absolu des disciples de Kant : Fichte, Schelling, Hegel. Descartes, ancêtre du subjectivisme. — 12. Conclusion.

1. — Dans l'Esthétique transcendantale, Kant avait étudié la connaissance sensible fondée sur l'expérience et s'était proposé de démontrer que

l'Espace et le Temps, inséparables de toute représentation intérieure et extérieure, n'appartiennent en aucune façon à l'objet, mais sont des formes purement subjectives de la sensibilité.

L'Analytique est cette partie de la Critique de la Raison pure, dans laquelle l'auteur considère la faculté de l'entendement pur. « Sous le nom d'analytique des concepts, dit-il (1), je n'entends pas l'analyse de ces concepts ou cette méthode usitée dans les recherches philosophiques, qui consiste à décomposer dans les éléments qu'ils contiennent les concepts qui se présentent et à les éclaircir ainsi ; j'entends l'analyse jusqu'ici peu tentée de la faculté même de l'entendement, c'est-à-dire une analyse qui a pour but d'expliquer la possibilité des concepts *a priori*, en les cherchant uniquement dans l'entendement comme dans leur vraie source, et en étudiant en général l'usage pur de cette faculté. »

Il faut se garder de confondre l'entendement et la raison. D'après la philosophie kantiste, l'entendement a pour objet de connaître intellectuellement les objets de l'intuition ou de l'expérience sensible. L'objet de la raison ne tombe pas sous l'expérience. Cette distinction, actuellement obscure, se comprendra d'elle-même, nous l'espérons du moins, lorsque nous aurons pénétré plus avant dans la pensée du philosophe allemand.

Le traité de la connaissance intellectuelle est la partie la plus importante de toute philosophie véritable. Le sens représente les objets dans leur diffusion spaciale et leur succession temporelle. Nous ne les connaissons bien, nous ne pouvons en former

---

(1) *Critique de la Raison pure*, p. 124.

un objet scientifique, qu'en les ramenant à l'unité, en les pensant dans un enchaînement, comme êtres possibles ou réels, comme substances ou accidents, comme causes ou effets. Kant, dont le but, proclamé à toutes les pages de son livre, était de donner à la science un fondement inébranlable, devait s'appliquer avec un soin particulier à l'étude de l'intelligence et de ses actes. C'est pourquoi l'analytique transcendantale est la partie la plus longue et la plus importante de sa critique. Nous n'avons pas l'intention de le suivre pas à pas dans ses déductions et dans ses raisonnements, dont quelques-uns sont enveloppés dans un impénétrable mystère. Nous ne parlerons pas de l'unité synthétique de l'aperception, ni du schématisme des concepts purs, ni de l'amphibolie des concepts de réflexion, ni des preuves acroamatiques, ni du cathartique de l'enseignement vulgaire.

Notre dessein est plus modeste ; nous nous proposons simplement de donner une idée générale et claire du système ; ce qui n'est pas une tâche facile. Cette tâche sera, d'ailleurs, allégée par des comparaisons fréquentes établies entre les principaux points de la doctrine kantienne et les données de la philosophie péripatéticienne et thomiste.

2. — Selon saint Thomas, dont la philosophie est toujours d'accord avec le bon sens, la connaissance est objective. Lorsque nous voyons un arbre ou que nous soulevons un poids de fer de vingt kilos, l'image visuelle ou tactile se trouve évidemment dans le sujet percevant, mais elle est éminemment objective. La forme, la détermination de la faculté sensible lui est donnée par l'objet extérieur. La pesan-

teur, dit Kant, n'est qu'une pure affection du sens ; la hauteur de l'arbre, sa largeur, l'étendue de ses branches, ne sont que les formes subjectives de ma sensibilité. — Nullement, répond le disciple de saint Thomas, les dimensions de l'arbre que je vois, viennent de l'arbre lui-même. Celui-ci est étendu, la sensation de pesanteur que je sens est dans mes membres, mais elle est produite par un poids réel, dont la pesanteur n'est pas du tout illusoire.

La même solution est donnée par les péripatéticiens à la question de la connaissance intellectuelle. C'est la raison qui, à l'apparition d'une image sensible dans le sens, produit une représentation intelligible, mais cette forme de l'esprit pensant, qui est dans le sujet, possède évidemment le caractère de l'objectivité ; l'objet extérieur, par le moyen de l'image sensible, a un rôle prépondérant dans la formation de la représentation intellectuelle de l'image suprasensible.

Cette objectivité de notre connaissance est d'ailleurs un fait dont l'évidence, en dépit de tous les raisonnements, est indestructible ; la conscience du genre humain l'a toujours attesté et l'attestera toujours. Que veux-je dire par ces jugements : Descartes est un homme, le feu chauffe la pierre, deux lignes droites se couvrent ou ne peuvent se couper qu'en un seul point ? Cela signifie-t-il seulement que je suis subjectivement forcé à penser et à juger ainsi, que mon idée générale d'homme est une idée générique qui comprend l'idée particulière que j'ai de Descartes, que l'existence attribuée par moi à ce dernier est purement idéale ? Est-ce que je me borne à penser que la causalité, reconnue par moi au feu pour produire cet effet de chauffer la pierre, est une causalité subjective ? Suis-je persuadé que l'affirmation de l'axiome sur les deux lignes droites est un effet aveugle et nécessaire de ma constitution naturelle ? Pas le moins du monde ; j'affirme comme réelle l'existence de Descartes et de l'humanité. Je reconnais dans la pierre chauffée l'effet vrai d'un feu réel ; la propriété des deux lignes m'apparaît comme une une réalité indépendante de moi. Je prononce ces jugements parce que la chose en soi, hors de ma connaissance, est telle et non pas autrement.

Mais comment est-il possible que l'image sensible coopère à la production d'une forme immatérielle et suprasensible ? Par l'action spéciale de l'intellect.

Les philosophes modernes ont coutume de lancer contre la division des facultés une accusation singulière.

On reproche donc à la scolastique, si totalement inconnue, de réaliser des abstractions et sous le nom des facultés distinctes de multiplier des entités, que l'on considère alors presque comme des personnalités. Cette critique, si injuste quand on l'applique à la philosophie chrétienne, retombe de tout son poids sur la doctrine kantiste. Selon ce penseur l'entendement pur n'a pas d'action spéciale sur les représentations de la sensibilité et lui-même est isolé de la raison pure dont l'objet est bien différent. Tout autre est la conception thomiste. L'intelligence agit toujours à l'apparition des représentations sensibles. Celles-ci sont particulières, concrètes, individuelles, entourées de toutes les conditions matérielles, ont une quantité déterminée, des qualités qui lui appartiennent en propre. L'acte spécial de la puissance intellectuelle est de dépouiller l'image de toutes les notes individuantes, et de former des concepts d'une valeur nécessaire et universelle. En voyant un animal, l'homme le saisit comme un être distinct, un, existant en soi, sans avoir besoin d'un sujet d'adhérence, tour à tour recevant passivement une action, une impulsion étrangère, mais se mouvant avec une action propre ; ainsi se forment les idées d'existence et de possibilité, de substance et d'accident, d'unité et de pluralité, d'action et de passion. Ces idées ne se bornent pas à représenter un ou plusieurs individus isolés ; elles s'étendent à tous les individus existants ou possibles, en nombre indéfini, qui appartiennent au même genre ou à la même espèce. Nous appliquons la même méthode non seulement aux êtres subsistants en soi, mais aux accidents, aux modes d'être et aux relations. Si, par exemple, nous considérons dans une sphère d'or son apparence visible, nous acquérons le concept non pas de telle couleur déterminée mais de la couleur en général, concept qui s'applique à toutes couleurs possibles. Tout ce qui est ou peut être, est l'objet de l'intelligence : celle-ci est l'admirable pouvoir de séparer de la matière tout ce qui est ou peut être ; et par là ses actes, les idées, ont une valeur universelle. Sans doute l'universel n'existe pas dans le monde extérieur comme il existe dans notre intelligence. Le monde nous offre des êtres particuliers, des molécules minérales, des végétaux, des animaux, des hommes ; mais c'est dans ce monde extérieur, dans les objets, que l'intelligence va chercher la matière de ses concepts ; c'est l'objet qui donne sa détermination spéciale à la représentation intelligible ; c'est l'objet qui lui donne sa nature ; si tel objet et non pas tel autre est compris, cela vient non pas du sujet pensant, mais de l'objet pensé. L'intelligence forme ses idées, non pas en les tirant du fond de nous-mêmes, mais en s'unissant avec la représentation sensible dont elle extrait la représentation intelligible correspondante.

Notre esprit est fait, dit excellemment le P. Tilmann Pesch (1), pour recevoir en soi l'être réel des choses d'une manière idéale, comme l'être des choses s'offre du dehors à la faculté de connaître, parce qu'il est ordonné pour se révéler à l'esprit. L'unité, l'être, l'ordre, la beauté, c'est-à-dire l'unité harmonieuse dans la multiplicité des substances, des accidents, de leurs modes et de leurs relations, existe réellement dans les choses, indépendamment de moi et de mon effort intellectuel ; je puis disparaître sans que disparaissent avec moi ces choses et leurs déterminations réelles. Je le sens, je le vois : le genre humain l'affirme ; il faut être fou pour le nier. Qu'est-ce que cela prouve ? Qu'il y a dans les choses des pensées, qui ne sont pas mes pensées, qui ne sont pas immanentes à moi. Il y a dans ce monde un idéal qui ne vient pas de moi, qui n'a pas son origine dans ma conscience ; l'effort de l'intelligence est de saisir les pensées impliquées dans les choses, c'est le noble objet de la science. Quand la science a découvert l'idéal qui se trouve dans le monde extérieur, elle possède la vérité, qui est, selon la belle définition de S. Thomas, une équation parfaite entre la chose et l'intellect, *adaequatio rei et intellectus*. Et c'est ainsi que l'esprit humain parvient à la connaissance de l'Intelligence Souveraine qui a laissé sa divine empreinte sur ce qu'elle a fait : les choses pensées et les sujets pensants. Nous avons

---

(1) *Die Haltlosigkeit der modernen Wissenschaft*, p. 70.

la conviction profonde que Kant n'a imaginé son système que pour éviter d'arriver à cette conclusion. La suite de ce travail en fournira la preuve.

3. — Pour expliquer la connaissance sensible, Kant avait eu recours aux formes de l'Espace et du Temps, qui résident dans le sujet seul et ne sont en aucune façon dans l'objet connu. Ce sont également des formes purement subjectives, aprioriques, qui expliquent la connaissance intellectuelle.

Les idées ne sont pas des abstractions de l'expérience. Le philosophe allemand ne sait rien d'un intellect qui exerce son activité sur l'image et la dégage des notes matérielles et particulières, pour saisir l'universel que cette représentation sensible objective renferme en soi-même. Il n'admet qu'une seule faculté d'intuition, la sensibilité. Et comme cette puissance ne saurait nous offrir rien d'universel et de nécessaire, il tire cette conclusion que les idées par lesquelles nous pensons le nécessaire et l'universel, ont leur origine dans l'âme seule, dans une faculté spéciale qu'il désigne sous le nom d'entendement pur. Aussitôt qu'un phénomène nous affecte, il sort de l'entendement l'idée qui la revêt d'une détermination intelligible. Les idées sont des formes logiques, nécessaires, venant du sujet seul et placées à son insu dans l'expérience. Existence, réalité, unité, substantialité, causalité, ne nous disent rien, ne peuvent rien nous dire des choses extérieures. Saint Thomas, toujours d'accord encore une fois avec le bon sens, enseigne que nous acquérons ces concepts par l'expérience sensible, intérieure ou extérieure ; par conséquent ces idées nous instruisent sur les existences objectives, le moi et les autres réalités. Kant nie toute cette objectivité :

les idées, dit-il, ne viennent pas des choses ; leur origine ne saurait être l'expérience.

Rien ne leur correspond dans la réalité, ou du moins nous ne pouvons pas le savoir. L'entendement pur, avec ses formes subjectives, est absolument incapable de m'apprendre s'il y a en dehors de moi un être réel, un ou multiple, ou possible ; s'il existe dans le monde extérieur des êtres substantiels ou accidentels, des causes ou des effets. Bien plus, il est absolument incapable de m'apprendre si moi-même j'existe réellement, en dehors du phénomène, si je suis un ou multiple, substance ou cause. Nos idées ne possèdent aucun contenu objectif ; elles viennent du sujet pensant uniquement, pour mettre de l'ordre et de l'unité dans l'intuition sensible.

Cette doctrine est encore plus étrange que le subjectivisme de l'Espace et du Temps, et on se demande comment une intelligence puissante comme celle de Kant a pu produire une telle invention. Cet appareil apriorique des formes vides de l'entendement pur est le sujet principal de la critique. L'analytique transcendantale énumère ces idées et les étudie séparément ; la dialectique transcendantale combat l'illusion, qui voudrait leur donner une objectivité quelconque. Nous ne pouvons tout citer... « Nous devons, dit Kant, faire abstraction de tout contenu du jugement et n'envisager que les pures formes de l'entendement... La connaissance d'un objet par l'expérience suppose deux choses : l'intuition par laquelle cet objet est donné, et le concept par lequel il est pensé par l'entendement. » Et de même que la première n'est possible que sous les formes de la sensibilité, l'Espace et le Temps qui en sont les conditions *a priori*, de même le second ne peut se produire qu'en vertu de certaines conditions *a priori*, qui sont les formes mêmes de la pensée, comme les premières sont celles de l'intuition. Tout un chapitre de l'analytique intitulé : *De la déduction des concepts purs de l'entendement,* est consacré à démontrer comment ces concepts purs peuvent se rapporter *a priori* à des objets, c'est-à-dire à démontrer la légitimité de ce subjectivisme. Le but de ces formes pures, dépouillées de tout contenu réel, est de mettre de l'ordre, l'unité, l'enchaînement dans les phénomènes que l'intuition, l'expérience nous offre comme disséminés dans l'espace et dans le temps. Toute liaison entre les intuitions diverses comme entre les concepts est un acte de l'entendement. Cet acte, appelé par Kant une synthèse, est possible à cause de l'unité de conscience de soi-même, le « *Je pense* ». A cette unité, le philosophe donna le nom d'aperception pure et originelle. Celle-ci précède toute intuition déterminée, toute représentation spéciale. L'entendement est donc la faculté de former des liaisons *a priori* et de ramener la diversité des représentations à l'unité de l'aperception. Quand je dis que j'ai conscience d'un moi identique, cela ne signifie en aucune façon que j'existe réellement et que j'ai conscience de mon existence réelle et de mon identité, cela signifie que j'ai conscience de la synthèse qui doit nécessairement servir de lien aux représentations.

Le moi, tel qu'il apparaît à ma conscience, est un phénomène ; en cette qualité, il est soumis, comme les phénomènes que nous appelons extérieurs, aux idées de l'entendement pur, aux catégories, lesquelles ne peuvent rien nous révéler sur les choses du dehors et sont toutes subjectives.

On sait ce que veut dire le mot catégories dans le langage philosophique. Aristote est le premier qui se soit servi de cette expression, pour désigner les notions suprêmes auxquelles se rapportent toutes les autres notions. Il y en a dix : la substance, la quantité, la relation, l'action, la passion, le mouvement, le temps, le lieu, le *situs* et l'*habitus*. Elles sont subjectives, en tant qu'elles existent dans l'esprit ; ce qui ne les empêche pas d'être éminemment objectives, parce que l'esprit les acquiert en considérant avec attention l'objet réel. Kant a très injustement critiqué les catégories péripatéticiennes. « C'était, dit-il, un dessein digne d'un esprit aussi pénétrant que celui d'Aristote, que celui de rechercher ces concepts fondamentaux ». Entre autres reproches, il lui fait celui d'y avoir introduit le mouvement, qui est un concept empirique, et l'espace et le temps, qui sont les modes de la sensibilité pure. Aristote ne pouvait certes prévoir qu'un temps viendrait où un philosophe de Kœnigsberg soutiendrait que l'Espace et le Temps ne sont que des formes subjectives. L'eût-il prévu, d'ailleurs, son impitoyable logique eut promptement prouvé l'incohérence, l'impossibilité, la fausseté de la conception allemande. La fonction des catégories d'Aristote est de représenter les objets comme ils sont. Les catégories de Kant ont pour but de lier entre elles les représentations. Elles sont aprioriques, n'ont aucun rapport avec la réalité, ne nous apprennent rien. L'intuition livre les objets, et les catégories donnent les formes de la liaison avec une nécessité subjective. Ce ne sont que des actes de l'esprit, des jugements sans contenu. Il y en a douze : la quantité, qui comprend l'unité, la multiplicité, la totalité ; la qualité, qui comprend la réalité, la négation, la limitation ; la relation avec substance et accident, cause et effet, action réciproque et communauté ; la modalité avec la possibilité, l'existence, la nécessité.

Fischer (1) a dit de ce libre tableau des catégories : « Le goût de Kant pour l'uniformité extérieure s'est donné libre carrière dans cette construction architectonique, et l'on doit se garder d'attribuer une grande importance à la symétrie placée pour le coup d'œil. Comme ces catégories sont tirées des jugements, il manque à cette douzaine d'idées de l'entendement pur la forme du système qui ne peut être remplacée par une construction enfantine. » En réalité, ce n'est qu'un jeu ; mais, ajouterons-nous avec le P. Tilmann Pesch, cette doctrine, qui donne au mot idée ou catégorie, le sens de pure forme de l'association, et ne veut pas y voir une manière de l'être réel, est difficile à considérer comme une plaisanterie innocente. Là est le fondement du subjectivisme.

4. — Après l'exposé que nous avons fait plus haut de la doctrine thomiste, la réfutation de ces formes aprioriques n'exigera pas de longs développements.

D'abord, cette invention si bizarre est absolument inutile. Kant voulait fonder, à l'encontre de la philosophie empiriste et matérialiste de son siècle, l'universalité de la science ; car cette universalité ne peut venir de la pure comparaison et du perfectionnement des images sensibles.

Ce dessein était louable et digne d'un grand esprit comme le sien. Mais, depuis plusieurs siècles, les scolastiques avaient donné les éléments de la solution du problème, en montrant que l'intelligence

---

(1) P. T. Pesch, *Die Haltlosigkeit*, p. 69.

est déterminée par la réalité objective, que cette puissance, bien différente de la sensation et qui distingue l'homme de l'animal, comprend les choses d'une façon indépendante de leur être matériel, et saisit, dans leur universalité, l'être, la substance, la cause et tous les autres modes de l'être. Kant aurait dû connaître cette solution infiniment plus claire que la sienne, remplie de si épaisses ténèbres; il aurait dû montrer qu'il y a contradiction à admettre dans l'homme une force suprasensible de connaissances; il aurait dû prouver.

En second lieu, non seulement l'invention kantienne est une hypothèse superflue; mais surtout, et c'est ce qui la ruine, elle se met en contradiction avec les faits. C'est un fait que notre connaissance est une vue sur la réalité objective; c'est un fait qu'en disant : «ce qui commence, a une cause», je n'affirme pas seulement l'existence d'une liaison nécessaire entre mes deux représentations, mais je déclare que, dans la réalité, ce qui commence a une cause véritable. Je me sens forcé à penser ainsi; mais cette nécessité n'est pas aveugle, ce n'est pas une contrainte de nature. La conscience m'atteste avec une force inéluctable, que si je pense ainsi, le rapport des idées affirmé par le jugement est réel et indépendant de moi (1). Une critique qui ne tient pas compte de ce fait, est arbitraire et n'a aucune valeur scientifique.

D'ailleurs, l'hypothèse kantienne est enveloppée d'une obscurité insondable. Qu'est-ce qu'une idée pure, une idée qui ne contient rien, sinon un non-être, la négation de la notion même de l'idée (2)? Quel est, dans l'entendement, le mode d'existence de

(1) *Haltlosigkeit*, p. 72.
(2) Page 73.

ces quatre grands compartiments dont chacun se subdivise en trois autres plus petits? Comment se fait-il que ces formes vides, ces idées creuses où il n'y a rien, se précipitent sur les perceptions pour les abreuver d'universalité? D'où tiennent-elles le droit d'expliquer les perceptions et de les rendre universelles? Pourquoi, à la vue d'un arbre, la forme intellectuelle de substance jaillit-elle du fond de l'âme, pour recouvrir l'objet et, sans cause objective, le faire penser comme substance? Tout cette fantasmagorie est-elle digne d'un philosophe?

M. Elie Rabier, qui, dans ses *Leçons de philosophie* a fait tant de concessions au kantisme, et dont certaines doctrines sont empreintes, comme nous verrons, d'un subjectivisme si absolu, M. Rabier, disons-nous, se sépare, dans la question qui nous occupe, du philosophe allemand dont l'autorité est si grande actuellement en France, et il fait une critique fort vive des catégories de l'entendement (1).

« On se demande tout d'abord, dit-il, quel est le mode d'existence des catégories dans l'entendement, avant que l'expérience leur ait fourni une matière à laquelle elles peuvent s'appliquer? Qu'est-ce que l'unité envisagée indépendamment de tout objet un, la causalité envisagée indépendemment de phénomènes quelconques en relation?

» Les catégories existent-elles en cet état, à titre de pensées conscientes? — Mais comment penser l'unité en soi, sans penser à rien qui soit un?

» Existent-elles à titre de lien? — Mais une loi n'est rien indépendamment des faits dont elle

---

(1) Élie Rabier. *Leçons de philosophie*, tome I, p. 280.

exprime seulement la manière d'être constante. La loi de la gravitation a-t-elle une existence quelconque en dehors des corps qui gravitent? Si l'on met à part la loi morale, nous n'avons l'idée d'aucune loi qui soit autre chose que la manière d'être constante des êtres ou des faits.

» Dira-t-on enfin que les catégories existent à titre de formes ou de moules, tout prêts à recevoir la matière sensible? — C'est, comme dit Aristote, parler à vide et faire des métaphores poétiques. On ne voit donc pas comment le criticisme peut définir d'une manière intelligible les modes d'existence antérieurement à leur union avec la matière. »

Inintelligible, démentie par les faits, inutile, l'hypothèse kantienne est dirigée formellement contre le but qu'avait en vue son auteur ; elle ruine le principe de causalité. A cette époque régnait dans la philosophie le scepticisme empirique de Hume. Ce penseur anglais, voulant déduire de l'expérience sensible toutes nos idées, dépouilla ce principe de son caractère universel, inexplicable par la seule expérience, et le réduisit aux proportions de la succession constante. Quand les faits se succèdent et se reproduisent souvent dans le même ordre, notre imagination s'habitue à lier les deux représentations, de telle sorte qu'à l'apparition du premier fait, elle s'attend à voir le second. Les bêtes ont cette puissance, désignée par les scolastiques sous le nom d'*expectatio casuum similium*. Le chien, à la vue du bâton, s'attend à recevoir des coups et prend la fuite pour les éviter. Le singe met sa main derrière le miroir et s'efforce de saisir son sosie. D'après la doctrine de Hume, chère aux positivistes Stuart, Mill et Auguste Comte, le principe de causalité dans l'esprit humain n'est rien autre chose que la liaison permanente des représentations : cette liaison prend le caractère de la nécessité qui n'est qu'apparente et vient de l'habitude. Il suit de là que ce principe n'a de valeur que pour l'expérience sensible : il ne peut jamais produire une science vraie, mais une croyance pure et simple. Cette solution matérialiste rend la science impossible ; il n'y a pas, il ne peut y avoir de science du particulier ; les lois scientifiques sont universelles ou elles ne sont pas.

Kant vit ce danger et s'efforça de restituer aux connaissances humaines, l'universalité et la nécessité qu'elles doivent posséder. A-t-il atteint ce noble but par son *apriorisme* ? En aucune façon. Il a raison d'affirmer contre Hume que l'idée de causalité n'est pas dans l'expérience sensible, et que son application est universelle. Mais sa causalité est subjective ; une pure contrainte naturelle nous force à la penser, sans qu'elle existe en soi. Sa causalité immanente consiste en ceci, qu'un acte de connaissance a sa cause dans celui qui précède. Les perceptions naissent les unes des autres avec leur contenu. La représentation sensible B tire de soi-même, grâce à la catégorie de causalité, ses éléments essentiels de la représentation A qui l'a précédée.

Donc la causalité immanente est une chimère. Elle nous fera connaître, quand elle sera prouvée, une partie de la psychologie ; elle ne nous apprend rien au-delà. Par cette invention singulière, Kant s'est interdit tout accès vers la réalité, il rend impossible toute science objective (1).

La contradiction que nous avons déjà remarquée dans les déductions Kantiennes éclate ici avec une

---

(1) T. Pesch, *Die Haltlosigkeit*, page 83.

force souveraine. Le philosophe allemand attaque l'idéalisme absolu de Berkeley qui nie l'existence de toute chose en dehors de nous-mêmes. Si, d'après le criticisme, les idées de l'entendement et les formes de l'intuition sensibles sont subjectives, Kant reconnaît cependant à la sensation une matière distincte d'elle, une chose en soi quelconque qui affecte nos sens. Sans cela la sensation serait inexplicable. Mais admettre un objet qui exerce une action sur nous et soit la cause de la sensation, c'est faire une application transcendantale et objective du principe de causalité. Celle-ci n'est donc plus une forme apriorique. On n'a qu'à choisir, continue le P. Pesch ! Ou bien l'on fait de la causalité une forme absolument subjective et la sensation est inexplicable ; ou bien on l'admet pour expliquer la sensation, et ce principe n'est plus une forme subjective ; et tout le Kantisme s'écroule avec fracas.

5. — Les admirateurs de Kant, pour le défendre contre ces objections qui naissent entre beaucoup d'autres dans tout esprit impartial, vantent comme une invention géniale la théorie du noumène, destinée dans la pensée du maître à corriger ce que le subjectivisme pouvait avoir d'excessif. Qu'est-ce donc que le *noumène ?* Un réponse claire n'est pas facile à donner. L'exposition de cette théorie est très obscure dans la critique. C'est le point le plus noir de tout le système, c'est le centre de la contradiction qui pénètre le Kantisme tout entier. Essayons toutefois, nous souvenant qu'en pénétrant dans cet abîme, nous ressemblons à ceux dont le poète a dit :

Ibant obscuri sub nocte per umbras.

Kant met le noumène en opposition avec le phénomène.

« Quand nous désignons certains objets, dit-il (1) sous le nom de phénomènes, d'êtres sensibles — apparitions qui tombent dans l'intuition empirique — nous distinguons la manière dont nous les percevons, de la nature objective qu'ils ont en eux-mêmes ; alors nous avons dans l'idée d'opposer en quelque sorte à ces phénomènes ou bien ces mêmes objets envisagés au point de vue de cette nature en soi, quoique nous ne les percevions pas à ce point de vue, ou bien d'autres choses possibles qui ne sont nullement des objets de nos sens, et en les considérant ainsi comme des objets simplement connus par l'entendement, de les distinguer des premiers par le nom d'êtres intelligibles, de noumènes.

Le noumène serait donc l'idée de quelque chose qui existerait en dehors du phénomène et indépendamment de la sensibilité. A cette idée ne correspond rien : son contenu est vide. « En dehors des phénomènes, dit Kant (2), il n'y a plus pour nous que le vide. » Rien donc de positif dans le noumène, aucune connaissance déterminée. Cependant « l'idée de ce noumène (3), c'est-à-dire d'une chose qui doit être conçue non comme objet des sens, mais comme chose en soi, n'est nullement contradictoire ; car on ne peut affirmer que la sensibilité soit la seule espèce d'intuition possible. » Le grand philosophe proclame ensuite la nécessité de ce concept, pourvu qu'on n'étende pas l'intuition sensible jusqu'aux choses en soi ; on l'appelle noumène pour montrer qu'il échappe aux prises de l'entendement. Il faut comprendre ici l'entendement pur, sujet des caté-

(1) *Critique de la raison pure*, t. I, p. 317.
(2) *Ibid.*, page 321.
(3) *Ibid.*, page 320.

gories. Il est possible que nous ayons un autre entendement qui ait une autre sphère d'action. Mais la possibilité de cette puissance et du noumène qui serait son acte, n'en est pas moins insaisissable (1).

Au fond qu'est-ce donc que l'illustre penseur veut dire avec son noumène ? Les disciples de Kant ne s'entendent pas du tout sur cette question.

Pour plus de clarté, nous dirons avec le P. Pesch, que le philosophe a sur le noumène trois doctrines différentes. D'après la première, le noumène n'est rien du tout. D'après la seconde, il est quelque chose. D'après la troisième, il est une pure idée de limite.

Tous les principes de Kant établissent d'une façon certaine que le noumène n'est rien, ou du moins que nous n'en pouvons rien savoir. Comment le connaîtrions-nous comme quelque chose ? *A posteriori ?* Mais les noumènes ne sont pas dans l'expérience. *A priori ?* Mais aucune réalité n'est connue *a priori*. Les catégories de l'entendement ne s'appliquent qu'à l'intuition sensible ; elles sont les cases où la matière de l'intuition se coule, pour prendre une forme intelligible. Otez la matière empirique, il ne reste rien dans ces cases. Le noumène n'est pas une grandeur, ni une réalité, ni une substance, ni une cause, ni un effet, ni une existence, ni une possibilité. Car tout cela, ce sont des catégories purement subjectives. Une chose inconnue, dont je ne puis rien savoir, est un pur néant pour moi. Kant le reconnaît formellement d'ailleurs, dans le chapitre où il traite de la distinction entre les phénomènes et les noumènes. Les catégories ne

---

(1) *Critique*, p. 321.

peuvent s'étendre (1), en aucune façon, au-delà des bornes des objets de l'expérience. » Et il conclut en ces termes : Ce que nous appelons noumène ne doit-être entendu que dans le sens négatif. »

Cet aveu ne l'empêche pas d'admettre, contre ses propres principes, la possibilité et l'existence des noumènes, considérés comme idées de choses en soi, ayant un contenu réel. La possibilité d'abord (2) : « Il y a bien, sans doute, des êtres intelligibles correspondant aux êtres sensibles ; il peut même y avoir des êtres intelligibles qui n'aient aucun rapport à notre faculté d'intuition sensible. » Toute la critique, malgré son subjectivisme, est remplie de velléités réalistes. Kant s'attaque à l'idéalisme de Berkeley ; il attribue à Descartes une espèce d'idéalisme qu'il appelle problématique et démontre que notre expérience, indubitable pour Descartes, n'est elle-même possible que sous la condition de l'expérience extérieure. Il dit que l'expérience extérieure est elle-même immédiate. Sans doute, ajoute-t-il, il y a des représentations que nous ne faisons qu'imaginer et que nous attribuons faussement à des objets extérieurs, comme il arrive dans le rêve et dans la folie ; mais cela même serait impossible si nous n'avions pas commencé par avoir conscience de l'existence de tels objets : ces fausses représentations ne sont que la reproduction d'anciennes perceptions vraies. En maints endroits de la critique, l'auteur déclare que la matière de l'intuition sensible vient du dehors, ou plutôt que les objets, les choses en soi, fournissent à l'intuition sa matière. Mais cette matière et ces choses en soi sont inconnaissables

---

(1) *Critique*, p. 319.
(2) *Ibid.*, page 319.

avec les facultés que nous possédons. Il semble donc que l'idée de noumène ait un contenu et soit vraiment quelque chose.

Ailleurs le noumène est représenté comme un concept limitatif (1) destiné à restreindre les prétentions de la sensibilité et de l'entendement. Il n'est pas rien, il n'est pas quelque chose, mais une simple limite qui avertit la sensibilité et l'entendement pur qu'au delà du champ de l'expérience il existe réellement un domaine où nous ne pouvons pénétrer. Mais alors l'entendement conçoit donc le noumène, la chose en soi, comme possible et comme réelle, comme être, comme existence, comme cause ? Une limite n'est pas le pur néant. Vous dites qu'il nous est impossible de rien connaître au-delà de cette limite. D'accord ; mais au moins elle produit en nous cet effet de nous avertir de son existence. Elle existe donc : et les catégories subjectives nous donnent des notions, si petites soient-elles, sur la chose en soi. Que devient alors l'apriorisme subjectif ? On le voit encore : quelle que soit la partie de la Critique de la Raison Pure que l'on étudie, on ne sort pas de la contradiction.

6. — Malgré certaines velléités réalistes, le système de Kant, dans son ensemble et ses lignes principales, est essentiellement subjectiviste. Une courte analyse de la *dialectique transcendentale* fera ressortir ce caractère avec plus d'évidence encore ; cette partie de la Critique a pour but de détruire l'illusion qui nous porte à faire un usage transcendantal des concepts, c'est-à-dire à affirmer l'existence des choses en soi, et à leur attribuer des

---

(1) *Critique*, p. 321.

propriétés quelconques. Cette illusion renaît toujours ; elle est naturelle et découle de la constitution de la raison humaine. Si l'on ne peut espérer la détruire complètement, il est possible de la découvrir ; cela se fait par la dialectique transcendantale.

Cette illusion a son siège dans la *raison pure,* qu'il faut bien se garder de confondre avec l'entendement pur (1). Celui-ci peut être défini la faculté de ramener les phénomènes à l'unité, au moyen de certaines règles : les catégories ; la raison est la faculté de ramener à l'unité les règles de l'entendement au moyen de certains principes : les idées. Cette dernière puissance, la raison pure n'a donc aucun rapport avec l'expérience ; mais toute son activité s'exerce sur l'entendement, aux connaissances diverses duquel elle communique *a priori,* au moyen de certains principes, une unité que l'on peut appeler rationnelle et qui est essentiellement différente de celle qu'on peut tirer de l'entendement.

Que sont les *idées kantiennes ?* On ne doit pas les confondre avec les idées de Platon, types des choses en soi. Le grand philosophe de Koenigsberg critique vivement Platon, qui transforme à tort les idées en hypostases. Les idées, d'après Kant, sont des concepts rationnels, subjectifs, *a priori,* auxquels ne peut correspondre aucun objet donné par les sens ; ces idées sont transcendantes, c'est-à-dire que l'objet qu'elles nous représentent, échappe aux prises de l'intuition sensible. Mais cet objet n'existe pas dans la réalité. Ces idées ne sont que des idées pures, sans contenu objectif. Elles n'ont cependant rien d'arbitraire, elles nous sont données par la

---

(1) *Critique,* t. I, p. 362.

nature même de la raison ; leur rôle est de rendre l'expérience plus une. Cette unité rationnelle résulte de l'idée de l'inconditionnel ou de l'absolu ; et l'absolu n'est que la totalité des conditions que la raison conçoit.

Ces idées transcendantales sont au nombre de trois et ont pour objet l'âme, le monde, Dieu. Avec ces trois idées, la raison pure construit la psychologie rationnelle, la cosmologie rationnelle, la théologie rationnelle. Mais n'oublions pas que la raison est incapable de démontrer l'existence objective de l'âme, du monde et de Dieu. Comme dans l'entendement pur, Kant place douze catégories qui sont innées, subjectives, n'existant pas en dehors du sujet ; ainsi les idées de la raison pure sont innées, subjectives, n'existent pas en dehors du sujet : il n'y a même pas de sujet, au sens ordinaire du mot. Ce qui pense en moi, le « je », n'est, d'après Kant, qu'une apparence. Les catégories, en particuculier l'existence, la substantialité, l'unité, la causalité, n'ont pas d'application en dehors de l'intuition sensible ; elles appartiennent à l'entendement ; la raison n'a pas le droit de s'en servir pour affirmer l'existence de l'âme, du monde, de Dieu, l'unité ou la pluralité, la possibilité ou la réalité, la substantialité ou la causalité.

« Il y a, dit le grand homme (1), certaines espèces de raisonnements au moyen desquels nous concluons de quelque chose que nous connaissons à quelque chose dont nous ne saurions avoir aucune connaissance, et à quoi pourtant nous attribuons une réalité objective. » Cette apparence est inévitable ; mais

(1) *Critique*, t. II, p. 2 et suiv.

c'est une pure apparence. La raison, divaguant de la sorte, fait des sophismes, auxquels Kant donne le nom de *paralogismes de la raison pure*. Ces erreurs dérivent de la nature de l'esprit humain ; le plus sage des hommes ne saurait s'en affranchir, mais les conclusions sont purement illusoires.

Le premier de ces raisonnements est celui qui du concept transcendantal du sujet, conclut à l'unité réelle du sujet ; du « je pense » déduit la science entière du moi et déclare que l'âme est une substance simple, identique, immatérielle et vitale. Pour connaitre un tel objet, la pensée ne suffit pas ; une intuition serait nécessaire. Pour que je puisse affirmer légitimement mon existence réelle, je devrais avoir une intuition intérieure qui me représente mon moi comme objet. Je me saisis comme sujet pensant, mais non comme substance. Cette proposition exigerait, pour être prouvée, des données que ne fournit pas l'analyse des conditions générales de la pensée. Il en est de même de la simplicité. De ce que la pensée soit simple, il ne s'en suit pas que je suis une substance simple ; il me faudrait, pour voir cela, une sorte de révélation. Le même raisonnement s'applique à l'identité. L'identité du sujet pensant ne signifie pas l'identité de la personne, en tant que substance. L'analyse du « je pense » ne va pas jusqu'à cette conclusion.

Je conçois une distinction entre ma propre existence comme être pensant et les autres choses, y compris mon corps. Mais cette distinction est-elle réelle? Mais suis-je objectivement distinct des autres choses? Puis-je même exister à titre d'être pensant, indépendamment des choses que je distingue de moi? L'analyse du « je pense » ne saurait légitimement le conclure.

On ne peut prouver *a priori*, continue Kant, que tous les êtres pensants sont en soi des substances simples, qu'à ce titre ils emportent la personnalité, et qu'ils ont conscience de leur existence séparée de toute matière. S'il en était ainsi, nous connaîtrions quelque chose des noumènes, et la Critique de la Raison pure serait anéantie. Donc, la psychologie rationnelle qui entreprend de prouver par de simples concepts la substantialité et par suite la permanence de l'âme après cette vie, ne repose que sur une confusion: elle est une science illusoire et vaine.

7. — Notre dessein n'est pas de rendre intelligible la dialectique transcendantale pas plus qu'aucune autre partie de la Critique ; nous nous proposons simplement de donner une idée aussi claire que possible de ce système qui, étant une lutte perpétuelle contre le bon sens et contre toutes les données de la raison et de l'expérience, doit nécessairement rester enveloppé dans une obscurité profonde. Nous ne pouvons non plus développer ni même énumérer toutes les objections qui se présentent naturellement à l'esprit contre les dogmes kantiens. Car, sous le nom de *Critique*, le philosophe allemand rassemble les constructions très affirmatives, très catégoriques d'un esprit créateur ; il leur donne ce nom, parce qu'il prétend ébranler par là toute doctrine différente de la sienne ; en soi, ces assertions ont un caractère très dogmatique. Rien n'est prouvé ; on n'a qu'à s'incliner quand le maître parle. Il a dit quelque part qu'une bonne preuve suffit pour établir une thèse, et que la nécessité de recourir à plusieurs arguments est une démonstration de leur faiblesse. Cette preuve unique, Kant ne la donne même pas. Pour établir la subjectivité de l'espace et du temps, il a

essayé, au commencement de l'esthétique, de prouver cette énormité par une réflexion dont la fragilité saute aux yeux.

Dans la suite de son ouvrage, il s'est bien gardé de recourir à la moindre argumentation. Ici, il mutile, il divise l'esprit en deux parties distinctes : l'entendement et la raison. Pourquoi ? Il ne le dit pas. Pourquoi les catégories ne peuvent-elles pas s'appliquer aux idées de la raison pure ? Même silence. Que l'on étudie dans le texte la dialectique, on n'y trouvera pas l'ombre d'une raison.

A l'arbitraire architectonique se joint la plus inextricable confusion. Il mêle toutes les doctrines philosophiques antérieures à la sienne. Si Descartes a conclu de l'existence de la pensée à l'existence du moi, ce n'est pas par un raisonnement abstrait et déductif. S'il y a des Cartésiens (1) qui affirment que la conscience nous montre la *simplicité* de l'âme pensante, telle n'est pas la doctrine de la philosophie chrétienne. La conscience nous révèle l'existence des faits, non pas la nature des êtres. En disant que « j'écris », j'affirme mon existence comme un être réel et vrai, existant en soi, distinct absolument de la chaise sur laquelle je suis assis, et de la table sur laquelle je travaille, de la plume que je tiens et du papier sur lequel j'écris. Ceci est de toute évidence. Il n'y a pas là de raisonnement déductif. C'est une vérité que je vois par une intuition directe et immédiate. J'affirme mon identité avec une force égale. Je n'exprime pas une simple apparence quand je dis que celui qui écrit aujourd'hui est le même être qui se promenait hier dans la

---

(1) Il y en a en effet. M. Bouillier, par exemple, dans la *Vraie Conscience ?*

campagne et qui, trente-cinq ans déjà passés, étudiait la philosophie au séminaire. J'affirme que c'est ainsi, parce que cela est, que je le vois et que je le sais. Quand on nie des vérités de cette évidence, on cesse d'être philosophe, on n'est même pas poète, on foule aux pieds toute raison, on s'interdit à soi-même toute pensée. Telle est en effet la conséquence du Kantisme, il aboutit au Nihilisme, comme le prouve l'analyse suivante des chapitres déjà parcourus de la Critique, analyse que nous empruntons au P. T. Pesch (1).

Où donc le kantisme nous conduit-il ? Cette philosophie est un idéalisme purement subjectif. Ne tenons pas compte du noumène qui est un hors-d'œuvre illogique dans ce système et dont nous ne pouvons rien dire. Nous ne connaissons que le phénomène. Divisons en plusieurs parties le chemin parcouru jusqu'à présent dans la Critique, ce sera le moyen de toucher du doigt les sommets de l'extravagance où se plaît le grand penseur des temps modernes.

Tout, à l'exception de moi, est pure apparence. On a vu avec quel soin le philosophe exclut du champ de la connaissance humaine tout contenu suprasensible. Le monde est donc une illusion, un simple rien. « Les objets extérieurs, dit-il, ne sont rien ni
» autre chose qu'un mode d'une représentation exis-
» tant seulement dans mon intuition ; en dehors de
» moi, séparés de ma pensée, ces objets n'existent
» pas (2)... L'objet empirique prend le nom d'objet
» extérieur quand il est représenté dans l'espace ;

---

(1) *Die Haltlosigkeit*, ch. 11. *Der Nihilismus als letzte station der Kant'schen Philosophie.*
(2) *Critique, passim.*

» d'objet intérieur quand il est représenté dans le
» temps. Mais l'Espace et le Temps sont seulement
» en moi... Le réel des phénomènes est réel seule-
» ment dans la perception et ne peut être réel
» d'aucune autre manière... La Matière n'est pas
» une espèce de substance hétérogène et différente
» tout à fait du sens intime... L'Espace et le Temps
» et tous les phénomènes ne sont pas des choses en
» soi, mais seulement des représentations... Quand
» nous élevons les objets à la dignité des choses en
» soi, notre illusion est manifeste. Il est impossible
» de comprendre comment, pour connaître une
» réalité, nous pouvons sortir de nous... On ne peut
» pas sortir de soi... La conscience ne nous livre
» rien que nos propres déterminations... »

Ainsi, d'après Kant, le monde entier n'est qu'un songe. Le soleil, la lune, les étoiles, la terre et tout ce qu'elle renferme, les hommes, les animaux, les végétaux, les rivières, les fleuves, les montagnes, la mer, les plaines et les vallées, l'univers, en un mot, n'existe pas, tout cela ce sont des éléments, des parties de mon intérieur. Je crois connaître un monde réel autour de moi ; mais c'est une erreur indestructible. Je ne vois que des images que je peins sur la paroi intérieure de mon individu. Je rêve.

Mais moi, qu'est-ce que je suis ? Je crois peut-être, avec le bon sens et avec l'ancienne philosophie, que j'existe vraiment ; que s'il y a en moi des choses qui passent, des pensées, des désirs, des sentiments, des volitions fugitives, le fond de mon être est permanent : je crois que ma conscience voit et sent le fond actif de ma substance, une et identique.

Pur vertige, dit Kant (1). « Le moi dont je puis

(1) *Critique, passim.*

» avoir conscience, n'est pas un objet, mais seulement
» une forme de tous les objets empiriques, la forme
» de l'unité de la conscience. Le moi phénoménal
» n'est pas un moi réel... L'existence du phénomène
» interne que je suis ne peut être concédée comme
» existant en soi, car sa condition est le temps qui
» ne peut être une détermination d'une chose en soi.
» Cette idée psychologique du moi est une pure idée,
» non pas un être réel. La représentation du moi est
» une simple conscience, sans contenu. Dire que
» cette conscience est substance une, simple, iden-
» tique, c'est commettre une grosse erreur ; c'est se
» rendre coupable d'un crime que le philosophe
» flétrit en l'appelant *subreption* de la conscience
» substantifiée. »

Au premier stade de la critique, je rêvais ; mais ici, il n'y a plus de moi vrai, partant, plus de rêveur. Le songe existe toujours toutefois, mais il se rêve lui-même. Le rêve seul existe : c'est donc encore une réalité, si petite soit-elle.

Mais la critique est impitoyable. D'après les conséquences logiques des principes kantiens, ce dernier reste de réalité doit disparaître. La critique affirme que la fonction de représenter, à cause de sa forme de temporalité, ne peut être réelle ; ce n'est qu'un phénomène, non pas réel mais apparent. « Le songe n'existe pas, dit Hartmann, comme rêve d'un rêveur. C'est un rêve qui fait un rêve. Il est illusoire de penser que l'apparence apparaisse vraiment. Nous sommes arrivés à l'absolue apparence qui n'admet pas la réalité de la fonction d'apparaître.

Schopenhauer conclut ici et nous concluons avec lui : « Celui qui pense vraiment que le monde n'est qu'une affection de son organisme, mérite d'être enfermé dans un asile d'aliénés. »

8. — Après avoir détruit la réalité du sujet pensant, Kant, dans la seconde partie de la dialectique transcendantale, s'occupe des deux autres idées de la Raison pure : le monde et Dieu ; et pour mieux établir que ces concepts sont purement subjectifs et ne répondent à aucune réalité, il invente ses quatre fameuses antinomies ou propositions contradictoires dont chaque thèse est détruite par l'antithèse qui la suit. La raison pure peut soutenir avec une égale certitude : 1° que le monde est éternel et infini, ou qu'il a commencé dans le temps et dans l'espace ; 2° qu'il est composé de substances simples, ou que ces substances n'existent pas ; 3° qu'il y a dans le monde des êtres libres, ou qu'il n'y en a pas et que tout est soumis au déterminisme ; 4° qu'il y a dans le monde un être absolument nécessaire, ou que cet être n'existe pas.

Nous n'avons pas à discuter les arguments très abstraits et très obscurs qui sont la démonstration de ces thèses et de ces antithèses.

Ces antinomies n'existent pas dans la doctrine scolastique. La philosophie de Saint Thomas a des solutions très justes et très claires sur chacune de ces questions ; elle s'appuie sur les faits, sur la conscience, sur la force objective des premiers principes, surtout du principe de causalité, et elle répond avec une puissance qui entraîne l'adhésion, à toutes les objections soulevées contre ces grandes vérités. Mais le père du subjectivisme, qui dénie toute valeur objective à l'expérience, aux idées de la raison et aux premiers principes, ne pouvait évidemment déduire de ses principes a priori les existences du monde, des substances simples, ou de la liberté et de Dieu, sans s'exposer à de nouvelles et criantes contradictions.

Aussi il déclare que cette lutte de la raison contre elle-même d'où résultent les antinomies vient d'un malentendu, facilement dissipé par l'*idéalisme transcendantal*. Le malentendu consiste à attribuer une réalité objective aux phénomènes. Il faut se rappeler que nous ne pouvons rien connaître des choses en soi, c'est-à-dire placées en dehors de notre faculté sensible. Le conflit naît de l'illusion naturelle qui nous porte à prendre les apparences pour des réalités. Quand on se rend compte de cela, « les deux
» parties seront convaincues que si elles peuvent
» bien se réfuter l'une l'autre, c'est qu'elles se dis-
» putent pour rien et qu'une certaine apparence
» transcendantale leur a présenté une réalité là où
» il n'y en a aucune. »

En se persuadant bien que les idées de la raison pure sur le monde, sur l'âme, sur la liberté et sur Dieu, ne correspondent à rien de réel, mais sont uniquement des principes *régulateurs* qui donnent une plus large unité à nos connaissances, et n'ont aucune valeur en dehors de cet usage, les antinomies disparaissent comme par enchantement. La solution des deux dernières mérite une mention spéciale, puisqu'elle fait saisir une fois de plus la contradiction du Kantisme et montre clairement le but que Kant s'était proposé en écrivant sa critique. Une même action, dit-il, peut être en même temps libre et non libre, c'est-à-dire nécessaire ; cela dépend du point de vue où nous nous plaçons pour la considérer. Si nous l'envisageons comme un phénomène, un effet dans le monde sensible, elle est nécessairement déterminée par ce qui précède : elle n'est pas libre. Mais le phénomène n'est pas la chose en soi, et doit avoir pour fondement une chose en soi;

« Rien ne nous empêche d'attribuer à cet objet
» transcendantal, outre la propriété qui en fait un
» phénomène, une causalité qui n'est pas un phéno-
» mène, bien que son effet se rencontre dans le
» phénomène. »

Éclairons ceci par un exemple : Je veux aller me promener. Ma conscience me dit que cette volition est libre ; rien ne me force à l'avoir. Erreur, dit Kant, cet acte est un phénomène déterminé par la série des causes et des effets ; la conscience que j'ai de cette action et du moi d'où elle émane est encore un phénomène : tout cela est fatal. Mais il y a probablement un moi nouménal dont je ne puis avoir conscience, c'est celui-là qui est libre, puisqu'il échappe à la loi du phénomène. Celui-ci est l'effet dont le moi nouménal est la cause. C'est ainsi que la volonté de me promener est et n'est pas libre.
« Ainsi, conclut Kant, la liberté et la nature se ren-
» contrent ensemble, sans *aucune contradiction* (!!!)
» suivant qu'on les rapproche de leurs causes intel-
» ligibles ou de leurs causes sensibles. » Indépendamment de l'énorme contradiction qui éclate ici, signalons la destruction de la théorie du noumène. Tout à l'heure, le noumène était une chose dont nous ne savions rien, à moins qu'il ne soit rien du tout, ou une simple limite, ce qui est plus probable. Ici le noumène est donné comme la cause d'un acte libre, en dépit de la loi qui régit les catégories de l'entendement pur. Cette consolation, d'ailleurs, ne tardera pas à lui être enlevée quand nous parlerons de l'*idéal transcendantal de la raison pure*.

Dans l'exposé de la quatrième antinomie, Kant s'attaque surtout à la preuve ontologique, connue sous le nom d'argument de saint Anselme, emprunté à

Platon et développé par Descartes et Leibnitz, et fait voir, par de bonnes raisons, son impuissance à démontrer *a priori* l'existence réelle de Dieu. Mais c'est à tort qu'il attribue cette preuve à tous les philosophes anciens ; saint Thomas l'a combattue, et, avec lui, les principaux penseurs du moyen âge. Quant aux autres preuves, comme elles ne sont que le développement du principe de causalité, leur valeur objective est nulle, puisque l'application des catégories doit être restreinte à l'intuition sensible. D'après la Critique, il ne reste des prétendues preuves de l'existence de Dieu, rien autre chose qu'un *idéal* de la Raison pure, c'est-à-dire un concept de l'être suprême qui termine et couronne toute la connaissance humaine ; mais la raison spéculative est impuissante à démontrer la réalité objective de ce concept.

Certes, la raison humaine est une puissance supérieure qui conçoit de grandes et de nobles idées, *un idéal transcendantal*. Faire de ces idées des substances, c'est se rendre coupable d'une subreption transcendantale. Leur fonction unique est de donner, aux actes de l'entendement, une certaine unité à laquelle celui-ci n'atteint pas par lui-même. Les principes *constitutifs* de l'expérience sont les catégories ; les principes *régulateurs* sont les idées, qui fournissent à la science l'unité nécessaire.

Sur l'idée du monde et de la totalité des phénomènes externes, repose le principe des genres, sans lequel l'entendement se perdrait dans l'infinie variété des phénomènes. L'idée du moi nous permet de rattacher tous les actes de notre esprit, à une unité qui forme le fil conducteur de l'expérience interne, **comme si** cet esprit était une substance simple et identique. L'idée de la cause suprême réunit en un système plus coordonné les autres connaissances, mais ne peut produire d'autres effets. Demander si la cause suprême est une substance, est une question oiseuse, dépourvue de toute signification, puisque les catégories n'ont d'autre usage que l'usage empirique. Nous pouvons dire des choses et des événements, avec une vérité égale : « Dieu l'a ainsi voulu dans sa sagesse ». Ou bien : « La nature l'a ainsi sagement ordonné ». Car le principe de cette finalité nous demeure inconnu.

Malheureusement, nous transformons cet usage *régulateur* des idées de la raison en usage *constitutif*, c'est-à-dire que nous prenons les idées transcendantales pour des concepts de choses réelles, et alors, nous nous égarons dans un monde imaginaire. Cette illusion naturelle et inévitable doit être dissipée ; et c'est l'œuvre de la *Méthodologie,* dernière partie de la Critique.

Dans ces chapitres, Kant insiste sur la distinction entre les mathématiques et la philosophie. Les mathématiques, seules, définissent et démontrent ; seules, elles peuvent avoir des axiomes et donner une science certaine. La philosophie n'en a pas : elle ne doit pas affecter des airs dogmatiques inconvenants. Qu'elle s'applique à découvrir les illusions de la raison, qu'elle cesse ses recherches inutiles sur les dogmes transcendants. Jamais on n'arrivera à prouver qu'il y a un Dieu, une vie future. « Où la raison (1) pren-
» drait-elle les principes de ces affirmations synthé-
» tiques, qui ne se rapportent pas à des objets
» d'expérience ? » On peut, d'ailleurs, admettre ces

---

(1) *Critique*, tome II, p. 312.

deux propositions sur l'existence de Dieu et de l'âme, mais à condition que nous ne leur donnerons d'autre valeur que de nous guider dans le champ de l'expérience. Les admettre, même à titre d'hypothèse, pour expliquer les phénomènes réels, ce serait vouloir expliquer, par quelque chose dont on ne comprend rien, quelque chose que l'on ne comprend pas suffisamment. Les réalités objectives ne sont pas démontrables. L'humanité, dans son enfance, était dogmatique ; puis elle est devenue sceptique, erreur aussi dangereuse que la précédente. Maintenant, l'âge mûr est arrivé, grâce à la *Critique*, qui nous révèle le secret et la nécessité de notre ignorance à l'endroit des objets de la raison pure : l'âme spirituelle et Dieu qui, ne tombant pas dans l'intuition sensible, sont pour nous absolument inconnaissables.

9. — Voilà donc à quoi vient aboutir ce grand effort intellectuel du puissant esprit qui a conçu la Critique de la Raison Pure ! Nous ne pouvons rien savoir en dehors de l'intuition sensible et celle-ci ne nous offre que les phénomènes, de simples illusions ! Toutes les erreurs contemporaines, le Positivisme, le Phénoménisme, le Panthéisme, l'Athéisme, le Matérialisme, l'Idéalisme, le Nihilisme, sont sortis de là ; toutes ces vieilles erreurs ont emprunté à Kant et à son vain formalisme, le vêtement extérieur, sous lequel elles se déguisent. Il voulait les combattre, et il n'a réussi qu'à leur donner une apparence de jeunesse nouvelle. Il voulait triompher de Berkeley et de son idéalisme absolu ; et nous avons montré que les formes subjectives aboutissent au parfait illusionisme ! Il voulait triompher du scepticisme qui, anéantissant le principe de causalité, enlève à la science son appui nécessaire, et sa cau-

salité subjective est inapplicable aux choses naturelles, objet de la science ! Il voulait triompher de ce qu'il appelle dédaigneusement le dogmatisme spiritualisme de Leibnitz, et du spiritualisme infiniment plus solide des philosophes du Moyen-Age — que d'ailleurs il ne connaissait guère (1). Mais sa critique est fallacieuse ; elle est un dogmatisme très absolu ; il y a plus de dogmes dans son livre que dans tous les symboles de l'Église catholique. Qu'est-ce que les formes subjectives de la sensibilité, les catégories subjectives de l'entendement pur, la théorie du Noumène, l'idéal transcendantal, sinon des assertions gratuites, dénuées de preuves et parfaitement inintelligibles, des hypothèses contradictoires et démenties par les faits et par l'expérience du genre humain? Qu'est-ce que cette chose en soi dont nous ne pouvons rien savoir et dont cependant, contrairement à ses principes, il proclame si souvent l'existence ?

Malgré le subjectivisme idéaliste qui est le fond de sa doctrine, le philosophe allemand se sentit accablé par ce fait que, malgré nous, nos représentations sensibles se présentent à nous comme des représentations de choses qui existent en dehors de nous et sont indépendantes de notre connaissance. Il ne tint pas compte de ce fait. Il refuse à ces choses la substantialité, la causalité, l'unité, l'activité, l'existence même. L'idée de substance, dit-il, « nous est nécessaire pour penser le changement dans les phénomènes, mais dans les choses, nous ne savons pas s'il y a quelque chose de permanent, de substantiel. » La substance est un mode de notre représentation, le substratum permanent de toutes les déterminations

---

(1) P. Pesch, *Die Haltlosigkeit*, ch. 13, *Das Ding an sich als bekanntes*, p. 113 et suiv.

du temps. Le temps est la forme permanente de l'intuition interne ; Kant lui donne toutes les propriétés de la substance ; il en fait le support de phénomènes, qui eux-mêmes ne s'écoulent pas. Tel est la doctrine fondamental du Kantisme.

Ce subjectivisme effréné offre cependant une fissure. Passons par là et nous verrons que la chose n'est pas si inconnue qu'on le prétend à Kœnigsberg.

Le philosophe ne peut s'empêcher de reconnaître que les choses en soi nous affectent, mettent en mouvement notre activité intellectuelle, donnent naissance aux sensations. Celles-ci sont un effet, dont la chose en soi est une cause. Nous sortons des limites de l'immanence, nous pénétrons dans le domaine de la transcendance.

Kant admettait, d'autre part, qu'il y a d'autres consciences que la mienne et que je puis rester en relation avec ces consciences étrangères. Pour admettre cette vérité, il avouait avoir besoin de la chose en soi. Plusieurs hommes ont donc les mêmes représentations que moi. Je vois avec dix de mes amis un seul arbre. Si quelque chose, qui est un, n'existe pas en soi, en dehors de notre vision, comment se fait-il que nous voyions tous la même chose ? Donc, l'unité est une propriété de la chose en soi.

Mais ce qui est cause, qui est un, agit nécessairement sur moi et mes semblables ; ce qui agit, existe réellement. Donc, la réalité, l'existence, l'activité sont des déterminations de la chose en soi.

Si les choses agissent sur moi, elles agissent les unes sur les autres. Autrement nulles relations possibles entre les hommes. Je serre la main de mon ami, lequel a conscience d'avoir la main serrée par moi ; ce n'est pas seulement, dans son esprit, une succession de représentations subjectives ; il a l'évidence de ce fait : la chose en soi de son corps subit une action dont la chose en soi de mon corps est l'auteur, la vraie cause. Donc, la chose en soi est soumise à la loi de la causalité et de la nécessité qui en résulte.

Mais la chose en soi m'affecte en des moments différents, sans que ce changement ait son fondement en moi. Je suis immobile et je regarde l'arbre agité (1) par le vent ou les multiples mouvements d'un cheval qui court. Nouvelle détermination de la chose en soi. Ce qui demeure sous les mouvements de l'arbre et du cheval, je l'appelle substance ; ce qui passe, est l'accident.

Autre différence, ajoute le savant jésuite : Certaines choses en soi exercent un mode d'action qui naît d'elles ; certaines autres ne l'exercent pas. Je remarque une différence entre les mouvements du cheval entier et le mouvement de ses pieds et de ses oreilles. Dans les premiers, il y a une spontanéité, une indépendance qui n'existent pas dans les seconds. Ce qui se meut d'une façon indépendante, je l'appelle subsistance. Comme subsistants, nous apparaissent l'homme, la bête, la plante, la molécule d'eau ; comme non subsistants, le membre, la fleur, l'atome d'oxygène qui se trouve dans l'eau. Car tout cela reçoit du tout, dans lequel il est contenu, sa manière d'être et d'agir.

Par un travail semblable, je puis attribuer à la chose en soi toutes les autres catégories objectives d'Aristote, le multiple, le successif, le juxtaposé… pendant que toutes les catégories subjectives de

---

(1) P. Pesch, p. 318.

l'entendement s'évanouissent comme une vapeur légère.

« N'est-il pas honteux, conclut le P. Pesch, que dans un monde orgueilleux de sa science, comme le nôtre, on doive affirmer et prouver des choses aussi simples, opposées comme une forteresse aux allégations d'un homme qu'on représente comme le plus grand génie des temps modernes. Cela ne prouve-t-il pas l'incohérence de la science actuelle de chercher son salut dans des rêves aussi creux. L'orgueil du démon a osé ce blasphème, que dans un siècle Kant régnerait à la place de Jésus-Christ. Pour caractériser l'influence du professeur de Kœnisberg, il est plus juste de dire que les fantasmagories de la *Critique de la Raison pure* sont une inspiration de ce destructeur génial qui, dès le commencement, se déclara l'adversaire de Dieu ».

10. — Mais nous l'avons déjà remarqué, la vraie doctrine Kantienne sur la chose en soi est très ondoyante, très indéterminée : « Je ne puis pas, dit
» le Maître, percevoir les choses extérieures, mais
» seulement conclure de mes perceptions internes à
» l'existence des choses. Mes perceptions sont un
» effet qui doit avoir une cause extérieure. Mais
» cette conclusion d'un effet donné à une cause
» déterminée n'est pas sûre ; car l'effet peut venir de
» plus d'une cause. Dans le rapport de la perception
» à la cause, il y a du doute ; on ne peut savoir si
» celle-ci est intérieure ou extérieure, si les percep-
» tions ne sont pas un pur jeu de notre sensibilité ou si
» elles se rapportent à des objets réellement exté-
» rieurs. L'existence de ces derniers est seulement
» conclue, et il y a là le danger inhérent à toutes con-
» clusions... » Telle est la doctrine exprimée sous mille formes différentes dans la *Critique*.

Puisque la chose en soi est si problématique, supprimons-la donc, à l'exemple des plus illustres disciples de Kant, et jugeons le système sans en tenir compte. Et pour rendre notre critique plus sensible, servons-nous d'une comparaison tirée des événements contemporains.

Les journaux du monde entier nous apprennent que l'Angleterre a déclaré la guerre aux Républiques Transwaaliennes, situées dans l'Afrique australe.

Au début, les opérations n'ont pas du tout été heureuses pour les sujets de sa Gracieuse Majesté. D'abord plusieurs transports mal construits, mal affrétés, ont fait naufrage dans la tempête ou se sont brisés sur les écueils. Pendant ce temps, les Boërs ont gagné plusieurs batailles ; au premier combat de Colenso, il s'est produit une particularité étrange. Les mules anglaises, se trompant de direction, sont allées tout droit dans le camp ennemi. Les villes de Ladysmith, de Kimberley, de Mafeking, ont été investies et assiégées par les républicains. Plusieurs milliers de soldats d'Albion ont été faits prisonniers ; des combats sanglants se sont livrés sur les bords des rivières Modder et Tugela. Comme les Boërs excellents tireurs ne manquent presque jamais leur but, les Anglais ont donné un autre costume à leurs soldats : la tunique rouge qui se voit de loin et sert de point de mire, est remplacée par une vareuse de couleur sombre et terreuse. Mais les victimes anglaises sont toujours en grand nombre, car l'artillerie des Boërs est excellente ; ils possèdent des canons qui lancent des obus de cent livres et qui ont incendié un nombre considérable de maisons dans les villes investies. Toutefois l'Angleterre espère toujours vaincre ; elle a envoyé là-bas cent cinquante mille hommes qui sont arrivés. Lord Roberts vient de débloquer Kimberley et poursuit le corps du général Cronje sur la route de Blœmfontein, capitale de l'Orange.

Voilà ce que les journaux racontent ; on les croit, on est persuadé qu'ils ne trompent pas. Les journalistes n'ont pas vu de leurs yeux, mais ils admettent comme vrai les témoignages de ceux qui ont vu, entendu, senti, touché.

Le kantiste, qui s'est bien assimilé la critique, ne peut s'empêcher de sourire de pitié devant une crédulité si naïve. Des obus de cent livres, la couleur des tuniques, pures sensations dit-il. « Les sensations ne sont que des modifications du sujet pensant. » En cela il est d'accord avec les cartésiens qui estiment que le son, la couleur et les actes sensibles ne sont pas dans l'objet. Le disciple de Kant, suivant les traces du maître et fidèle à sa doctrine, suit ce principe dans toutes ses conséquences. D'après Descartes, il y a un espace objectif. Illusion ridicule, réplique le savant critique, les Anglais n'avaient pas besoin de se déplacer, ni d'affréter des navires. L'Océan, le Transvaal, l'Orange, l'Afrique même, tout cela ce sont des déterminations spaciales ; et l'espace n'existe pas en soi, c'est une forme pure du moi sentant. Les Anglais mentent en attribuant leurs premiers revers au retard de leurs préparatifs ; les événements ci-dessus se sont passés tous ensemble ou plutôt se passent encore. L'avant, l'après, la succession, le retard, sont des déterminations du du temps ; et le temps est subjectif. Kant l'a proclamé dans l'esthétique transcendantale.

Les mères des victimes de cette guerre infâme ont grand tort de déplorer, avec des larmes si abondantes, la mort de leurs enfants, comme si réellement ils avaient été tués par les balles des Mauser ou les éclats d'obus du Creusot. Cette mort est simplement illusoire. Ce serait un effet transcendantal produit par une cause objective. Rien de cela n'existe. L'analytique transcendantale démontre supérieurement que la causalité n'a pas d'application dans le monde en soi. En effet, continue le kantiste, l'intuition sensible, pure illusion, s'est coulée dans les douze compartiments de mon moi : de là vient l'apparence de ces obus meurtriers et de ce sang humain répandu dans les plaines du Transvaal. En fait et de vrai, il n'y a pas de Transvaal, ni d'Orange, ni d'Angleterre, ni d'Anglais, ni de Boërs, ni de canons, ni de guerre. Le monde n'existe pas. Il est une pure idée de la raison. Ou s'il existe, la raison n'en peut rien savoir. Moi-même, ajoute-t-il tristement en forme de conclusion, je ne suis qu'un phénomène, je n'existe pas. Il y a bien un rêve, mais pas de rêveur. Ce rêve se rêve lui-même. Cette conclusion nihiliste est très logique, très kantienne, comme nous le démontrions tout à l'heure.

11. Mais il y a des disciples de Kant, qui ne s'en contentent pas. La suppression de la chose en soi, cet inconnu et inconnaissable et d'ailleurs parfaitement inutile, mène à l'illusionnisme absolu, au parfait nihilisme. Elle aboutit aussi au panthéisme subjectif ou mieux à l'absolu idéalisme. Fichte tira cette conclusion des principes kantiens. Puisque l'âme, dit-il, ne peut rien connaître, sinon un monde construit par elle-même, il n'est pas besoin de supposer qu'il existe une matière qui produit la sensation. La connaissance ne résulte pas d'un double principe : le sujet et l'objet ; elle n'a pas

besoin de secours extérieur, elle prend son origine dans la seule activité subjective.

Donc, au-dessus du moi phénoménal, il y a le *moi pur*, dépourvu de la connaissance de soi-même et du monde, dépourvu de toute conscience, absolument purifié de toute représentation ; il est infini et indivisible. On doit bien se garder de comparer ce moi avec ce moi phénoménal que je suis et que vous êtes. Ce moi pur, par l'activité spontanée qui lui est essentielle, se pose, se crée lui-même comme moi pur, sans relation à un sujet, à un objet déterminé. Ensuite par la réflexion qui lui est essentielle, ce moi revient sur lui-même et se divise en sujet et en objet de la réflexion. Ce sujet, c'est le moi non-pur ; cet objet, c'est le non-moi. Ce sujet, ce moi non-pur a la conscience de soi-même, il est divisible et fini ; c'est vous, c'est moi, c'est toute personne humaine. Le non-moi, objet, est également déterminé, divisible et fini. Le moi pur est Dieu ; le moi non-pur, le sujet, c'est l'intelligence de l'homme ; le non-moi, l'objet, c'est le monde. La connaissance est une création du moi, lequel est la mesure de toute science et de toute réalité.

Voilà le rêve de Fichte, disciple de Kant.

Ce rêve ne convint pas à Schelling, autre disciple de Kant, partisan comme Fichte des principes de la critique. Schelling résolut donc de former un autre rêve. Il s'accorde à proclamer comme Fichte que le principe de la connaissance est unique, mais le moi pur de ce dernier philosophe est relatif ; le moi non-pur et le non-moi sont constitués par la réflexion du moi pur, et présentent entre eux des différences. Schelling bannit ces différences et ces relations, et trouve que le principe de la connaissance est l'identité absolue, qui renferme en elle-même le sujet et l'objet, l'esprit et la matière, l'idéal et le réel. Cette Identité, qui est Dieu, se manifeste par une évolution immanente perpétuelle, sous les formes de réel et d'idéal, d'objectif et de substantif, de matière et d'esprit ; ces manifestations sont de pures apparences, qui ne se distinguent pas de l'identité absolue, avec laquelle elles sont une seule et même chose. L'esprit humain n'est rien autre chose qu'une forme sous laquelle se fait voir l'Identité. Pour connaître, l'esprit humain n'a qu'à regarder en lui-même, il verra l'Identité et ses évolutions, c'est-à-dire toutes les apparences des choses. L'intuition crée ces phénomènes ; l'intelligence de l'homme possède cette intuition en se considérant elle-même.

A l'identité qui renferme le sujet et l'objet, le réel et l'idéal, Hégel substitua l'Idée, la pensée pure, n'ayant aucune relation avec un sujet ou un objet quelconque. Cette Idée sans contenu, sans intelligence qui la pense, et dépouillée de toute détermination, enferme en soi toute réalité. Elle est tout être et se développe en trois moments. Dans la première évolution, elle se pose elle-même dans sa pureté et son indétermination ; dans la seconde, elle sort de soi et pose le monde ; dans la troisième, elle pose l'esprit humain. Celui-ci n'est rien autre chose que l'Idée-Être qui acquiert la conscience de soi. La connaissance n'est donc rien autre chose que la réflexion de l'Idée-Être sur soi-même.

Si l'on se demande comment il est possible que des hommes, ayant le libre usage de leurs facultés, puissent inventer sérieusement de pareilles extravagances, on n'a qu'à se rappeler les principales conclusions de la Critique kantienne. L'Idée Pure de

Hegel, le Pur-Absolu de Schelling, le Moi-Pur de Fichte qui sont non pas des substances ni des causes mais des abstractions réalisées, procèdent directement de la doctrine qui établit l'Idéal transcendantal de la Raison pure, les catégories de l'entendement pur, les formes de la sensibilité pure.

Cette pureté ne signifie rien autre chose que la négation de tout objet réel dans la connaissance. Descartes a commencé à purifier la sensation de tout contenu objectif, en prétendant que les qualités sensibles, la couleur, le poids, la saveur, le son, l'odeur, ne résident pas dans les corps, mais sont de simples affections du sujet sentant, en réduisant la substance des corps à la pure étendue, en plaçant le principe de sa méthode dans le seul moi.

Il fut sauvé des excès de la spéculation subjectiviste par sa foi chrétienne qui s'accordait si peu avec sa philosophie.

12. — Kant ne fut pas retenu par ce frein. Animé contre l'Église catholique, en sa qualité de vieux luthérien libre-penseur, d'une haine profonde et dépourvu de toutes croyances religieuses, il ne paraît avoir eu d'autre but en composant son livre que d'attaquer les principales conclusions de la philosophie spiritualiste : l'existence d'une âme humaine immatérielle et l'existence de Dieu.

Comme la meilleure preuve de la spiritualité du principe qui pense en nous, est la faculté intellectuelle capable de saisir ce qui est supra-sensible et immatériel dans les choses visibles, il lui enlève ce pouvoir en niant l'existence des objets extérieurs, en réduisant tout à l'apparence, en interdisant à la raison le pouvoir de s'élever du spectacle du monde sensible à la connaissance des réalités immatérielles et de Dieu. La preuve la plus solide de la théologie naturelle est la preuve cosmologique qui de l'existence d'un être contingent fait conclure à l'exis- d'un être nécessaire. Kant s'est illusionné s'il a cru sérieusement ébranler cette démonstration parce qu'il a décrété, — sans preuve aucune d'ailleurs — que le principe de causalité n'a pas une valeur universelle et ne peut s'appliquer en dehors du domaine de l'expérience sensible.

L'existence de Dieu et de l'âme spirituelle sont de ces vérités inébranlables dont les rêves creux et les agitations des sophistes font mieux voir la solidité. Pour les révoquer en doute, un philosophe illustre, le maître presque incontesté de la pensée contemporaine, s'est vu obligé de nier les vérités les plus évidentes, de nier la raison et les premiers principes, de raisonner, à l'encontre du sens commun, à l'encontre du témoignage de la conscience du genre humain, de nier l'évidence la plus claire et la plus indémontrable puisqu'on la voit sans raisonnement, de nier le soleil en plein midi, de douter de l'existence du monde et de sa propre existence à lui-même.

Devant un scepticisme aussi radical, on se demande d'où vient la popularité de la doctrine kantiste, et l'on comprend l'amertume des plaintes formulées par le Souverain Pontife dans sa récente encyclique : « Ce nous est une profonde douleur d'apprendre que, depuis plusieurs années, des catholiques ont cru devoir se mettre à la remorque d'une philosophie qui sous le prétexte spécieux d'affranchir la raison humaine de toute idée préconçue et de toute illusion, lui dénie le droit d'affirmer rien au-delà de ses propres opérations, sacrifiant ainsi à un subjectivisme radical toutes les certitudes de la métaphysique traditionnelle. »

Comment se fait-il que ce scepticisme doctrinal, d'importante étrangère et d'origine protestante ait pu être accueilli avec tant de faveur dans un pays justement célèbre, dit le Pape, pour la clarté des idées et du langage ? C'est ce que nous rechercherons dans la seconde partie de ce travail.

CHAPITRE TROISIÈME

LES KANTISTES FRANÇAIS

M. Rabier et la psychologie

Sommaire : 1. Opposition radicale entre le kantisme et l'esprit français. Cependant influence du préjugé kantien sur la philosophie contemporaine en France.— 2. M. Élie Rabier et sa psychologie. Malgré une certaine indépendance, M. Rabier est disciple de Kant. — 3. Principe de la psychologie kantiste : Nous ne percevons que nos sensations. La psychologie est la science universelle. Prétendue preuve scientifique. Obscurités, contradictions. — 4. Aucune conclusion des sciences physiques et physiologiques ne favorise le kantisme. Sophisme évident. — 5. M. Rabier admet la subjectivité de l'espace et du temps. — 6. Application des principes de Kant à la question de l'origine de l'idée du monde extérieur. Identification sophistique de la perception et de la conscience. D'après M. Rabier, nous n'avons pas de sens externes. — 7. La critique du perceptionnisme est incomplète : M. Rabier n'a aucune idée de la théorie thomiste. — 8. Il admet l'illusionnisme. Tous les hommes sont des hallucinés ou des dormeurs perpétuels. Pauvreté de l'argumentation : toutes nos sensations aussi internes que la douleur. — 9. Idée générale de l'illusionnisme. Obscurité de ce problème : Comment projetons-nous au-dehors nos états de conscience ? Par l'association. Les faits cités à l'appui de la thèse sont dénaturés. — 10. Démonstration plus profonde de l'illusionisme : Comment connaissons-nous notre propre corps ? Par l'association des sensations musculaires, tactiles et visuelles. Critique. — 11. Comment connaissons-nous les corps étrangers ? Comme notre propre corps, en associant des sensations musculaires, tactiles et visuelles. Ces sensations groupées se localisent au dehors en s'associant à leurs conditions extérieures. Rôle de l'attention. — 12. Critique : la représentation de notre corps ne précède pas la représentation des objets extérieurs. La théorie de M. Rabier démentie par les faits qu'il cite : Cheselden, mouvements des animaux. — 13. Inintelligibilité de ce système, contradictions palpables. — 14. Origine de l'idée du moi : la métempsychose invoquée par M. Rabier pour légitimer la distinction kantiste entre le moi personnel phénoménal et le moi substantiel noumenal. — 15. Conclusion. La philosophie chrétienne inconnue même de bon nombre de savants catholiques. Opportunité de l'Encyclique au clergé français.

1. — Quand on a étudié, dans ses conclusions essentielles, la philosophie de Kant et que l'on considère les qualités natives du génie français, il paraît impossible qu'il existe jamais dans notre pays une école de philosophes, dont toute l'ambition semble être de s'assimiler et de populariser à tous les degrés de l'enseignement la doctrine kantienne. L'esprit français est avant tout précis, vif et clair, original et en même temps pétri de bon sens ; il a façonné à son image le langage parlé et le style littéraire, et en a fait un instrument admirable pour propager, même chez les peuples les plus hostiles, ses idées et les œuvres de ses écrivains à quelque genre qu'ils appartiennent. La philosophie de Kant est lourde et pesante comme le génie allemand lui-même ; elle se plaît dans les nuages et les plus ténébreuses obscurités. Nous l'avons déjà dit, nous ne répéterons jamais assez, elle est un perpétuel combat contre le sens commun, elle nie les choses les plus évidentes, elle lutte avec une tenacité, un acharnement impitoyables contre les données les

plus lumineuses de l'expérience universelle, c'est-à-dire de l'expérience de tous les hommes, quels que soient leur âge et leur culture intellectuelle, quels que soient leur nationalité et le temps où ils ont vécu. Elle ose prétendre que le bon sens a tort dans les question de sa compétence ; que tous les hommes se sont toujours trompés sur les choses les plus claires ; que l'existence du monde extérieur est douteuse, ou du moins que nous ne pouvons pas le connaître ; que mon existence même est pour moi un problème insoluble. Elle s'appuye sur de prétendues démonstrations, dépourvues de preuves et décorées à tort de *Critique* de la *Raison Pure*. Nulle philosophie n'a été dogmatique à ce degré : les formes subjectives de l'espace et du temps, les catégories de l'entendement pur, les noumènes, les idées de la raison, l'idéal transcendantal, les antinomies, la méthodologie, pour ne pas parler des assertions intermédiaires, forment la série des dogmes les plus autoritaires qu'ait jamais inventés un penseur nuageux et intolérant, doutant de tout, excepté de ses propres spéculations.

L'opposition est donc absolue entre ce système et notre génie national. Et cependant, il n'y a pas à le dissimuler, le règne du préjugé kantien s'étend tous les jours ; on ne prend même plus la peine de discuter les données les plus étranges de la critique ; on en fait le fondement des plus hautes conceptions de la pensée française. Le positivisme, le phénoménisme, le panthéisme se réclament de Kant à des titres divers, et à bon droit d'ailleurs. Nombre de catholiques même, subissant l'entraînement général, essayent de concilier avec les dogmes criticistes les principales conclusions du spiritualisme, et ne peuvent y parvenir, sinon au prix des plus évidentes contradictions. De là vient l'obscurité des philosophes contemporains et la grande difficulté qu'on éprouve à comprendre leurs livres.

Cette obscurité paraît voulue ou du moins ne semble pas trop déplaire aux écrivains dont nous parlons ; on dirait qu'ils la prennent pour la profondeur requise en philosophie. Du reste, disciples d'un penseur inintelligible, comment pourraient-ils s'exprimer dans un langage limpide et clair ?

2. — Ces critiques ne s'appliquent pas d'une manière absolue aux œuvres d'un philosophe dont nous avons à nous occuper, M. Elie Rabier, auteur d'une *Psychologie* (1) qui a exercé une grande influence sur l'enseignement secondaire, non seulement dans les écoles de l'Etat, mais dans les écoles libres. Cette influence est due aux qualités de l'écrivain et du philosophe.

Dans cette psychologie expérimentale, les faits sont très nombreux, les observations sont contrôlées par les expériences scientifiques, les preuves habilement déduites, les classifications justes et complètes, l'exposition claire. Le style, toujours limpide, s'élève parfois à la véritable éloquence. L'étude sur les opérations intellectuelles se termine ainsi : « De même qu'on peut dire tout ensemble que l'on ne pense pas sans image et que l'on pense sans image ; de même on pourra dire, d'une part, qu'on ne pense pas sans organes, car les organes fournissent les images nécessaires à la pensée ; mais, d'autre part, puisque la pensée diffère absolument de l'image à laquelle elle est surajoutée, on

---

(1) *Leçons de Philosophie*, t. I, *Psychologie*, par M. Elie RABIER, professeur au lycée Charlemagne, un vol. in-8° de 676 pages.

pourra dire que la pensée, en elle-même, n'est pas attachée aux organes ; et l'on pourra acquiescer à la grande parole de Bossuet au sujet de la grande parole d'Aristote : Lorsque Aristote a dit : « C'est sans organes qu'on pense, il a parlé divinement ». On trouve, dans ce livre, de bonnes et solides réfutations du positivisme et de l'associationisme anglais. Certains chapitres semblent inspirés par le spiritualisme le plus pur. Quoique disciple de Kant, M. Rabier revendique hautement, quand il le juge à propos, l'indépendance de la raison. Nous avons vu qu'il n'admet pas le subjectivisme des catégories de l'entendement, ni l'innéité des premiers principes. Cette critique est juste et vive ; l'adversaire est poursuivi jusque dans ses derniers retranchements, et sa théorie convaincue de contradiction.

Cependant, si cet ouvrage peut être consulté par les professeurs de philosophie, si l'on y trouve des observations et des faits qui constituent un vrai progrès pour la psychologie expérimentale, on doit éviter avec soin d'accorder à M. Rabier une confiance illimitée. Ce livre important est dangereux pour un philosophe chrétien qui ne possède pas à fond les principes de la doctrine thomiste ; il est à craindre que, se laissant séduire par les brillantes qualités du penseur et de l'écrivain et par l'accent de sincérité qui règne dans tout l'ouvrage, il ne fasse pénétrer dans son intelligence la grande erreur de l'époque contemporaine, le subjectivisme de Kant. Dans son ensemble et dans ses principales conclusions, la Psychologie de M. Rabier révèle un disciple de Kant. C'est ce que nous allons établir.

3. — « Il est aujourd'hui démontré, dit M. Rabier (1),

---

(1) Page 13.

que nous ne percevons jamais directement les choses extérieures, mais seulement les sensations provoquées en nous par l'action de ces choses sur nos organes, et que ce sont ces sensations projetées au dehors que nous prenons pour les choses mêmes. La science physique démontre qu'il n'y a, en dehors de nous, ni son, ni saveur, ni odeur, ni couleur, ni chaleur, mais seulement les causes inconnues de ces diverses représentations..... Comme nous ne pouvons sortir de nous-mêmes, pour passer dans les choses, il est clair que nous ne connaissons les choses que par les effets qu'elles produisent sur nous (1).... La vue directe de la réalité nous est interdite (2).... Les appareils des sens qui transmettent l'impression de l'objet ne sont-ils pas comme des prismes trompeurs qui altèrent l'apparence de l'objet? (3). Et de fait, non seulement ce doute est possible, mais la science elle-même par ses théories de la couleur, du son, etc..., nous apprend qu'il n'y a dans la nature, rien de semblable à ces couleurs, à ces sons que nous croyons percevoir. La science ramène tous ces phénomènes à des mouvements. Bien plus, le mouvement étant un phénomène perçu comme les autres, n'est peut-être, comme les autres, qu'une apparence, que le signe ou le symbole d'une réalité inconnue....

» D'éminents penseurs ont nié qu'il existât quelque chose d'externe en dehors de nos représentations. C'est aller trop loin sans doute ; pourtant on doit reconnaître qu'il est assez malaisé de prouver l'existence du monde extérieur... Dans la connaissance des

(1) Page 17.
(2) Page 30.
(3) Page 32.

corps, tout est apparence, la science physique ne sort pas des apparences, le ciel de Laplace n'est qu'un ciel apparent... Il nous semble que nous avons conscience de voir immédiatement les objets colorés, figurés, solides ; mais c'est une illusion : nous ne voyons que nos sensations...

» Puisque aucune réalité externe (1) n'est connue de nous, sinon par le moyen de nos sensations, il n'y a pas pour nous, à parler rigoureusement, de phénomènes physiques et physiologiques. Il n'y a, il ne peut y avoir que des phénomènes psychologiques... Quand l'astronome regarde une étoile dans sa lunette, ce qu'il perçoit, ce n'est rien de plus que ses propres sensations ; quand le physiologiste étudie les globules sanguins au microscope, ce qu'il perçoit, ce n'est rien de plus que ses propres sensations... Toutes les sciences sont à ce titre des fragments de la psychologie qui est la science universelle. »

Qu'est-ce donc que la science ? Que faut-il entendre par cette expression : les lois physiques ? Ecoutons la réponse de M. Rabier : « Soit cette loi : (2) L'eau portée à 100 degrés entre en ébullition. Tous les termes de cette loi sont *psychologiques*, car il est impossible de se représenter l'eau, sa température, le phénomène de l'ébullition, autrement que par des sensations ou des images de sensations. » — Souvenons-nous que, d'après l'inintelligible hypothèse kantienne, admise par notre auteur, bien qu'elle soit démentie par tous les faits et par l'expérience universelle, nous ne voyons pas les choses telles qu'elles sont ; nous ne percevons que nos sensations ; les choses en soi sont pour nous un impénétrable

(1) P. 28.
(2) P. 29.

mystère. « Pourtant cette loi n'est point une loi de phénomènes psychologiques ; car les phénomènes psychologiques dont elle énonce le rapport, ne sont pas, en tant que tels, nécessairement liés. Il n'y a, en effet, au moment où la température de l'eau atteint 100 degrés, qu'à détourner la tête ou qu'à fermer les yeux, et les phénomènes psychologiques, qui sont pour nous l'ébullition, ne se produisent pas. Prise comme loi psychologique, c'est-à-dire comme énonçant un rapport nécessaire entre les phénomènes psychologiques qui y entrent comme termes, cette loi serait donc fausse.

» Considérons, au contraire, cette loi comme la *traduction* ou *l'expression en termes psychologiques d'une loi physique*, il vient : il peut se produire *dans le monde physique* un ensemble de phénomènes externes donnant lieu *en moi* à cet ensemble de sensations que j'appelle : *de l'eau portée à la température de 100 degrés*. Or, chaque fois que cet ensemble de phénomènes est réalisé, un autre phénomène *externe* a lieu, qui se traduit en moi par cet ensemble de sensations que j'appelle : *ébullition de l'eau*. Cette loi est juste, car lors même que, après avoir eu la sensation de l'eau portée à 100 degrés, je détournerais la tête et empêcherais la sensation de l'ébullition d'avoir lieu, le PHÉNOMÈNE PHYSIQUE INCONNU qui peut donner lieu à l'apparence psychologique de l'ébullition, ne s'en produirait pas moins ; et cette apparence psychologique, si elle n'avait lieu *en réalité*, aurait été du moins *possible*.

» Il n'y a pas de loi physique qui ne doive s'entendre de la sorte. On peut dire : les lois physiques énoncent des rapports *constamment possibles* entre les groupes de sensations (1). »

(1) P. 30.

Nous avons tenu à citer, in extenso, ce passage, sans y changer un iota. Voilà dans quelles obscurités et quelles contradictions vient se perdre une intelligence, d'ailleurs claire et judicieuse. Cette explication n'est qu'un travestissement de la science, dont notre siècle est si fier. Les lois scientifiques, s'écrient tous les savants, expriment les rapports nécessaires et réels qui découlent de la nature des choses, et non pas des rapports simplement possibles entre des groupes de sensations. La notion kantiste de la loi sur l'eau bouillante est d'ailleurs incomplète, malgré les efforts faits par M. Rabier pour tout dire. Son expression serait celle-ci : Ce qui produit en moi le groupe de sensations que j'appelle eau, produit en moi un autre groupe de sensations que j'appelle ébullition, lorsque ce qui cause en moi le groupe de sensations appelé thermomètre centigrade s'élève jusqu'à cent, ou du moins produit en moi l'apparence de s'élever jusqu'au 100° degré. Obscure, incomplète, cette doctrine est encore contradictoire. Notre auteur prétend que les phénomènes dont cette loi annonce les rapports, ne sont pas nécessairement liés. C'est juste ; mais comment le sait-il, sinon par le témoignage de la conscience ? Alors pourquoi ne pas admettre le témoignage de la conscience qui crie très fort, à l'esprit de M. Rabier comme à l'esprit de tous les hommes, que nous percevons les choses extérieures telles qu'elles sont, que nous voyons l'eau transcendantale, que le thermomètre est un instrument vrai et non pas une sensation, et que l'ébullition de l'eau possède une réalité objective, perçue par nos sens ? Qu'est-ce que cette confusion de la psychologie et de toutes les sciences ou plutôt cette absorption de toutes les sciences dans la psychologie, sinon le subjectivisme kantien avec ses contradictions et son inintelligibilité ?

4. — Nous n'avons pas l'intention de réfuter ici cette doctrine, ni d'exposer la théorie thomiste. Cette étude sera l'objet d'un article que nous publierons prochainement sous ce titre : *Le Réalisme de la philosophie chrétienne*. M. Rabier dit à tort : Il est aujourd'hui démontré que nous ne percevons jamais directement les choses extérieures. — Cela n'est pas démontré du tout ; c'est, il est vrai, un dogme du subjectivisme : mais il ne s'appuye sur aucune preuve solide. L'expérience universelle atteste le contraire ; tous les hommes, y compris les kantistes quand ils sont hors de leur cabinet de travail, pensent qu'ils voient, touchent et boivent une eau transcendantale, et non pas leur perception subjective de l'eau ; ce qui fait la différence entre le vin blanc et le vin rouge, ce n'est pas ma sensibilité ; c'est une qualité objective de ces deux liquides, qualité perçue par moi d'abord dans leur réelle et objective coloration.

En ce moment nous voulons surtout répondre à cette affirmation : La science physique démontre qu'il n'y a en dehors de nous, ni son, ni saveur, ni ardeur, ni couleur, ni chaleur, mais seulement les causes inconnues de ces diverses représentations... La science ramène tous ces phénomènes à des mouvements.

Si la physique tenait ce langage, on ne devrait pas l'écouter, car elle sortirait de son domaine et manquerait de compétence. On la définit, en effet, l'étude des phénomènes qui se manifestent dans les corps terrestres inorganiques, sans modification de leur substance. Elle n'a donc aucune qualité pour nier la réalité objective de nos perceptions. S'il se rencontre des physiciens assez imprudents pour formuler cette négation, ils n'agissent pas en qualité de physiciens, mais en qualité de philosophes kantistes. La physique ne peut même avoir la prétention de ramener au mouvement tous les phénomènes ; car elle supprimerait la chimie, la physiologie et toutes les sciences naturelles ; elle empiéterait sur leur domaine, le supprimerait à son profit et mériterait le reproche adressé à la psychologie de M. Rabier, qui veut être la science universelle.

Ce que la physique s'efforce à démontrer par les expériences très intéressantes et très belles, c'est que la condition sous laquelle les corps agissent les uns sur les autres, c'est le mouvement. Les philosophes du moyen âge connaissaient déjà cette loi générale de l'action matérielle, et la formulaient par cet adage bien connu : *Corpus non agit, nisi moveatur*.

Affirmer que tous les corps matériels ne sont que pur mouvement, c'est réaliser des abstractions et énoncer une chose inintelligible. Le mouvement n'est pas un être, mais une manière d'être ; il suppose nécessairement un objet mû. Il y a donc un objet distinct du mouvement ; la chimie le considère dans sa structure intime et ses propriétés essentielles.

Appliquons ces notions générales au phénomène de la sensation. J'entends un discours éloquent ou une mélodieuse symphonie. Le physicien me démontre que l'audition résulte des vibrations de l'air ; dans le vide, le son ne se communique pas. Ces vibrations sont très multiples et très variés. Les différences de leur amplitude et de leur vitesse produisent mille modifications de ton, de modalité et de timbre. Les causes de ces vibrations sont les voix des hommes ou des animaux, les instruments de musique, les mouvements de certains corps appelés sonores, les bruits innombrables de la nature depuis le bourdonnement de l'insecte jusqu'à la grande voix des flots et du tonnerre. Ces mouvements reçus par les ondes de l'atmosphère sont communiqués à l'organe de l'ouïe. Les physiologistes contemporains, Helmholtz surtout, ont fait des découvertes admirables sur cet organe, sur les nombreuses parties qui le composent, sur leur rôle dans la perception des multiples phénomènes qui composent la sensation auditive. Voilà ce que la physique m'apprend, mais elle ne me dit pas que la sensation spéciale que j'éprouve en entendant un discours ou une mélodie, n'est en dehors de moi que du mouvement. Elle ne peut pas le dire. Le philosophe kantiste n'a donc pas le droit de s'appuyer sur cette science pour tenir ce langage.

L'unique fondement de cette théorie est l'autorité du professeur de Kœnisberg. Et cette autorité est démentie par le témoignage et la conscience de l'humanité et par un examen plus profond et vraiment philosophique des faits. Le kantiste ne les envisage que du côté matériel et mécanique ; mais la mécanique et la matière ne constituent qu'une partie secondaire dans le problème de la connaissance. Elles ne sont qu'un moyen ; le but est le côté prépondérant et supérieur. Les facultés des êtres sentants, et de l'homme en particulier, sont organisées pour rendre possible et facile la connaissance des objets extérieurs. Ceux-ci ont toutes les propriétés nécessaires pour être perçus tels qu'ils sont dans leur réalité objective.

Pour ne s'être pas placée à ce point de vue, la philosophie subjectiviste est arrivée à des conclusions étranges et évidemment fausses. Eh quoi ! vous venez d'assister à la représentation, sur une de nos grandes scènes de la capitale, d'un chef-d'œuvre tragique, joué par les plus habiles comédiens : vous avez entendu une mélodie composée par les plus grands maîtres de l'art, et vous osez prétendre que tout cela se réduit à des mouvements mécaniques ! Ces vers magnifiques de Corneille et de Racine, déclamés avec un art si parfait, ces admirables accords qui traduisent si bien toutes les passions avec toute leur énergie puissante et leurs nuances les plus délicates, ces tableaux des grands-maîtres que vous contemplez avec tant de bonheur, ne sont que des molécules de l'air ou de l'éther, qui sont entrées en vibrations ? Ces couleurs, ce langage, ces voix n'existent que dans le sujet, en vous qui voyez et entendez ? Vous vous révoltez à cette supposition absurde : votre âme vibre à l'unisson de l'âme de ces grands artistes ; ils se sont servis de leurs œuvres pour vous communiquer leurs impressions; ces œuvres sont perçues par vous, par le moyen du mouvement, d'accord ; mais elles sont autre chose que du mouvement purement matériel. Donc la prétendue affirmation de la science physique est dépourvue de toute valeur démonstrative.

Nous étudierons plus tard avec plus de développement l'objectivisme de la philosophie de saint Thomas ; mais nous avons voulu dès à présent réduire à sa juste valeur la preuve scientifique que les kantistes aiment à opposer au témoignage de la conscience et à la persuasion du genre humain.

5. — M. Rabier critique fort justement, en plus d'un endroit, la théorie kantienne de l'innéité. « Nul n'a autant abusé que Kant de l'innéité, et par le

nombre des choses innées qu'il admet dans l'intelligence, et par la manière dont il entend l'innéité... Admettre l'innéité, ce n'est pas donner une explication, c'est plutôt reconnaître qu'on n'en peut pas donner. C'est pourquoi cette théorie est le pis aller du psychologue ; on ne devra s'y résigner qu'après l'épuisement de toutes les autres hypothèses possibles (1). »

On ne saurait mieux dire. Ces principes sont excellents ; malheureusement, l'auteur les a complètement oubliés en traitant de l'espace et du temps. Trop fidèle au préjugé kantien, M. Rabier en fait des formes subjectives de la sensibilité.

Quoi de plus clair, de mieux prouvé, de mieux confirmé par l'expérience que la doctrine scolastique sur l'origine de l'espace et du temps? Ces idées résultent du travail de l'intelligence sur les données de l'expérience sensible. Les corps sont étendus, les événements successifs. L'intelligence humaine, faculté suprasensible, peut décomposer tous les éléments de la représentation matérielle et les considérer à part dans leur nature générale. Ici elle dégage de l'idée complexe d'un corps perçu l'étendue limitée qu'il possède ; puis, supprimant les limites, elle arrive à se représenter l'étendue illimitée ou l'espace. Le même travail s'accomplit pour la représentation du temps et de la durée.

M. Rabier ne connaît pas cette solution. Il commence par démontrer contre les positivistes anglais Bain et Stuart Mill que ces idées n'ont pas leur origine dans les sensations ; que des sensations musculaires, associées entre elles et aux sensations

(1) Page 382.

tactiles, ne peuvent engendrer la notion de l'étendue limitée, à plus forte raison de l'étendue sans limites. Il essaye ensuite de prouver le système kantien par des raisonnements, qui ne sont pas clairs. Ce chapitre nous semble le plus obscur de tout le volume. Certainement les idées d'étendue et de durée ne sont pas produites par une déduction quelconque, c'est-à-dire par le pur raisonnement abstrait. « On aura, par hypothèse (1), les états de conscience sans rapport avec l'étendue et la succession ; il est contradictoire de prétendre en tirer l'étendue et la succession. » Cet argument est juste. Mais la conclusion qui en est tirée ressemble à un sophisme. Vous dites avec raison : les idées d'espace et du temps ne sont pas des sensations isolées ou associées. En second lieu, elles ne peuvent venir d'une déduction, opération purement intellectuelle. Et vous ajoutez : donc elles sont innées ; elles constituent des formes subjectives de la sensibilité. Il y a une troisième solution qui est la bonne ; elles viennent à la fois des sens et de l'intelligence ; les sens fournissent la matière de son travail à l'intelligence qui la considère dans sa nature

Nous avouons, d'ailleurs, que cette erreur de M. Rabier est la conséquence de sa doctrine sur le subjectivisme des sensibles propres. Si l'on refoule dans le sujet les qualités des corps qui nous apparaissent dans la perception ; si la couleur, le son, la chaleur ne sont pas dans l'objet, il est naturel d'ôter encore à l'objet le successif et l'étendue et d'en faire des formes subjectives.

On pourrait opposer à ce nativisme kantien, les objections que M. Rabier fit lui-même contre le nativisme des douze catégories de l'entendement

1) P. 133.

pur. Comment puis-je avoir dans mes sens deux sortes de récipients vides, dont l'un est la forme de l'étendue, dont l'autre est la forme du temps, et cela en l'absence de toute représentation d'un être étendu, en l'absence de toute représentation d'un être successif ? Quel est dans ma sensibilité le mode d'existence de ces formes subjectives ? Comment ce dogme kantien : les représentations de choses qui en soi ne sont ni étendues ni successives, se coulent dans ces formes vides et m'apparaissent avec l'étendue et la succession, comment ce dogme, non démontré et indémontrable, peut-il me donner une explication claire, intelligible ? Ce sont de ces mystères du kantisme, qu'il faut se garder d'approfondir.

D'ailleurs, notre philosophe se rend compte de toutes ces difficultés. S'il est nativiste, c'est à contre cœur. Il se sépare de Kant au sujet de l'antériorité de la représentation de l'espace illimité. Ce qui nous est donné d'abord, dit-il, c'est la représentation de la durée et de l'étendue concrète.

Au surplus, M. Rabier n'affirme pas toujours aussi catégoriquement le nativisme du temps et de l'espace. A la page 381 de sa *Psychologie*, il dit en propres termes : « C'est parce que les formes de l'espace et du temps s'appliquent à tous les objets (1) que Kant a pu soutenir *avec vraisemblance*, qu'elles sont des formes inhérentes à notre faculté de sentir. »

La théorie de Kant n'est donc, au jugement de M.

---

(1) L'exagération est ici évidente. M. Rabier démontre, p. 128, 129 et 130, que si la forme successive est inhérente à tous les états de conscience, il n'en est pas ainsi de la forme extensive; que les sensations d'odeur, de saveur et de son, ne se présentent jamais avec une étendue; que seules les sensations musculaires, tactiles et optiques, se moulent dans cette forme.

Rabier, que vraisemblable. Il fallait dire invraisemblable et fausse ; et la revanche du bon sens et de l'esprit français eût été complète.

6, — Le grand maître de la pensée moderne, l'illustre Copernic des temps nouveaux, pour nous servir de l'expression que Kant s'applique modestement à lui-même, s'est contenté, dans la *Critique de la Raison pure*, d'exposer les principes du subjectivisme ; il affirme, il développe ses affirmations, sans en donner la moindre preuve. Il plane sur les hauteurs et se maintient toujours dans la région des principes ; mais il se garde bien d'entrer dans les applications particulières et d'établir par des faits et des exemples la possibilité et la vérité de son système. La psychologie kantiste, surtout la partie expérimentale dont l'objet propre est l'étude des phénomènes, ne pouvait se contenter de ces généralités, surtout sous la plume d'un écrivain français. M. Rabier a donc entrepris la tâche ingrate de déduire des principes kantistes les conséquences particulières, d'essayer de les plier aux faits réels et de les appliquer à l'expérience. Ce travail est laborieux ; l'auteur y déploye beaucoup de pénétration et de sincérité, Suivons-le dans ses efforts et voyons comme il explique l'origine de l'idée du monde extérieur.

Cette question se subdivise en deux autres : 1° Comment sommes-nous amenés à penser qu'il existe une réalité distincte de nous-mêmes ? 2° Comment sommes-nous amenés à nous représenter cette réalité telle que nous nous la représentons en fait, c'est-à-dire comme un ensemble d'objets solides, figurés, colorés, sonores, odorants, rapides, etc... coexistants dans un espace à trois dimensions ?

Dans la philosophie de saint Thomas, la solution de ces deux problèmes est très simple. L'idée du monde extérieur vient de l'expérience : nos sens externes nous mettent en communication directe et immédiate avec les objets situés hors de nous. Nous expliquerons dans un autre article le mécanisme de cette connaissance avec tous les détails et toutes les preuves nécessaires.

La psychologie kantiste rejette absolument cette doctrine du perceptionnisme direct et immédiat. Et voici son argumentation : « Peut-on admettre (1) une perception immédiate de quelque chose d'extérieur ? Cette théorie est contradictoire dans les termes. En effet, qui dit perception immédiate, dit conscience : car si une perception n'est pas un fait de conscience, elle est ignorée de nous, elle est comme si elle n'était pas, elle n'est pas. Donc la perception et la conscience s'identifient. Or, qui dit conscience, dit connaissance de ce qui est en nous. Donc il est contradictoire de prétendre saisir, dans sa perception, quelque chose d'extérieur. »

Tout le kantisme est dans ces dix lignes : il n'a pas d'autre fondement. Indiquons en peu de mots, combien ce fondement est fragile.

C'est un fait que nous avons conscience de nos perceptions ; une perception que nous ne sentons pas, n'est pas nôtre, n'existe pas pour nous, n'est pas une perception, n'est rien en réalité. Il est vrai également que la conscience est la connaissance de nous-mêmes et de nos actes. S'ensuit-il que la perception soit la conscience, que la conscience soit la même chose que la perception, que la perception et la conscience

---

(1) *Psychologie*, p. 408.

s'identifient ? En aucune manière. Le psychologue kantiste confond ici deux choses très distinctes : la conscience réfléchie, intellectuelle, et la conscience sensible et spontanée. La première est l'opération par laquelle l'âme se considère dans l'unité et l'identité de son être, considère ses actes dans leur multiplicité et leur variété indéfinies. Ici l'objet pensé est dans le sujet pensant ; ils ne sont pas réellement distincts l'un de l'autre. J'ai vu au mois de juillet de l'année dernière un beau cerisier tout couvert de fruits mûrs. Je viens de revoir le même arbre la nuit dernière — nuit très obscure et très froide du mois de février — pendant une courte insomnie. Par quelle bizarre association d'idées, ce phénomène s'est-il produit? Je l'ignore ; mais c'était le même arbre, les mêmes branches, les mêmes feuilles vertes, la même appétissante couleur de ses jolies cerises. Évidemment, dans ce cas, l'objet n'est pas distinct du sujet ; ce n'est pas un arbre véritable que je contemplais, mais la représentation, l'image très ressemblante de ce végétal présente en moi, dans mon imagination, faisant partie de mon individu.

Mais l'année dernière, quand je l'ai vu dans mon jardin, était-ce sa représentation, son image qui attirait mes regards, qui était l'objet de mon acte de vision ? Nullement, je voyais l'arbre vrai, réel, existant hors de moi, transcendantal. Certes, cet acte de vision était dans ma conscience, je le sentais bien, autrement je n'aurais pas vu et je ne me souviendrais de rien. Mais mon acte de voir avait un objet extérieur. Voilà le fait. Nous n'avons pas seulement des facultés intérieures, une intelligence, une volonté, une inspiration, une mémoire, un sens intime qui centralise toutes les impressions ; par ces puissances nous ne sortons pas de nous-mêmes. Nous avons aussi des sens extérieurs dont les organes nous mettent en communication avec les objets existant hors de nous. La conscience, dont les kantistes aiment à invoquer le témoignage, me l'atteste avec une puissance absolue. Je vois un arbre à vingt mètres de moi : ma conscience me dit que ce que je vois, ce n'est pas l'image, la représentation de l'arbre qui est peinte sur ma rétine ou dans mon cerveau, mais l'arbre réel et vrai.

Evidemment je n'ai pas conscience de l'arbre, mais j'ai conscience de le voir hors de moi. Le philosophe subjectiviste, récuse ici le témoignage de la conscience. Kant est un maître dur et impitoyable ; son autorité suggère à ses disciples des conclusions vraiment énormes. M. Rabier dit textuellement ceci : (1) « ...Les couleurs, les contacts, etc..., sont, à vrai dire, des objets internes, au même titre que les plaisirs, les douleurs, les pensées, les résolutions, etc... Il n'y a pour nous qu'une seule classe d'objets perceptibles : *des états de conscience.* Il n'y a qu'un seul et unique sens pour les percevoir : le sens interne ou la conscience. LE SENS EXTERNE OU DE L'EXTERNE EST UN VAIN MOT ».

7. — Poursuivant sa démonstration contre le perceptionnisme immédiat, notre auteur continue : « Dire qu'il y a une perception ou une conscience possible d'objets externes (2), c'est se figurer de deux choses, l'une : ou que la conscience sort du moi et pénètre dans les objets, ou que les objets

---

(1) Page 131, note 1.
(2) Toujours l'identification de la conscience et de la perception. Du reste ce langage est inexact. Nul philosophe n'a jamais dit que nous avons conscience des objets extérieurs : nous avons la conscience de les percevoir, de les voir, de les sentir....

pénètrent dans ma conscience. Les deux hypothèses sont absurdes, car les êtres sont impénétrables. Ni ma conscience ne peut pénétrer dans le corps d'un cheval, par exemple : ni le cheval ne peut pénétrer en chair et en os dans ma conscience. De même que les objets ne peuvent être représentés dans un miroir qu'en perdant, en quelque sorte, leur matérialité pour se faire images, — de même les objets ne peuvent pénétrer dans ma conscience que par procuration, pour ainsi dire, par le moyen d'un substitut, en se faisant images, en se faisant idées, en se faisant eux-mêmes *faits de conscience*. Le cheval qui est dans ma conscience, est donc un fait ou un groupe de faits de conscience. Pour devenir objet de pensée, il faut que la matière se spiritualise, en quelque sorte, et se fasse pensée. Donc il n'y a pas de perception des objets extérieurs. — Ces considérations générales permettent d'écarter sans difficulté toutes les formes du perceptionnisme. »

Il y a une forme du perceptionnisme qui résiste à cette critique : c'est la théorie thomiste que nous défendons et dont nous prouverons plus loin la vérité. Nous percevons immédiatement les objets extérieurs par le moyen des images représentatives. Celles-ci sont le *moyen* nécessaire à la perception, elles ne sont pas l'*objet* de la perception. Un exemple va mieux faire ressortir l'utilité, la nécessité de cette distinction.

Je suis myope : mon champ visuel est extrêmement restreint : à dix pas, je ne reconnais pas mes meilleurs amis, je ne distingue pas les traits de leur visage. A trente mètres je ne vois absolument rien. Les lunettes dont je me sers sont le *moyen* pour atteindre l'objet, le but de ma vision. Et nul ne s'avisera de soutenir que ce que je perçois, ce sont les verres de l'instrument d'optique et leur structure.

Notre auteur se sert lui-même de la comparaison du miroir, qui est fort juste et d'un emploi fréquent chez les philosophes scolastiques. Certainement les objets matériels ne peuvent pénétrer en moi avec leur nature et pour que je les sente, ils sont obligés de se spiritualiser : mais cette image, de nature immatérielle comme la sensation, est éminemment objective. Ce n'est pas cette image que je vois ; elle n'est pas devenue un fait conscience ; son existence n'est pas vue ni sentie par moi, je n'en ai conscience en aucune façon. Elle est simplement le moyen indispensable dont j'ai besoin pour parvenir à l'objet extérieur. Si le miroir était un organe vivant, un œil appartenant à un organisme complet, où habiterait une intelligence, pourrait-on soutenir que ce qu'il voit est l'image représentée sur la surface étamée ; que la couleur, la forme, les contours, l'étendue de la représentation existent seulement sur l'étain, sont des formes subjectives de l'étain ; que l'objet de la perception de ce miroir vivant sont ces formes subjectives? Mille fois, non. On dirait que cette représentation immatérielle est le *moyen*, non le but de cet acte visuel. Le but atteint par cet acte, ce sont les objets extérieurs représentés. Cette comparaison n'est pas imaginaire. Ce miroir vivant existe, c'est l'œil ; les objets extérieurs, toujours actifs, viennent s'y réfléchir et y imprimer leur image, et par cette image, l'œil vivant les voit eux-mêmes dans leur réalité objective et leur extériorité. Voilà une première idée du perceptionnisme immédiat, qui ne mérite en aucune manière la condamnation prononcée contre lui par la psychologie kantiste.

8. — Quel système sera donc substitué à ce perceptionnisme, qui possède, entre autres mérites, le très grand avantage d'être d'accord avec le bon sens? Ce système est l'illusionnisme. Je suis devant un arbre situé à vingt mètres de moi ; je crois le voir. En réalité, je ne le vois pas : ce que je vois, c'est uniquement l'image, la représentation immatérielle de l'image qui est dans mon œil, c'est ma sensation de vision, c'est le phénomène interne qui est en moi.
— Mais, direz-vous, puisque je le vois, puisque je mesure d'un coup d'œil la distance qui m'en sépare?
— Erreur, réplique le kantiste, pure hallucination ! Et il ajoute avec un sourire de pitié : vous projetez dans l'espace, vous extériorisez vos propres phénomènes internes. Et alors il vous semble voir au-dehors, mais vous ne voyez que le contenu de votre cerveau, puisque c'est dans le cerveau que la sensation est engendrée ! Ne vous récriez pas trop fort contre l'étrangeté de cette doctrine. « La preuve (1) qu'une semblable projection est possible nous est fournie par les cas de l'hallucination et du rêve, où cette illusion, avouée alors de tout le monde, se produit. » Il y a donc deux sortes de rêves ; celui du sommeil, où vous vous imaginez voir de vos yeux fermés et toucher de vos mains immobiles des objets qui ne sont pas présents et qui n'existent pas ; celui de l'état de veille où vous vous imaginez voir et toucher les objets réels et situés dans l'espace hors de vous. En vain vous protestez et vous dites : Mais je ne rêve pas, mes yeux sont ouverts, mes mains se meuvent et saisissent ce corps dur. Pure apparence ! ce que vous touchez, ce que vous voyez, ce sont vos représentations subjectives, vos propres

---

(1) RABIER, *Psychologie*, p. 410.

idées. Vous dormez les yeux ouverts, vous dormez toujours. Ainsi l'a décrété Kant, voilà ce que croient ses disciples. Si cette assimilation avec un dormeur ne vous convient pas, alors vous êtes un dément, un halluciné. Vous avez vu sans doute quelqu'un de ces pauvres malades, en proie à une fièvre ardente, qui tranquillement assis dans son fauteuil, crie de toute la force de ses poumons en appelant au secours. Il voit des hommes armés de poignards qui s'élancent contre lui et veulent attenter à ses jours. Accès de folie, dites-vous ! Voilà votre image ; le fou, c'est vous-même, de croire entendre la parole de votre ami et sentir sa poignée de mains. Tel est le dogme de la philosophie kantiste. Et voici l'argumentation de M. Rabier sur ce point spécial :

« Quand je regarde (1) ou je touche une feuille de papier, que se passe-t-il ? Une impression physique est exercée sur la peau ou sur la rétine. Cette impression est transmise au *nerf*. Dans le nerf lui-même, rien évidemment qui ressemble à la représentation d'une feuille de papier : dans le nerf, il n'y a que des mouvements. Ce mouvement aboutit aux centres nerveux : dans les centres eux-mêmes, on chercherait vainement la représentation d'une feuille de papier. Mais alors, en vertu d'une loi inconnue, surgit *dans la conscience* la sensation, ou le groupe de sensations qui représentent la feuille de papier. La sensation *couleur*, quand je regarde une feuille de papier, naît donc en moi exactement de la même façon que la sensation *douleur*, quand je regarde une lumière trop vive. L'une et l'autre sont donc, au même titre, des phénomènes psychologiques. Seulement en vertu de certaines raisons qui seront signalées,

(1) P. 411.

la sensation *douleur* n'est pas projetée dans l'espace, tandis que la sensation *couleur* est projetée dans l'espace : et voilà pourquoi le sens commun s'imagine qu'il perçoit des phénomènes extérieurs » (1).

Ainsi la feuille de papier que je vois, que je touche, dont je perçois la forme, la pesanteur et la couleur, est un phénomène identique à la douleur que je ressens dans la profondeur de mon organisme. L'origine de ces phénomènes est semblable ! semblable aussi la nature ! Leur différence n'est qu'apparente et illusoire. Franchement, nous n'avons pas le loisir de discuter un argument basé sur de pareilles assimilations ! Essayons de comprendre le mécanisme de l'objectivation, de la projection dans l'espace, de l'extériorisation de certaines sensations ; de saisir comment la feuille de papier que je touche, l'arbre que je vois, et qui ne sont que mes sensations, m'apparaissent situés hors de moi. Ce problème est spécial au Kantisme, ainsi que beaucoup d'autres tout aussi mystérieux.

9. — Il s'agit d'expliquer comment nos états de conscience, tous intérieurs au même titre, arrivent pourtant à se partager en deux groupes antithétiques, dont l'un apparaissant tel qu'il est en réalité, constitue le moi, et dont l'autre en s'objectivant constitue le non-moi. (2) Une remarque préliminaire s'impose ici ; et cette remarque diminue l'étrangeté du phénomène de la projection dans l'espace de certains de nos états de conscience, tous internes. « L'espace, nous dit-on, n'est qu'une idée, un fait de conscience, une forme purement subjective de notre sensibilité. Qu'on ne s'imagine donc pas que nous

(1) p. 411.
(2) p. 410.

détachions réellement de nous-mêmes nos états de conscience, pour les projeter dans un espace *réel* ou *extérieur*, comme qui jette des pierres dans un jardin. S'il en était ainsi, ces états ainsi détachés de la conscience, seraient, par cela même, perdus pour la conscience. Projeter ou objectiver ses états de conscience dans l'espace, c'est, à vrai dire, associer des *représentations* avec une *représentation*, des états de conscience avec un état de conscience. Nous procédons exactement comme si, dans *une bibliothèque que nous imaginons, nous rangions des livres imaginés*. L'objectivation, ou projection dans l'espace, n'est donc qu'un cas d'association d'idées : l'extériorisation n'est elle-même qu'une apparence. »

En d'autres termes : je vois devant moi un beau cuirassier en grande tenue, monté sur son cheval : pure apparence. Ce cuirassier et ce cheval sont des images subjectives, des sensations situées dans mon œil ou, pour nous conformer exactement à la doctrine de Descartes et de Kant, dans mon cerveau. Cependant je les vois dehors ; je les projette donc dans l'espace. Détestable conclusion : l'espace, le dehors sont encore de pures apparences ; la projection est une illusion nouvelle. Comment donc se produit dans un espace illusoire cette projection trompeuse, qui engendre en moi ce gros mensonge : l'idée d'un vrai cheval lancé au galop et monté par un vrai cuirassier ? Voilà le vrai sens du problème ; on avouera que ce problème est ardu. *Hoc opus, hic labor est.* Kant s'est réservé la tâche la plus facile, en se contentant de proclamer, du haut de son génie, que l'espace est une forme subjective, dans laquelle viennent se couler et se mouler nos diverses sensations. Les kantistes de France veulent appliquer cette doctrine aux cas particuliers et introduire quelques rayons de lumière dans les ténèbres germaniques. Examinons s'ils ont réussi et si vraiment l'on y voit plus clair.

« Nous arrivons, dit M. Rabier, (1) à détacher de nos propres organes, de notre œil et de notre main, des impressions optiques et tactiles par l'association de ces impressions avec l'idée d'un mouvement accompli, c'est-à-dire d'une distance parcourue. Ainsi procède l'aveugle que l'on vient d'opérer : l'objet coloré lui semble d'abord une tache sur son œil ; puis quand, par un mouvement de son bras, il a atteint cet objet, et qu'en le mouvant en tous sens, il a fait varier son impression visuelle, il comprend que cet objet touché est la cause de cette impression ; l'impression visuelle s'associe dès lors à l'idée de l'objet et se trouve par là même projetée à distance... »

Avant de continuer la citation, nous demandons comment il est possible d'accomplir un mouvement réel, dans un espace qui ne l'est pas ; c'est la théorie de Kant, admise par notre auteur, qui a dit ailleurs : « Le mouvement lui-même, (2) étant un phénomène perçu comme les autres, n'est peut-être, comme les autres, qu'une apparence, que le signe ou le symbole d'une réalité inconnue. » Il est évident que si le mouvement existe vraiment, l'espace est objectif aussi et tout le kantisme est ébranlé jusque dans ses fondements. Notre philosophe soutient ensuite que le bras de l'aveugle opéré atteint par son mouvement un objet, qu'il fait mouvoir en tous sens. Alors le tact perçoit donc autre chose que sa propre

(1) P. 422.
(2) p. 32.

sensation, il atteint donc un objet. Ceci est en contradiction évidente avec tout le système. Signalons encore une autre erreur. Il est faux que l'objet coloré paraisse à l'aveugle opéré comme une tache sur son œil. Ce malade n'a pu faire jusqu'à sa guérison l'éducation de sa vue, il n'apprécie pas exactement les distances ; et les premières choses qu'il voit lui semblent malgré leur éloignement n'être séparés de son organe que par un intervalle très petit. Mais c'est une interprétation abusive et inspirée par le kantisme que de lui faire dire que les objets vus lui sont représentés dans son œil même, dont ils seraient dès lors en quelque sorte une partie constitutive.

La même observation s'applique à l'autre expérience mentionnée par M. Rabier ; « On peut voir les enfants au berceau (1) faire, en touchant une main avec l'autre main, des expériences incessantes que suivent leurs yeux; l'image tactile et optique de la main touchée et vue est sans doute une des premières qui se détache de la main qui touche et de l'œil qui voit, et qui devienne un objet pour le tact et la vue. Sans cesse l'enfant accomplit des mouvements des mains, des bras et de tout le corps — on le porte sans cesse d'un endroit à un autre — ces mouvements ont comme conséquence de lui faire éprouver diverses sensations tactiles et visuelles. Or ces sensations varient incessamment avec les mouvements accomplis. Donc ces sensations visuelles et tactiles s'associent bien vite à l'idée de ces mouvements, c'est-à-dire à l'idée de *distances* et d'intervalles. Par là même ces sensations sont objectivées,

---

(1) p. 423, note 4.

et le lien qui les rattachait au moi est rompu. Telle est l'origine du monde extérieur. »

Cette explication, pour subtile qu'elle paraisse, est en contradiction formelle avec les faits ; la philosophie thomiste parle un langage plus simple, plus clair et plus vrai. Les mouvements de l'enfant au berceau ont pour cause la nécessité de faire l'éducation de sa vue. Ce sens a pour objet propre la couleur seule, ou plutôt l'objet coloré. L'objet éloigné est un *sensible commun*, c'est-à-dire que la distance est connue non pas par un seul sens, mais par la vue et le tact. L'enfant fait des mouvements, touche les objets extérieurs ou sa propre main et obtient ainsi la notion de l'intervalle et de la distance. Telle est la signification et le but de l'expérience qu'il fait. Mais comment les sensations visuelles et tactiles, d'abord purement subjectives, existant dans le moi seul, peuvent-elles s'objectiver, parce qu'elles ont lieu en même temps que des mouvements — qui ne sont peut-être qu'une illusion, — et qui se produisent dans un espace, lequel est certainement une illusion, est en moi, est une forme de moi? Comment ces sensations, ainsi associées à des mouvements, paraissent-elles se détacher du moi, rompre le lien qui les rattachent au moi et engendrer l'idée d'ailleurs illusoire du monde extérieur? Nous l'avouons franchement et en toute simplicité, ce sont pour nous d'impénétrables mystères. Nous n'y comprenons absolument rien.

10. — Il semble que le psychologue kantiste soit peu satisfait de ces explications. C'est pourquoi un chapitre tout entier est consacré à la construction de la représentation du monde extérieur (1). Il

(1) P. 424.

s'agit de savoir comment l'idée d'une réalité distincte de nous, idée acquise par l'association des sensations musculaires avec les sensations optiques et tactiles, se précise et se détermine, revêt des formes de plus en plus concrètes et devient la représentation du monde, telle qu'elle existe actuellement dans notre esprit.

Voyons d'abord comment s'engendre la représentation de notre propre corps, qui doit précéder la représentation des corps étrangers, dont elle est la condition préalable. La première idée résulte des sensations musculaires vagues et confuses, produites par l'effort général qui constitue l'état de veille et d'où résulte l'intuition vague et confuse d'une étendue continue. Par cela seul que je suis éveillé et que tous mes muscles sont tendus, j'ai déjà une vague représentation de l'étendue totale de mon corps.

Si je meus les bras et les jambes, les intuitions musculaires correspondantes prennent plus de relief, leurs rapports de position dans l'étendue totale de notre corps sont plus nettement distingués. Ainsi se forme la première idée de notre propre corps et la distinction de ses diverses parties.

Puis le sens du toucher vient s'associer au sens musculaire et rendre cette représentation plus concrète. Je fais mouvoir ma main, et par cela seul j'ai déjà le sentiment de ma main comme étendue musculaire. Je saisis un objet ; il en résulte une impression d'étendue tactile. Je serre cet objet, je le lâche, je le reprends ; la sensation tactile se précise davantage. Toute modification de l'impression musculaire est suivie d'une modification de l'impression tactile. Ces deux impressions, variant toujours en même temps, se soudent l'une à l'autre dans ma conscience. Et je me représente ma main à la fois comme une étendue musculaire et comme une étendue tactile. Plus tard l'image visuelle de ma main, que je mets dans le champ de la vision, s'associe à ces images tactiles et musculaires. Elles varient toutes en même temps et finissent par former un groupe. Ainsi s'organisent les ordres de sensations extensives ; ainsi la représentation de notre corps devient concrète, précise et détaillée. Elle se détermine davantage encore, lorsque ayant la représentation de nos organes, nous *localisons* dans ces organes celles de nos sensations qui n'ont pas la forme étendue — plaisir, chaud, douleur, froid... Cette localisation s'opère à l'aide du mouvement et du toucher explorateur.

L'explication est ingénieuse. Nous ne songeons pas à nier l'utilité des sens externes pour perfectionner la connaissance que nous avons de notre propre corps. Mais celle-ci commence à s'acquérir par les sensations internes, agréables ou douloureuses. Cette notion est sans doute dans l'enfance, vague, obscure et purement sensible ; mais elle précède toute action représentative, et existe chez l'enfant, avant qu'il n'ouvre les yeux, ne meuve sa main, ne s'aperçoive même du mouvement passif, que sa mère imprime à son corps, en le transportant d'un endroit à un autre. Nous pensons que l'exercice du tact passif interne, la sensation de la douleur et du plaisir, accompagne presque toujours l'exercice des sens externes. D'ailleurs il n'est pas exact que la représentation de notre corps est la représentation d'une partie, si petite soit-elle, du monde extérieur. Mon corps fait partie de mon moi, non-seulement pour le vulgaire, comme M. Rabier le concède, mais pour le philosophe spiritualiste qui connaît l'origine purement intellectuelle du moi. C'est le même moi qui pense et veut, et en même temps voit, entend, goûte, sent, mange. La connaissance de mon corps ne me fait pas sortir du moi : elle ne peut être l'origine de la notion du monde extérieur.

Pour bien comprendre ce que M. Rabier veut dire en parlant de la localisation dans nos organes de nos sensations non étendues, il faut se rappeler que, fidèle à la doctrine de Descartes, cet auteur pense que la sensation a pour siège le cerveau, et son explication a pour but de montrer comment nous plaçons cependant le siège de la douleur, non dans le cerveau, mais dans le membre malade. Encore un problème de la philosophie moderne, qui n'existe pas dans la philosophie thomiste, d'après laquelle, si le cerveau a une part prépondérante dans la sensation, celle-ci prend son origine et se termine à la périphérie. Quand j'ai mal au pied, ce n'est pas à la tête. La douleur se localise naturellement dans le pied, sans qu'il lui soit nécessaire de s'associer à des impressions tactiles et visuelles et à des mouvements. Grâce à cette association sans doute, la présence de la douleur dans mon pied m'est rendue plus évidente. Mais l'évidence existait déjà avant cette confirmation.

11. — Maintenant la question la plus importante n'est pas encore résolue et se pose toujours devant nous : Comment connaissons-nous les corps étrangers ? Par les mêmes procédés, dit notre auteur, qui nous font connaître notre propre corps, en associant les mouvements avec les sensations tactiles et visuelles. Il est nécessaire de nous rappeler encore une fois le vrai sens du problème. Nous ne voyons,

nous ne sentons que nos états de conscience. L'arbre que je vois n'est pas l'arbre réel, mais ma vision subjective ; comment donc m'apparaît-il en dehors, puisqu'il est en moi ? Les kantistes ont besoin de ne pas oublier ce vrai sens de la question : malgré tous leurs efforts, ils tombent souvent dans cet oubli ; nous venons d'entendre M. Rabier nous parler d'objets saisis, pressés, lâchés par la main ; il s'agit là évidemment d'objets réels et transcendantaux. Le bon sens reparaît à l'instant même où on croit l'avoir définitivement chassé. Tant il est vrai que le kantisme est une lutte perpétuelle contre la nature et contre la vérité !

Voici comment nous projetons au dehors nos sensations visuelles et tactiles. Non seulement notre vue à l'origine ne mesure pas exactement la distance, mais elle ne la perçoit en aucune façon. Son objet propre est l'étendue colorée, ou plus exactement l'objet étendu coloré. L'idée de la distance vient d'une autre idée qui s'associe à l'acte propre de l'œil. Et cette association n'est pas naturelle et innée, mais acquise. En vain essaierait-on d'objecter ici les observations faites sur les animaux chez lesquels la projection des intuitions optiques se fait immédiatement. On a vu un poussin happer une mouche, alors qu'il traînait encore à la queue la coquille de l'œuf... Les petits poulets à peine éclos accourent vers la poule couveuse, à son premier appel. Mais les expériences faites sur les aveugles opérés de la cataracte autorisent la conclusion kantiste. L'aveugle de Cheselden disait que les objets *touchaient* son œil. L'aveugle de Home répondait à une question de son chirurgien : Votre tête semblait toucher mon œil. Donc la distance n'est pas une donnée de la vue, elle est due à une association, non pas innée, mais acquise. Les sensations tactiles et visuelles semblent d'abord adhérer aux organes mêmes du tact et de la vue. Elles s'en détachent parce qu'elles s'associent avec l'idée d'un mouvement accompli, c'est-à-dire d'une distance. La loi des localisations est celle-ci : les *sensations se localisent en s'associant* à L'IDÉE DE LEUR CAUSE OU CONDITION, cause et condition que nous font connaître le mouvement et le toucher explorateur. Elles s'associent d'abord avec l'idée de l'organe.

D'autre part, les sensations tactiles exigent un mouvement du corps et de la main — *pour saisir l'objet* — et tendent à s'associer à l'idée du mouvement et à se détacher de l'organe. Les sensations visuelles dépendent aussi de conditions inorganiques — les *objets extérieurs* — que nous constatons par la marche, la préhension *des objets*, et tendent, comme celles du toucher, à se détacher de l'organe. Il y a donc conflit entre deux tendances, deux associations contraires : l'une localise dans l'organe les sensations, l'autre les localise au dehors. Cette dernière l'emporte à cause de l'attention. Notre attention se concentre sur les *conditions extérieures* de nos sensations, conditions plus utiles pour nous pratiquement, car elles nous suggèrent le nombre de pas, l'amplitude du geste par lesquels, en atteignant L'OBJET APERÇU, nous reproduirons en nous tel état agréable ou utile, nous éviterons tel état déplaisant ou nuisible. La première association diminue et finit par s'effacer ; la seconde s'accroît toujours et finit par prévaloir. Alors les sensations, tout en adhérant réellement à nos organes, nous paraissent situées dehors et sont pour nous les objets extérieurs. Nous multiplions les expériences qui s'accumulent. La main s'appliquant à *l'objet* et sachant désormais objectiver les sensations qu'elle éprouve, connaît d'abord *cet objet* comme quelque chose de solide et de résistant, puis enfin comme ayant la troisième dimension, le volume. La vue, témoin de ces mouvements et de ces sensations tactiles, unit avec elles ses sensations de couleur, se concentre sur le *même objet*, qui devient SOLIDE pour l'œil comme pour le toucher.

La même opération se fait par les sensations inétendues de son, de chaleur, de saveur et d'odeur. Nous les projetons, nous les localisons dans *l'objet*, avec moins de netteté toutefois, parce que les *conditions extérieures* de ces sensations inétendues n'ont pas, pour la vie pratique, la même importance que les conditions des sensations tactiles et visuelles. De là vient que l'odeur, la saveur, le chaud, le froid nous apparaissent, tantôt comme une propriété des corps extérieurs, tantôt comme une modification de nos organes.

L'expérience et l'habitude finissent par rendre ces associations indissolubles ; nous croyons percevoir un monde extérieur. Mais ne l'oublions pas : ces localisations, ces projections dans l'espace ne sont qu'un jeu illusoire de l'imagination. Ce que nous percevons, ce sont nos sensations projetées au dehors. Cette feuille de papier, ce livre, cette table, cette chaise, ce mur, cet arbre que je vois dans mon jardin, ce sont des groupes de sensations projetées au dehors, bien qu'elles restent en moi. Elles me donnent l'illusion de voir des objets extérieurs. Mais je ne suis qu'un halluciné.

12. — Telle est la théorie kantiste sur l'origine de

l'idée du monde extérieur. Nous avons voulu la faire connaître dans son ensemble et dans ses détails, en analysant avec impartialité et avec toute la clarté possible les pages consacrées à cette exposition dans le livre de M. Rabier. Certes, le savant auteur, déploie toutes les ressources d'un esprit fin, pénétrant, ingénieux ; mais ces efforts pour rendre le kantisme, nous ne disons pas vrai, mais seulement acceptable et clair, sont-ils couronnés de succès ? Ce serait téméraire que de le prétendre. Nous serions entraînés trop loin, si nous voulions discuter point par point toutes ces allégations. Notre critique devra donc se borner à un petit nombre d'observations.

Le philosophe prétend que la représentation de notre corps doit précéder la représentation des corps étrangers, dont elle est la condition. Cette nécessité n'existe que pour expliquer la théorie kantienne. Mais l'observation réelle des faits d'expérience nous fait tenir un autre langage. L'idée de l'extérieur commence à être donnée à l'enfant au berceau en même temps qu'il éprouve les premières sensations du tact passif : cette idée est certes une simple sensation encore très obscure, mais si les langes exercent sur son petit corps une pression trop forte, l'enfant essaye de se dégager de ces liens et montre ainsi qu'il se les représente comme étrangers à lui ; il ne fait pas ces mouvements lorsque la douleur est interne. Aussitôt qu'il ouvre les yeux, les objets lui apparaissent tels qu'il sont c'est-à-dire extérieurs ; et la preuve en est dans les mouvements qu'il fait pour apprécier leur distance ; l'œil ne donne que la couleur objective ; le sensible commun exige, pour être senti, l'action de deux sens, la vue et le tact. L'enfant fait lui-même de très bonne heure l'éducation de ses sens, il met en exercice ses sens différents, il se meut, il touche pour contrôler l'action de la vue et par là se précise davantage la notion de soi et la notion des objets étrangers. Mais ces deux notions sont simultanées et non pas successives.

De ce que la distance ne soit pas une donnée de la vue, il ne s'ensuit pas que la couleur apparaît à l'origine comme faisant partie de l'organe; conclusion fausse que les kantistes veulent tirer de l'expérience de Cheselden et d'autres expériences analogues. Les réponses des malades opérés, interprétées dans leur vraie signification, montrent bien qu'ils voient la couleur au dehors ou, pour parler le langage kantiste, que leur sensation visuelle est déjà objectivée avant que ne viennent s'y joindre le mouvement et les sensations tactiles. « Votre tête, disent-ils, semblait toucher mon œil ». Il y avait apparence de contact, de juxtaposition, nullement d'intraposition : l'organe semblait distinct de l'objet.

Les observations faites sur les animaux, auxquelles M. Rabier ne répond pas, nous montrent qu'à l'origine, si nous ne savons pas apprécier exactement la distance, cependant l'extérieur nous est donné par l'œil aussitôt qu'il s'ouvre. Les animaux ont les mêmes sens et les mêmes facultés sensibles que nous ; et si le petit poulet happe la mouche, c'est que la mouche ne lui paraît pas dans son œil. Il est inutile de recourir à l'instinct pour expliquer ce fait. C'est l'instinct, jugement naturel inné, qui fait choisir au chien les herbes médicinales dont son estomac malade a besoin ; c'est l'instinct, qui fait juger à la brebis que le loup est l'ennemi de sa race ; c'est l'instinct, si vous voulez, qui représente au poussin le grain de blé comme une nourriture utile : mais ce n'est pas l'instinct qui lui fait faire les mouvements nécessaires pour le saisir. Ses sens extérieurs suffisent ici ; il court vers le grain de blé parce que le grain de blé lui paraît extérieur. Il est donc faux que les sensations visuelles aient besoin d'être projetées au dehors.

L'interprétation kantiste des exemples allégués est donc démentie par les faits eux-mêmes.

13. — Du reste, qui donc pourra jamais bien comprendre ceci, qui est le résumé de la thèse que nous étudions : les sensations visuelles, tactiles et musculaires... s'unissent, se soudent et forment des groupes indissolubles ? Cette feuille de papier, ce livre, cet arbre, ce cheval sont des groupes de sensations. Comment est-il possible que la sensation, acte immatériel, — M. Rabier le reconnaît avec tous les philosophes, — puisse en s'unissant avec d'autres sensations, d'autres actes immatériels, arriver à posséder par cette union toutes les qualités de la matière ? Je vois, sur un fond noir, un tapis rouge, au milieu duquel se trouve un petit mouchoir blanc. Voici comment il faut que je m'exprime en style kantiste : je vois ou plutôt je crois voir un petit groupe de sensations blanches, reposant sur un groupe plus grand de sensations rouges, lesquelles sont encadrées par des sensations noires. Je suis un naïf de m'imaginer que je marche sur la terre durcie par la gelée : je ne perçois que mes propres sensations ; ce sont mes sensations tactiles qui sont dures ; mais il y en a de molles, de liquides, de gazeuses. Quand je pêche à la ligne, je ne vois pas l'eau de la rivière, mais un groupe de sensations qui coulent devant moi et dans lequel plonge un groupe de sensations pointues que j'appelle hameçon, enveloppant

un appât, c'est-à-dire un groupe de sensations molles comme un ver de terre. Je m'estime heureux quand le poisson vient mordre et se faire prendre : hélas ! je ne prends rien du tout, sinon une partie de mon moi, des sensations visuelles, tactiles et musculaires qui semblent avoir un mouvement spécial.

Vous voyez un train rapide qui passe devant vous. Pure illusion ! Ce sont vos sensations qui filent avec une vitesse de quatre-vingt kilomètres à l'heure. Lorsque vous montez dans un wagon, vous montez dans vos propres sensations. Une poire mûre vient de tomber d'un bel arbre et je la mange. Illusion toujours. Il faut dire : un petit groupe de sensations est tombé d'un groupe beaucoup plus grand et je n'ai mangé qu'une partie de mon moi. Sur le champ de bataille, c'est le groupe de sensations qui éclate, ce n'est pas l'obus. Newton a eu le plus grand tort de formuler, comme il l'a fait, la loi de la gravitation ; il devait s'exprimer ainsi : « Nos groupes de sensations s'attirent en raison directe de leurs masses, en raison inverse du carré des distances. » Les savants calculs de Képler sont fautifs : ce n'est pas la lumière, c'est ma sensation qui semble parcourir soixante-dix mille lieues par seconde. Quant à Jupiter et à ses satellites, ils n'existent que dans le télescope ou dans mon œil, et c'est moi qui les projette à ces incommensurables distances !

Voilà à quelles absurdités, absolument inintelligibles, mène le kantisme ! Certes nous ne les attribuons pas à M. Rabier, qui admet, par une contradiction palpable, l'existence des objets extérieurs. Mais elles découlent très logiquement de son système, lequel enveloppe beaucoup d'autres impossibilités.

Pourquoi ne puis-je pas faire des associations selon mon caprice ? Je vois, je fixe attentivement un morceau d'étoffe d'un jaune d'or ; en même temps, je sens et je touche une sphère de carton. Je renouvelle l'expérience dix fois le jour pendant une année : pourquoi ces sensations tactiles, musculaires et optiques, qui sont simultanées, ne se soudent-elles pas ensemble, pour me représenter une sphère d'or ?

Pourquoi les associations dont parle M. Rabier sont-elles indissolubles ? Une habitude peut être détruite par une habitude contraire. Eh quoi ! Mon idée du monde extérieur est une hallucination. Je me suis donné, à mon insu, cette hallucination pendant les années de mon enfance et de ma jeunesse, avant d'avoir étudié la philosophie kantiste. Maintenant que le penseur de Kœnigsberg m'a éclairé de ses lumières, je veux chasser cette illusion, ne plus rien projeter au dehors, ramener en moi ce qui m'appartient. Je ferai les gestes et les mouvements contraires à ceux qui m'ont trompé : j'y mettrai le temps et la patience nécessaires. Alors si Kant a raison, je localiserai dans mon œil les sensations visuelles, dans mes mains les sensations tactiles, dans mes muscles les sensations musculaires. Cette opération est-elle possible ? Nul n'oserait le soutenir. Mais pour expliquer cette impossibilité, le kantisme est obligé d'avoir recours à la théorie réaliste, à la présence de l'objet extérieur, directement et immédiatement perçu par moi.

De fait, l'argument le plus irréfutable qu'on puisse objecter au système que nous combattons, c'est que M. Rabier introduit subrepticement dans chacune de ses ingénieuses explications, l'action sur les sens des *objets extérieurs* eux-mêmes. Nous avons souligné, dans notre exposition impartiale, de nombreux passages très clairs : — « La main saisit l'objet extérieur » — « Nous atteignons l'objet aperçu. » — Il est question à chaque instant de « conditions inorganiques », de « conditions extérieures » de nos sensations. Le mot vague et obscur de « conditions » est un de ceux dont abuse le plus la philosophie kantiste. Ou cela ne signifie rien ou cela signifie l'objet situé hors de moi. Le kantisme heurte si absolument et si violemment les lois les plus nécessaires de la pensée et de l'être, il est en contradiction si évidente avec les faits, que dans une thèse instituée pour l'établir, une belle intelligence se voit contrainte, malgré ses efforts, de l'abandonner. Le bon sens, chassé par la porte, revient immédiatement par la fenêtre.

M. Rabier est trop français pour ne pas se montrer infidèle aux principes kantistes. Le professeur de Kœnigsberg a deux opinions très distinctes sur la réalité du monde. Dans la première édition de son œuvre, il admet qu'il y a quelque chose d'extérieur à nous ; seulement ce quelque chose est pour nous inconnu et inconnaissable. Dans la seconde édition, les tendances sont beaucoup plus idéalistes ; il ne reste debout que le moi. L'idéalisme répugne au génie français. « De toutes les doctrines parfois si étranges, imaginées par les philosophes, dit M. Rabier, (1) aucune ne répugne autant à la nature de la pensée, que cette doctrine appelée parfois idéalisme, qui nie le monde extérieur et n'admet d'autre réalité que la pensée même et ses modes. » Notre philosophe ne sera donc pas idéaliste. Après avoir

(1) p. 252.

dit : « Le livre que je crois percevoir (1) est constitué par un groupe de sensations, projetées hors de moi ; » il ajoute : « Il se trouve qu'en effet, hors de moi, il y a un livre réel. » Le monde existe donc vraiment, mais ce n'est pas par nos sens, aidés de l'intelligence que nous percevons la réalité objective. Nous sommes victimes d'une hallucination, en croyant voir et sentir et toucher ce monde. « Mais cette *hallucination* — qui nous fait prendre pour quelque chose d'externe une chose qui est intime — se trouve être *vraie* par *accident*. »

Comment donc puis-je le connaître ? M. Rabier critique avec de très bonnes raisons la théorie cartésienne de l'inférence, la théorie écossaise de l'innéité, la théorie française de la localisation primitive imaginée par quelques contemporains, mais ne nous dit pas sur quelle argumentation il fonde sa thèse de l'existence du monde extérieur. Notre philosophe considère que cette question est du domaine de la métaphysique pure. Et cette métaphysique qu'il avait promis de nous donner, n'a pas encore paru. La cause principale de ce retard est, selon nous, l'impossibilité de faire accorder une métaphysique non kantienne avec le système psychologique que nous analysons. Quoiqu'il en soit, si M. Rabier rejette comme absurde l'idéalisme de Kant, il n'évite les contradictions que cette erreur implique, qu'en admettant une autre contradiction manifeste : une hallucination vraie, c'est-à-dire une hallucination qui n'est pas une hallucination. C'est ainsi qu'une belle intelligence consume en pure perte d'admirables ressources, parce que, malgré son éclectisme, elle n'a pas su s'affranchir du préjugé kantien.

(1) p. 423.

14. — L'existence de ce préjugé ressort avec une évidence plus grande encore, en examinant l'étude de M. Rabier sur l'idée du moi. Rappelons les principales idées de Kant sur cette question. « Quand je dis : *Je pense*, je me considère sans doute comme un *sujet ;* mais cela ne veut pas dire que je suis comme objet, une substance, un être existant par moi-même. De même quant à ma propre identité. L'identité du sujet est également contenue dans le concept même de la pensée ; mais cette identité du sujet ne signifie pas l'identité de ma personne, en tant que substance. Pour prouver celle-ci, il ne suffit plus d'analyser la proposition : *Je pense ;* il faudrait une intuition où le sujet nous serait donné comme objet, mais cette sorte d'intuition n'est pas la nôtre. »

Le disciple se contente de développer plus clairement les pensées du maître. Après avoir constaté la réalité de cette idée dans la conscience, après avoir démontré qu'elle n'est pas permanente ni primitive, mais qu'elle est précédée chez l'enfant d'une période où les états particuliers et successifs, plaisirs, douleurs, sensations diverses, sont les seuls éléments de la conscience, notre philosophe recherche les éléments de cette idée : elle n'est pas l'idée d'une substance indéterminée, indéfinissable, support mystérieux des modes et des qualités ; c'est l'idée d'un être déterminé par certains pouvoirs, d'un être capable de penser, de sentir, de vouloir. Ces pouvoirs semblent unis à un organisme. L'idée de mes organes, de mon corps, est impliquée dans l'idée du moi : je dis : je grandis, je marche, je respire, comme je dis : je pense, je sens, je veux. Cette idée n'est pas constituée par la série des événements, et le disciple de Condillac a tort de prétendre que « le moi est une collection de sensations », je me distingue de tous mes actes ; ceux-ci passent et s'écoulent tandis que je demeure.

Les caractères de ces idées sont l'unité et l'identité. Le moi s'apparaît à lui-même comme un dans la multiplicité de ses manières d'être et comme identique à travers la succession de ses manières d'être.

L'unité qui apparaît au moi, n'est pas l'unité qui résulte de la simplicité absolue, comme l'unité d'un point mathématique. C'est l'unité de composition ou synthétique, qui résulte de l'union d'une pluralité d'éléments ou de parties comme l'unité d'un arbre, d'un animal ou d'une maison. — On avouera que ces comparaisons sont étranges. L'unité du moi, la plus vraie, la mieux comprise, la plus sentie par la conscience, la plus simple — puisque le point mathématique n'est qu'une idée de limite, sans réalité objective — assimilée à l'unité d'une maison, qui n'est qu'un pur et simple agrégat de matériaux ! Mais abstenons-nous de toute critique et voyons quelle idée on doit se faire, d'après M. Rabier, de l'identité du moi.

Notre auteur distingue, comme le père du criticisme, l'identité réelle, substantielle, métaphysique qui est l'identité de l'être, de la substance, de l'âme, et l'identité apparente ou morale, phénoménale, qui est l'identité du moi de la personne. Celle-ci est constituée par la persistance des attributs moraux, conscience, mémoire, etc... La première, définie la persistance de l'être ou de la substance, est problématique ; car c'est un grand problème de métaphysique de savoir s'il y a en nous une substance. Si l'on veut savoir sur quelle preuve est fondée cette distinction, on ne lira pas sans un grand étonnement les lignes suivantes sorties de la plume de

M. Rabier, qui a dû trouver bien pesante ici la chaîne du kantisme (1).

« *Dans la doctrine de la transmigration ou de la métempsychose, on admet qu'une même âme ou substance peut animer successivement différents corps et devenir tour à tour Socrate, César, Virgile, etc., et cela sans que cette âme ait conscience de son identité dans ces incarnations successives* ».

Voilà où en est la philosophie contemporaine, chez un de ses représentants les plus distingués ! La métempsychose invoquée sérieusement dans un cours de philosophie contre l'irrécusable témoignage de la conscience sur la réelle identité de notre être substantiel ! Rien d'étonnant après cela, si M. Rabier prétend que l'identité qui caractérise notre idée du moi, est purement apparente. Nous ne jugeons pas nécessaire ni même utile de critiquer cette erreur énorme, démentie par la conscience et inspirée par un scepticisme sans limites et sans frein.

15. — Nous croyons avoir donné une idée suffisante de la psychologie kantiste. Malgré le talent déployé par l'auteur, cette doctrine se résout dans l'inintelligibilité et la contradiction. Elle n'est pas personnelle à M. Rabier ; elle se retrouve chez la plupart des philosophes contemporains, avec certaines divergences sans doute, mais identique cependant dans les lignes principales. Le philosophe que nous avons étudié, a le mérite d'avoir entrepris avec sincérité une tâche difficile, impossible même ; mettre un peu de lumière dans les ténèbres épaisses du kantisme. Il manifeste quelquefois une certaine indépendance ; se sentant étouffer dans cette noire prison, il a ouvert une fenêtre sur le vrai monde. Mais cette fenêtre

(1) P. 446.

n'est pas libre : des barreaux de fer empêchent de sortir de ces murs épais, élevés par l'architecte de Kœnigsberg. Les idées de Kant exercent une influence incompréhensible sur un bon nombre de savants français. Ils ne connaissent que lui et montrent pour la philosophie chrétienne une indifférence voisine du mépris. Croirait-on que M. Rabier ignore absolument la doctrine de la connaissance sensible et intellectuelle, si claire et si profonde dans Aristote et dans saint Thomas. Voici comment il la juge : « La scolastique entend les idées-images autrement. Aristote avait dit : la sensation est ce qui reçoit les formes sensibles sans la matière, comme la cire reçoit l'empreinte de l'anneau sans en recevoir le fer, l'or, etc... Les successeurs d'Aristote entendirent ce passage dans le sens le plus littéral et le plus grossier. On s'imagina que les formes des objets se détachaient des objets eux-mêmes. Ces formes, appelées *espèces intentionnelles*, s'impriment dans le sens commun et deviennent *espèces impresses*. Là, ces espèces, jusqu'alors matérielles, sont spiritualisées par l'*intellect actif* et deviennent *espèces expresses*. Elles sont alors reçues dans l'intellect passif, qui connaît ainsi par leur intermédiaire les choses matérielles. » Dans ces lignes, il y a dix fois plus d'erreurs que de mots ; comme nous le montrerons en expliquant le réalisme d'Aristote et de saint Thomas.

Quant à la théorie de la matière et de la *forme substantielle* qui est si claire et explique si bien l'essence des corps, évitant les dangereux excès du dynamisme et du mécanisme exclusifs, M. Rabier la confond avec les vagues rêveries d'Occam et autres nominalistes — les kantistes de ce temps-là. « Ces chimériques formes substantielles étaient censées s'ajouter à une matière informe et indéterminée pour constituer les différents corps. Ces formes étaient appelées de leur nom commun : *haeccéités*, parce qu'elles faisaient qu'un objet est tel ou tel, *hic, haec, hoc*, et de leurs noms propres : *aquosité, ignéité, lignéité*, etc..... »

Cette ignorance s'excuse de la part des philosophes universitaires ! Depuis Descartes jusqu'à nos jours, tant d'erreurs se sont accumulées contre la philosophie péripatéticienne et thomiste ! Mais ce qui est vraiment déplorable, c'est que ces préjugés, cette ignorance sont partagés par un bon nombre de philosophes catholiques, qui, abordant les questions philosophiques sans principes sûrs, suivent le courant et deviennent kantistes. M. l'abbé Méric, dans son livre sur la *Vie future*, s'appuie sur Descartes et sur Kant pour combattre le matérialisme. « Par la vue, dit-il, par le tact, l'ouïe et les autres sens, je prends possession du monde des corps, et c'est une erreur trop répandue parmi les hommes étrangers aux sciences philosophiques, d'attribuer aux objets extérieurs, aux corps, des qualités qu'ils n'ont pas. Je crois dans mon illusion connaître la réalité des corps, tandis que je n'en connais que l'action produite sur mes sens. »

Le même auteur cite, avec l'air de l'approuver, un philosophe contemporain d'après lequel « la conception d'un monde indépendant de la pensée est l'œuvre d'une réflexion très avancée... Que cette réflexion ait été spontanée ou qu'elle ait été la suite de recherches philosophiques, on peut se demander comment les hommes ont eu une première fois l'idée qu'il existât des choses extérieures, comment il se fait qu'ils soient jamais sortis d'eux-mêmes, de leur conscience, qu'ils aient créé et projeté un monde prétendu réel en dehors du monde, de leurs propres sensations. » Ainsi M. Méric combat le matérialisme en se plaçant sur le terrain fragile du scepticisme kantien. Nous croyons qu'il est impossible de démontrer l'immortalité de l'âme et l'existence de la vie future à ceux qui nient l'existence des corps ou qui en doutent.

Mais ce qui établit avec plus d'évidence encore la marche progressive du kantisme chez les catholiques, c'est la citation que nous allons faire. Elle est extraite d'une psychologie qui a paru sous le patronage de l'*alliance des maisons d'éducation chrétienne*. Ce livre est classique dans les écoles secondaires libres, voire même dans certains *petits séminaires*. Voici le texte : « Il est impossible d'admettre avec le sens commun l'intuition des choses, même en dehors de notre esprit, et de soutenir que les qualités sensibles sont réellement dans les objets, telles qu'elles nous apparaissent. L'esprit ne perçoit intuitivement que lui-même ; il n'a conscience que de lui-même. Nos perceptions sont relatives, et puisque les objets sont extérieurs à nous, l'esprit ne peut les connaître que dans les effets qu'ils produisent sur lui par l'intermédiaire de l'organisme. »

Dans ce volume très savant et très bien écrit, une multitude de systèmes sont examinés et étudiés. Mais il n'y a rien sur le Réalisme de la philosophie chrétienne.

Faut-il s'étonner, dès lors, que le Souverain-Pontife constate avec amertume que le *subjectivisme d'origine protestante et d'importation étrangère* fasse tant de progrès chez les catholiques de France, ce pays si *justement célèbre par la clarté des idées et par celle du langage ?*

CHAPITRE QUATRIÈME

LES KANTISTES FRANÇAIS
M. Liard et la métaphysique

Sommaire : 1. Dédain des philosophes contemporains — positivistes, spiritualistes cartésiens et criticistes — pour la métaphysique. — 2. Objet de la métaphysique, science de l'être. Sa distinction d'avec les autres sciences. La science de Dieu n'est pas le commencement, mais le couronnement de la métaphysique. — 3. L'IDÉE D'ÊTRE, la plus facile à acquérir, la première acquise, la plus universelle. Grande valeur philosophique de cette notion. — 4. Énorme erreur du kantisme qui nie l'objectivité de la notion d'être. Opposition irréductible entre le kantisme et la philosophie chrétienne. — 5. Injustice des dédains des modernes contre la métaphysique, qui est éminemment objective et ne crée aucune entité. — 6. L'essence, l'existence, la possibilité, la puissance et l'acte. — 7. Unité, vérité, bonté de l'être. — 8. Rien d'insaisissable dans ces déterminations transcendantales de l'être. Le grand principe scolastique : Nihil est in intellectu..... Erreur du nominalisme et du criticisme sur les idées générales. — 9. Notre science est inadéquate, discursive, non intuitive. Nous connaissons un grand nombre d'essences. — 10. Le mépris de la métaphysique engendre chez les philosophes contemporains une confusion extrême. Exemple tiré de la *possibilité permanente*: expressions qui se contredisent. — 11. Modes généraux de l'être : catégories. DE LA SUBSTANCE. Fausses notions de MM. Rabier et Liard. — 12. L'origine de cette idée est l'expérience interne et externe. — 13. Notion précise de l'accident. Erreur énorme des criticistes, qui confondent l'accident avec le phénomène de Kant, la substance avec le noumène. — 14. L'existence des accidents est empruntée à la substance. La substance est donc donnée dans l'intuition sensible. — 15. Très grande importance de cette notion et de cette réalité. Vérité objective de la substance. — 16. Objections de M. Liard. Objection tirée de l'unité de la substance. — 17. Réponse péremptoire. — 18. Objection tirée de la multiplicité des substances. Réponse. — 19. Objection tirée de la divisibilité de la substance. — 20. Nous n'avons pas la science intuitive de la nature de la substance. La définition précise est obligée de recourir aux accidents. La science humaine n'est pas parfaite; ce qui ne veut pas dire qu'elle soit nulle. — 21. Belle théorie de la matière et de la forme, qui répond victorieusement à l'objection tirée de la divisibilité de la matière à l'infini. — 22. L'IDÉE DE CAUSE vient de l'expérience. Actions multiples de tous les êtres organiques et inorganiques. — 23. Idée intellectuelle de cause et principe de causalité. — 24. Théorie de Hume : il travestit l'expérience. Réponse du péripatétisme. Réponse de Kant. — 25. Objections de M. Liard contre la causalité objective. Idées fausses de ce philosophe, qui confond la causalité et la puissance créatrice. — 26. La métaphysique ancienne ne donne pas à la cause le pouvoir de créer le mouvement. — 27. Obscurités du style philosophique de M. Liard. — 28. Objections multiples, qui viennent d'une idée très fausse de la cause. De l'action transitive, niée par Leibnitz et M. Liard. Possibilité de cette action; sa réalité prouvée par le *choc*. — 29. Les objections se résolvent d'elles-mêmes. — 30. M. Liard prétend que la *cause* contredit l'expérience. Erreur. — 31. Nécessité de la notion de cause pour la science. Sans elle, toute science est impossible. Conclusion.

1. — Un des caractères essentiels de la philosophie contemporaine est le mépris qu'elle affecte pour la métaphysique. On refuse à cette science, la plus noble, la plus importante, la plus universelle, le droit à l'existence; on déclare, sous mille formes, qu'elle

n'est pas une science véritable. « Comment peut-il y avoir une science, dit M. Ribot (1), là où il n'y a ni mesure, ni vérification possible. La métaphysique est un dépôt de vérités en dehors et au-dessus de toute démonstration…. Elle est d'ailleurs subjective, et la science doit être objective. Vaine spéculation de l'esprit sur les premiers principes et la raison dernière des choses, elle sonde éternellement cette double ignorance…. La région qu'elle veut connaître est inaccessible. »

L'historien de *la Psychologie anglaise* approuve le jugement de M. Vacherot, qui déclare que les métaphysiciens sont des poètes ayant manqué leur vocation. « Ceux-là mêmes, chez lesquels l'imagination n'est pas la qualité dominante, comme Aristote, arrivent d'emblée aux conceptions les plus poétiques, par exemple l'idée d'un monde qui, dans ses dernières profondeurs, aspire au bien, est attiré par l'amour…. Cette poésie est souvent ennuyeuse; pour la plupart des métaphysiciens, le monde est la région des vérités abstraites, des lois, des formules accessibles seulement à l'esprit; ils s'essayent dans la tâche impossible de reconstituer la synthèse de l'univers, qu'ils façonnent à leur guise, sans tenir compte des faits, et revêtent leurs fictions de formules indéchiffrables. Il ne faut donc pas s'étonner si les doctrines métaphysiques sont si nombreuses et se contredisent si fort. Comment concevoir une espérance solide de parvenir à la vérité, quand on explore le domaine mystérieux de l'impalpable et de l'invisible? Aussi, lorsque la psychologie aura terminé son évolution déjà commencée et se sera émancipée

---

(1) *La psychologie anglaise contemporaine*. Introduction : *passim.*

complètement, la métaphysique ne sera plus qu'une collection d'abstractions, d'idées générales complètement en dehors des faits. Alors, il apparaîtra à tous les regards qu'elle est une œuvre d'art et non pas une science. La science façonne l'esprit humain sur la nature : la métaphysique façonne la nature d'après les conceptions arbitraires de l'esprit humain. La science ne reflète pas le génie d'une race, elle est l'œuvre d'un esprit impersonnel. En métaphysique, c'est le contraire, l'œuvre est personnelle, elle porte le caractère d'un individu, ou au moins d'une race. Elle est locale et éphémère, car l'individu communique à son œuvre sa fragilité. »

Le positivisme n'est pas seul à prononcer l'anathème contre la métaphysique. M. Bouillier, philosophe spiritualiste et cartésien (1), voulant à tout prix éviter tout soupçon d'ontologisme et de retour à la scolastique, s'élève contre ceux qui réclament un substratum sans lequel la force vitale ne pourrait subsister. Il parle avec dédain du noumène conjectural, de la substance mystérieuse, également inaccessible à la conscience et à la raison. « Maine de Biran, dit-il, imagine je ne sais quel absolu de la substance. » L'origine de cette erreur nous semble une fausse et vulgaire idée de la substance, qui lui donne pour caractère essentiel la fixité, l'immobilité, en opposition avec la fluidité et la mobilité des phénomènes. Et ailleurs : « La force vitale n'est pas un vain fantôme métaphysique, le dernier survivant de toute cette légion d'essences mystérieuses qui ont tour à tour été imaginées au sein de l'organisme, mais un être réel qui nous est donné par une induction à laquelle l'esprit ne peut se soustraire ».

(1) *Le principe vital et l'âme pensante,* p. 27-28 et passim.

Un des chefs de l'école criticiste en France, à l'heure actuelle, M. Liard, a composé un ouvrage important intitulé : *La science positive et la métaphysique,* où l'auteur a pour but de démontrer que la métaphysique ne possède aucun des caractères de la science. Le divorce est absolu, dit-il (1), entre ces deux manifestations de l'esprit humain. La métaphysique se disait la source unique de toute science et de toute vérité ; mais les analyses de Kant ont prouvé l'inanité de ces prétentions. Pendant vingt siècles, les métaphysiciens ont pensé que la notion du premier principe des choses était la prémisse indispensable du savoir universel, et que d'elle devaient sortir, par une déduction progressive, les lois particulières de chaque être et de chaque phénomène. Ils construisaient *a priori* le monde de l'expérience. Quel est le procédé de Platon, de Descartes, de Hégel ? S'ils prennent pied sur les réalités sensibles, c'est pour s'élancer de suite loin d'elles, d'un bond rapide, vers un monde d'idées nécessaires, pour faire de ces idées la réalité véritable, ou tout au moins les premiers principes des phénomènes, pour les investir d'une certitude absolue et expliquer par elles, sans recourir à l'expérience, les choses de notre monde sensible.

Nous aurons l'occasion de constater combien la plupart de ces critiques sont justes, si l'on se borne à les appliquer au matérialisme, à l'idéalisme, au panthéisme, et même au spiritualisme exagéré issu de Descartes ; mais elles ne sauraient, à aucun degré, atteindre la philosophie du moyen âge que nous défendons et que M. Liard fait d'ailleurs profession d'ignorer. Pour lui la scolastique n'est qu'un vain

(1) *La science positive et la métaphysique,* p. 474 et suiv.

formalisme ; c'est le grand art de Raymond Lulle, qui apprenait à parler de toutes choses sans rien savoir. La métaphysique des scolastiques n'est qu'une machine à créer des entités ; elle faisait des termes généraux l'équivalent de la réalité même et peuplait le monde de puissances mystérieuses, de qualités occultes, de formes substantielles, agissant sans moyens intelligibles.

Ces accusations sont-elles justes ? La métaphysique dédaigne-t-elle l'expérience ? Réalise-t-elle des abstractions ? Son point de départ est-il l'idée de Dieu, d'où elle fait sortir par déduction tous les êtres de l'univers ? Peut-on assimiler le métaphysicien au poète qui donne une réalité apparente et fictive aux rêves de son imagination ? Les vérités qu'il veut connaître dépassent-elles la capacité de l'intelligence humaine ?

La philosophie scolastique étudiée, non pas dans les divagations de Raymond Lulle ou des nominalistes de la décadence, mais dans les œuvres de ses plus illustres représentants, de saint Thomas en particulier, nous démontrera clairement, d'abord qu'aucun de ces reproches n'est fondé ; ensuite que la création d'entités vaines et de puissances mystérieuses est surtout l'œuvre de Kant, et que le criticisme ne tenant aucun compte des données de l'expérience se résout en un vain formalisme.

2. — Qu'est-ce donc que la métaphysique ? C'est la science de l'être, considéré objectivement comme réel, ou pouvant devenir réel ; c'est la science de l'être, de ses principales formes et de ses modes les plus généraux.

Les mathématiques, faisant abstraction de toutes les autres propriétés qui constituent le corps, ne considèrent que la quantité et la figure, en étudient la nature abstraite et laissent comme n'étant pas de leur domaine les questions qui concernent la réalité objective de l'espace, du temps et du nombre. La physique s'applique à connaître les forces des corps naturels et leurs mouvements, les faits et les lois, l'action et la réaction que les corps exercent les uns sur les autres ; elle ne se demande pas en quoi consiste l'être de la force, de la cause et du mouvement. La chimie descend par l'analyse jusqu'aux éléments constitutifs des corps ; elle scrute leur composition et détermine dans quelle proportion les corps simples s'unissent pour former des composés ; mais quelle est la nature de la molécule et de l'atome ? Elle fait profession de l'ignorer. La biologie ne s'inquiète que des manifestations de la vie, mais s'abstient de toute recherche sur l'origine et l'essence intime du principe vital. La logique ne fait nullement attention aux relations réelles des choses existantes, mais se borne à examiner leurs idées telles quelles sont dans l'esprit et à déterminer par quelles lois les idées s'unissent pour former des jugements et des raisonnements.

Les questions laissées sans solution et négligées par les autres sciences, composent le domaine de la métaphysique. Elle recherche à quelle réalité objective correspondent les concepts logiques et généraux. Qu'y a-t-il au fond de la quantité, de la figure, du mouvement, du nombre, du temps, de l'étendue ? Sont-ce de pures idées, œuvres de la seule intelligence, dépourvues de toute existence en dehors de l'esprit qui les conçoit ? Ont-ils une réalité objective ? Est-ce que ce sont des êtres en soi ? Ont-ils besoin d'un autre être dont ils empruntent l'existence pour se manifester ? Qu'est-ce que le mouvement, la force, la qualité ? Quelle est la vraie nature de l'élément chimique, de la molécule et de l'atome ? Celui-ci est-il vraiment simple ? Est-il composé de principes distincts et opposés ? Qu'est-ce que la vie ? Qu'est-ce la matière ? La métaphysique aristotélicienne et thomiste traite de toutes ces questions importantes et difficiles et n'en laisse aucune sans réponse.

Certes, aucune science ne peut se séparer de la considération de l'être. L'être est tout ce qui est ou peut être ; la notion d'être est la plus universelle et la plus nécessaire, elle entre dans tout acte intellectuel. Mais les sciences particulières considèrent l'être dans certaines manifestations spéciales. L'être idéal, l'être de raison est l'objet de la logique ; l'être moral et l'ordre qui lui correspond sont l'objet de la morale ; les sciences mathématiques, physiques et naturelles, examinent l'être réel ou possible, mais dans ses dimensions, sa quantité, sa qualité, et dans les éléments qui tombent sous nos sens. Le métaphysicien étudie l'être tout court, l'être sans l'adjonction d'aucun attribut, l'être dans ses plus hautes réalités et dans ses plus universelles manifestations.

La métaphysique comprend deux parties : l'une générale, l'autre spéciale. La première étudie l'être ; la seconde étudie les êtres : le monde, l'âme et Dieu. Ce n'est pas par la théologie naturelle, par la connaissance de Dieu, à laquelle parvient l'intelligence humaine, éclairée de sa seule lumière, que le philosophe, fidèle à l'enseignement de S. Thomas, commence ses recherches.

La théodicée est le couronnement de ses méditations. M. Liard, à la suite de Kant, reproche à l'ancienne métaphysique de poser la réalité de l'Absolu, la nature de Dieu, comme le fondement inébranlable sur lequel elle élève l'édifice de la science, sans faire attention aux faits et aux choses sensibles. Cette accusation révèle chez son auteur une ignorance profonde de la méthode scolastique, qui ne construit rien *a priori*, ne s'isole jamais des faits et a sans cesse recours à l'expérience.

3. — Son point de départ est l'idée la plus simple, la plus facile à concevoir, la plus commune, la plus universelle, l'idée d'être. Elle est la première dans l'ordre chronologique. Nous l'avons acquise dans notre première enfance, au premier éveil de notre faculté intellectuelle. La connaissance sensible précède : il y eût une période de notre vie où les sens seuls agissaient et nous mettaient en communication avec le monde extérieur. Mais dans son premier acte, notre esprit a dépassé infiniment la capacité du sens, il a saisi un objet inaccessible à la sensation, c'est-à-dire l'être dans son universalité. En voyant pour la première fois, en touchant une cerise mûre, la vue nous faisait percevoir sa couleur, le tact nous en représentait la forme lisse et molle, en même temps l'intelligence nous montrait en elle une chose, un être. Certes le petit enfant ne peut la nommer, car il n'a pas encore l'usage de la parole ; encore moins peut-il avoir la plus petite idée de sa nature, de son essence ; l'étude et la réflexion le lui apprendront plus tard. Mais la notion universelle d'être, il la possède déjà ; il l'applique mentalement à tout ce qui tombe sous ses sens ; cette idée intellectuelle se superpose à toutes ses représentations sensibles et les accompagnera toujours à toutes les époques de sa vie. Toutes les autres idées que l'intellect acquiert

dans la suite, se forment en déterminant l'idée universelle d'être, en distinguant les êtres multiples, en les classant d'après la diversité de leurs caractères en différents genres et en espèces différentes. Car la variété des choses vient de l'être, elle a sa source dans la variété des modes d'être. De là les classifications scientifiques des choses naturelles en monde organique et inorganique, en règne végétal et animal.

Sans l'idée d'être, nulle science n'est possible. Elle est l'objet nécessaire de l'intelligence, comme la lumière est l'objet nécessaire de la vue. Elle est la plus simple de toutes les idées ; on ne peut pas la définir. La définition est l'énumération des caractères qui constituent une chose. L'être n'a pas plusieurs caractères : il est. Exiger davantage, ne pas se contenter de cette lumière évidente qui éclaire tous nos autres concepts, c'est déraisonnable, c'est ne pas se contenter des lumières de la raison.

Cette idée embrasse tout ce qui est ou peut être ; elle est transcendante. L'ontologie étudie les déterminations générales de l'être : l'être existant en soi et l'être empruntant une existence étrangère. Une considération plus profonde nous met en présence de l'être réel ou de l'être simplement possible. Après cette détermination de la pure possibilité, l'ontologie est amenée à traiter de l'essence, qui compose les principes premiers de l'être ; puis elle arrive à l'être et s'y arrête. Il ne lui est pas possible de remonter au-delà ; au-dessus de l'être, il n'y a rien. Le néant ne peut être compris que par l'être dont il est la négation.

Quand je me promène dans la campagne et que j'aperçois à une grande distance un objet que je ne distingue pas bien, il m'est impossible de déterminer à quelle espèce cet objet appartient; j'ignore sa nature, je ne puis le ranger dans aucune classe des êtres que je connais ; est-ce un bloc de pierre, une plante, un animal, un homme? Je n'en sais rien. Je ne puis donc en rien dire, en rien penser, sinon que c'est quelque chose, un être quelconque. L'ignorance et l'inexpérience produisent chez l'enfant le même effet.

Cette idée, qui est la plus simple, la plus universelle de toutes, est aussi la plus pauvre, la plus indigente ; elle ne nous apprend rien sur la nature intime, et sur les propriétés de l'objet. Mais la notion qu'elle apporte, a cependant une haute valeur philosophique, qu'il importe de mettre en lumière.

4. — M. Liard et tous les kantistes, adversaires de la métaphysique, refusent à l'intelligence le pouvoir de connaître l'être. Le principe du kantiste est la séparation, l'opposition absolue entre l'apparence et la réalité, le phénomène et l'être. D'après ce philosophe, le phénomène seul tombe sous nos prises, l'être nous échappe.

De tout temps, la connaissance du réel a été considérée comme l'objet de la science philosophique ; et toujours l'humanité a cru que la pensée est une vue sur la réalité, que l'objet de notre vision et de notre intellection est situé hors de nous, hors de nos sens, hors de l'activité intellectuelle. L'humanité le croit, parce qu'elle le voit ; nous croyons à notre existence objective et à l'existence objective des autres êtres, parce que notre esprit a la conscience non seulement d'avoir en soi des idées, des représentations intelligibles des choses, mais d'atteindre directement et immédiatement les réalités extérieures et objectives.

Entre la philosophie chrétienne et le kantisme,

l'opposition est irréductible. Nous disons avec saint Thomas et avec l'humanité entière : ce que l'intelligence saisit, c'est l'être objectif. Non pas, dit Kant, nous n'atteignons que les phénomènes. Le fond des choses nous fuit, c'est pour nous l'inconnaissable, l'insaisissable, le mystérieux. Établir une séparation absolue entre le phénomène et le noumène, entre l'apparence et la réalité, c'est faire du mensonge et de l'erreur le premier principe de la connaissance des choses ; c'est renverser le principe de contradiction qui découle de l'idée et de la réalité de l'être. Tout phénomène a son noumène ; rien ne peut apparaître, s'il n'y a pas quelque chose qui apparaisse. Ce qui est vrai, c'est que le phénomène ne manifeste pas toute l'essence de la chose, mais le caractère très incomplet de la connaissance que nous acquérons par le concept d'être, ne détruit pas son objectivité. A l'origine nos idées sont confuses et incomplètes. L'idée universelle d'être que nous acquérons si facilement et que nous ne perdons jamais, ne nous révèle, par elle-même, rien des principes essentiels qui constituent l'objet, elle nous montre cependant son existence et par là quelque chose de l'essence nous est manifesté ; car l'essence ne réside pas seulement dans la partie interne de l'objet, mais aussi dans les parties extérieures, phénoménales et sensibles qui reçoivent d'elle leur existence. L'idée d'être est donc produite par l'être des choses. Celles-ci sont intelligibles, parce que leur être se manifeste à l'esprit connaissant.

5. — On voit par là combien sont mal fondés et ridicules les dédains de la philosophie moderne contre l'ontologie. Bien loin d'être subjective, comme le prétend M. Ribot, elle possède au degré le plus

éminent le caractère de l'objectivité. Ce qu'elle étudie, c'est l'être en soi, situé hors de l'esprit qui le contemple. Bien loin de prendre sa source dans les rêves d'une imagination plus ou moins poétique, elle vient de l'intelligence seule, les métaphysiciens ne sont pas des poètes, leur domaine est l'idée abstraite, l'idée pure et universelle qui n'est pas représentable à l'imagination, car l'image est toujours circonscrite dans des limites particulières. Le métaphysicien ne donne pas l'existence réelle à des abstractions et ne peuple pas le monde d'entités mystérieuses. Il ne tire pas l'idée de son propre fond, mais la reçoit des êtres mêmes ; ceux-ci à leur tour ne sont pas des mystères ; c'est vous, c'est moi, ce sont les autres hommes, les animaux, les plantes, la matière inorganique, la terre, le soleil, les étoiles, l'univers entier et tout ce qui le compose. Les sciences particulières n'envisagent que le côté extérieur des choses ; la métaphysique fait pénétrer en elles un regard plus profond ; elle fait abstraction de toutes différences multiples et les considère dans ce qu'elles ont de commun ; l'idée fondamentale, sur laquelle elle construit la science ontologique, embrasse tous les êtres qui existent ou qui peuvent exister. Elle est la plus universelle ; tout le monde la possède, les philosophes de toutes les écoles, le disciple de Kant comme le disciple de saint Thomas ; le savant et l'ignorant, l'enfant inexpérimenté aussi bien que le penseur habitué à réfléchir ; quoi que nous voyions, que nous sentions, que nous pensions, que nous voulions, nous ne nous séparons pas de l'idée d'être. L'homme pourrait être défini un animal métaphysicien parce qu'il est raisonnable.

6. — Après avoir énuméré et expliqué, par des

analyses subtiles et profondes, les caractères de l'être, S. Thomas distingue, avec sa pénétration ordinaire, les modes transcendantaux de l'être et ses modes généraux.

Possédant la notion d'être, l'intelligence comprend qu'il doit y avoir, dans les choses, des principes constitutifs et essentiels par lesquels elles sont ce qu'elles sont : d'où la notion d'essence. L'essence de la nature humaine est d'être composée de corps et d'âme. L'essence est indivisible ; sans doute le corps et l'âme sont séparés par la mort, mais il est toujours de l'essence de l'homme d'être composé de ces deux parties. Elle est immuable ; en changeant d'essence, un être serait autre que lui-même ; ce qui est contradictoire. Elle est infinie, non pas en elle-même, mais en extension : un nombre indéfini d'individus peuvent avoir la même essence, la même nature. Il suit de là que l'essence, considérée comme telle, n'existe que dans l'intelligence ; dans l'intelligence suprême qui la crée, et dans l'intelligence de l'homme qui la conçoit.

Pour être réalisée hors de l'esprit, elle doit prendre un autre mode d'être, l'existence : ce terme, l'idée qu'il évoque, la réalité qu'il exprime, sont plus clairs que toute définition. Avant d'exister, une chose est simplement possible. Entre la possibilité purement idéale, et l'existence purement réelle, l'esprit conçoit un intermédiaire : la puissance. Cette idée nous est suggérée par le changement, qui consiste dans le passage de la puissance à l'acte. Considérons le fruit qui sortira du bourgeon en fleur ; il n'existe pas encore, il est cependant plus que simplement possible, il est dans le passage de la possibilité à l'existence, il est en puissance ; d'un fruit mûr, le métaphysicien dit qu'il est en acte.

L'être, l'essence, l'existence, la possibilité, la puissance et l'acte, forment l'objet de la première partie de l'ontologie ; nous n'avons pas l'intention d'entrer dans les longues et subtiles discussions dont ce sujet a fourni l'occasion aux philosophes du moyen âge. Nous voulons simplement donner une idée précise et claire de la métaphysique scolastique et réfuter les attaques des écoles modernes. Nous devons toutefois ajouter quelques notions sur les modes transcendantaux de l'être, ainsi nommés parce qu'ils conviennent à tout être, tandis que les modes spéciaux, les catégories, substance, action, quantité, qualité... sont les divisions générales de l'être.

7. — Tout être est un, est vrai, est bon. L'unité n'est pas un simple accident qui se surajoute à l'être; l'unité est le fond même de l'être. L'idée de l'un précède l'idée de multitude et de nombre ; l'esprit acquiert cette notion en considérant l'être : l'être et l'un se prennent l'un pour l'autre, *ens et unum convertuntur*. Si un être n'était pas un, il serait plusieurs êtres dont chacun pourrait revendiquer à son tour l'unité (1). Il n'y a de réel et de possible que des individualités ; tout être est individualisé de quelque manière. Cette unité n'exclut pas la composition et la multiplicité des parties : l'homme est un être, ce qui ne l'empêche d'être composé de deux parties. Mais plus un être est un, plus il possède d'être. L'unité ontologique ou métaphysique dont nous venons de parler, ne doit pas être confondue avec l'unité mathématique. Celle-ci est un accident et réside dans la quantité dont elle est l'indivision. L'unité transcendante est l'indivision de l'être : elle est un autre nom

(1) Blanc. T. I, p. 117. — San Severino. — *Ontologia, passim.*

de l'être, tandis que la première est accidentelle. Tout être est vrai et bon. Le vrai, c'est l'être en tant qu'il est l'objet de l'intelligence, comme le bien est l'être en tant qu'il est l'objet de la volonté. Le vrai c'est l'être connaissable, l'être connu, l'être compris. L'être est connaissable dans toute la mesure où il est : il est connu et compris du moins de son premier auteur, dans toute la mesure où il est. La vérité est la conformité des choses avec l'intelligence. Considérées dans leur rapport avec l'Intelligence créatrice, leur vérité est absolue : elles en reçoivent leur être, elles sont dans la mesure où elles s'y conforment. Dans leur rapport accidentel avec l'intelligence créée, comme ce n'est pas celle-ci que leur donne l'être, la vérité consiste en ce que l'esprit créé se conforme à l'être des choses ; pour nous la vérité consiste à comprendre l'être des choses. Quand même on ne voudrait pas recourir à Dieu, il n'en est pas moins vrai que tout être est connaissable dans la mesure où il est. L'être et le vrai sont inséparables : on les prend l'un pour l'autre. La fausseté est une discordance entre l'intelligence et l'objet. La fausseté absolue consisterait en ce que les choses ne fussent pas conformes à l'intelligence qui les a créées. Il n'y a donc pas de fausseté absolue ; toute chose est ce que Dieu la connaît ; elle est ce qu'elle est. Mais il y a des faussetés relatives, des erreurs, des mensonges, à cause de l'imperfection de l'intelligence et de la volonté humaines. La vérité en Dieu est une, incréée, éternelle, immuable. L'intelligence divine connaît tout par un seul acte qui est son essence, en tant que celle-ci est imitable de mille manières. Dans l'homme, la vérité est multiple à cause de la multiplicité des intelligences, de la diversité des objets, de la variété des actes intellectuels. De là une multitude de vérités, d'équations de l'intelligence avec son objet.

La vérité humaine (1) est créée, bien qu'elle nous manifeste de quelque manière l'incréé; temporelle, bien qu'elle nous manifeste l'éternel; changeante, car elle a commencé, elle est susceptible de progrès. La vérité humaine ne peut prétendre à la simplicité, à l'immutabilité de la vérité divine. En descendant jusqu'à nous, la vérité se fractionne.

Malebranche et les ontologistes ne l'ont pas compris. Ils prétendent qu'il n'y a qu'une vérité, rendant vrai tout ce qui est vrai, que cette vérité est Dieu même, que l'esprit de l'homme ne peut connaître le vrai sans connaître Dieu, que nous connaissons tout en Dieu même. Cette école mérite le reproche que M. Liard fait à la métaphysique de faire du premier principe des choses la prémisse indispensable du savoir universel : mais nous ne devons pas oublier que Malebranche s'est montré le constant adversaire de la philosophie thomiste. Tout ce que nous pouvons accorder aux ontologistes, c'est que les vérités perçues par notre intelligence supposent une vérité première, et que la raison nous force de remonter la série des vérités jusqu'à la vérité suprême, source de toutes les autres; mais cette vérité divine n'est pas l'objet premier ni formel de l'esprit humain.

Tout être est bon. Le bien, c'est l'être en tant qu'objet de désir ou de tendance. Or, l'être par cela seul qu'il est, est une perfection, un acte ; il est désirable à quelques égards comme fin dernière ou

---

(1) Elie Blanc, *Métaphysique*, et San Severino, *Ontologia*, *passim*.

moyen. Le bon est quelque chose de positif ; ce n'est pas une négation, puisqu'il attire la volonté. Le mal est la négation du bien, une privation ; il n'a rien de réel en soi, mais il est réel par le bien qu'il limite. Le mal absolu n'existe pas ; il n'y a pas de nature essentiellement mauvaise.

De ce que tout être est bon, il ne s'en suit pas que tout soit parfait. Seulement l'imparfait suppose le parfait, le contingent suppose le nécessaire ; le composé, le simple ; l'infini, le fini ; le muable, l'immuable.

8. — Ces déterminations transcendantales de l'être ne sont pas des entités insaisissables ni des abstractions réalisées ; et l'on ne peut prétendre, pour peu que l'on connaisse l'histoire de la philosophie, que la métaphysique thomiste érige les idées générales en principes des choses, peuple le monde d'essences mystérieuses qui seraient les réalités véritables. Un des grands principes de la scolastique est celui-ci : *Nihil est in intellectu quod prius non fuerit in sensu :* il n'y a rien d'*a priori* dans l'esprit humain, sinon la puissance intellectuelle seule. Nous naissons sans idées ; celles-ci s'acquièrent par le moyen de la représentation sensible. Tous nos concepts portent la marque de cette origine. Quand on est privé d'un sens, on ne peut acquérir la notion universelle de l'objet de ce sens : l'aveugle-né n'a pas l'idée de la couleur, et certaines lésions dans la partie du cerveau qui est l'organe de l'imagination rendent absolument impossible toute opération de l'intelligence. Quand les organes sont sains, l'intellect agit sur l'image, la dépouille de toutes les conditions individuantes, va jusqu'à l'être, saisit ses propriétés constitutives, et conçoit l'essence commune à tous les individus. L'homme en général n'existe que dans

l'esprit ; celui-ci, considérant les hommes, fait abstraction des différences accidentelles, retient ce qui est commun à tous et forme le concept de la nature humaine : la composition de corps et d'âme. Sous sa forme universelle, cette notion est purement idéale, mais son fondement est objectif et réel.

On voit combien il est facile de répondre à cette autre objection formulée ainsi par le kantisme contemporain : « Les êtres ont un dedans et un dehors ; par leur dehors ils constituent l'objet de la science. Nous ne les parcourons qu'en surface, l'intérieur nous est inaccessible » (1). Donc la métaphysique, qui recherche la nature intime des choses, est une science illusoire et vaine. Nos idées générales n'ont rien qui leur réponde dans l'objet ; ce sont de purs noms, des signes arbitraires utiles pour comprendre une multitude d'individus dans une seule appellation et rendre le discours plus facile. Les individus n'ont pas entre eux de parenté essentielle, mais seulement certains traits de ressemblance. Cette doctrine du criticisme, renouvelé du nominalisme du moyen âge, détruit toute science ; si les concepts ne sont pas les signes naturels des choses, s'ils n'ont pas d'objet réel, la science est purement verbale, elle ne nous apprend rien que des mots vides de sens.

9. — Cette erreur du nominalisme et du criticisme vient de la confusion entre un concept inadéquat, imparfait et un concept faux. La méthode que la faiblesse de notre esprit nous force d'employer pour arriver à connaître l'essence, n'est pas parfaite. Nous n'en avons pas l'intuition : nous ne voyons pas les

(1) Liard, *La science positive et la métaphysique*, p. 207.

choses par le dedans ; notre science est discursive.
Ce que nous percevons d'abord, ce sont les qualités
extérieures, puis les propriétés plus essentielles.
Pour saisir les propriétés constitutives et l'essence,
nous employons l'abstraction ontologique par
laquelle nous séparons de toutes les conditions
matérielles la nature intime de l'objet ; il est alors
impossible que nous ayons une science intégrale et
totale de la chose particulière. Nous négligeons une
partie de ce qu'elle est, nous n'appréhendons que
l'autre partie. De là vient que notre science ne saurait
être totale, nous ne savons le tout de rien. Est-ce à dire
que nous ne sachions rien de l'intérieur des choses,
qui demeure pour nous absolument inaccessible,
comme le prétendent M. Liard et les kantistes ? N'y
a-t-il pas une multitude d'objets dont nous connaissons, plus ou moins parfaitement, la nature intime ?
Ignorons-nous ce que sont l'homme, l'animal, la
plante ? La science que nous en possédons est-elle
purement verbale ? Quand nous disons que l'essence
de l'homme est d'être composée d'âme et de corps,
cette définition par l'essence ne nous apprend-elle
rien ? Sans doute ces expressions de corps et d'âme
enveloppent un certain nombre de points ignorés ;
nous ne savons pas tout de l'essence du corps et de
l'essence de l'âme. Est-ce que cependant nous ne
pouvons pas énumérer beaucoup de propriétés
essentielles de l'âme et du corps, nous faire de
chacune d'elles une conception précise et arriver par
là à quelque connaissance du fond même de l'être.
Le prétendre, ce serait nier la science et l'intelligence
elle-même, ce serait tomber dans le scepticisme
absolu.

10. — Les philosophes contemporains auraient dû laisser aux littérateurs du XVIII° siècle le monopole des injures et des sarcasmes contre la métaphysique. D'après Voltaire et ses amis, les questions qu'elle traite sont insolubles et frivoles ; elles doivent rester l'aliment des esprits téméraires ou des esprits faux. Les bons esprits méprisent à bon droit cette science vide et contentieuse. — On ne néglige qu'au détriment de la vérité ces études sur l'être, sur l'essence, l'existence, la possibilité, la puissance et l'acte. Un exemple, choisi entre beaucoup, va nous démontrer combien il serait nécessaire au progrès de la philosophie de revenir à l'étude de l'ontologie si dédaignée.

On connaît le rôle joué dans la philosophie anglaise par les *possibilités permanentes*. Ces positivistes, admettant le subjectivisme kantien dans leur théorie de la connaissance, ont en horreur la notion métaphysique de l'être. Nous ne percevons, disent-ils, que nos propres sensations ; les objets connus ne sont pas des êtres, ils n'existent qu'en nous ; ce sont des groupes de sensations. Mais comme toutes nos sensations n'existent pas en nous au même instant, et ne restent pas toujours présentes ; comme, d'un autre côté, nous pouvons à notre gré les faire revivre, ces philosophes sont obligés de reconnaître quelque chose de permanent et de réel en dehors du sujet pensant. Ce quelque chose, ils ne veulent pas le désigner sous le nom d'être, encore moins de substance. Parler ainsi, ce serait un crime irrémissible, ce serait réaliser des abstractions, à l'instar de ces pauvres scolastiques. On lui donne alors le nom de possibilité permanente.

Cet arbre que je vois à la distance de vingt mètres,

dont je considère avec attention les branches, les feuilles et les fruits, n'est pas un arbre réel, une nature végétale, existant en soi. Si je tenais ce langage, je réaliserais une abstraction, j'inventerais une entité. Aussi, pour me garder d'une accusation aussi grave, je dis simplement : je projette devant moi un groupe de sensations.

Mais une objection se pose ici. Si kantiste que l'on soit, à moins d'être tout à fait hégélien, on est bien obligé d'admettre que l'objet de ma vision ne consiste pas uniquement dans ma représentation sensible. Autrement, fermant les yeux et n'éprouvant plus de sensation visuelle, je devrais nier logiquement l'existence de l'arbre. Cet idéalisme excessif serait trop étrange de la part de ces positivistes anglais. Ils savent bien que s'ils ouvrent les yeux de nouveau, ils éprouveront la même sensation que tout à l'heure ; l'arbre, en effet, ne s'est pas éloigné, il est toujours là, ils peuvent le voir quand ils voudront. De là vient cette splendide appellation de possibilité permanente. L'arbre que je vois, que je ne vois plus, que je puis voir encore, n'est pas un arbre vrai, c'est une possibilité permanente de sensations visuelles. — Que l'on comprend bien la justesse des accusations lancées par M. Ribot, l'admirateur des positivistes anglais, contre les métaphysiciens scolastiques qui réalisent des abstractions et ne cessent d'inventer des entités insaisissables !

Pour démontrer l'inanité et la contradiction de ce système, de longs raisonnements ne sont pas nécessaires. Il suffit d'avoir quelques notions de métaphysique scolastique. Le possible est ce qui peut être, mais n'est pas. La permanence est un mode d'être réel, c'est la durée de l'être. Par conséquent ces deux expressions de possibilité permanente impliquent une contradiction : la seconde affirme ce que l'autre nie. On pose, par là, la réalité d'une chose seulement possible, on attribue la durée à une chose qui n'est pas encore. On dit : ceci n'existe pas et cependant persévère dans l'existence. C'est le triomphe de l'inintelligibilité et de la contradiction.

De la substance

11. — Après avoir analysé avec une pénétration et une vérité, que la philosophie moderne ne connaît pas, la notion et la réalité de l'être et de ses modes transcendantaux, la métaphysique thomiste étudie les modes généraux de l'être. C'est la doctrine aristotélicienne des catégories, notions et réalités suprêmes où sont classées, selon leur mode d'existence, les diverses espèces d'être. Nous nous bornerons à examiner les catégories de substance et de cause, objets de tant d'injustes attaques, de la part du criticisme qui ne s'en fait pas une idée vraie.

« C'est un grand problème de métaphysique, dit M. Rabier, que de savoir, s'il y a en nous une substance ». Ce philosophe se fait d'ailleurs une singulière notion de la substance, « qui serait une réalité indéterminée, indéfinissable, support mystérieux des modes et des qualités, un je ne sais quoi dont on ne peut rien dire, sinon qu'il est un et identique, mais qu'on est d'ailleurs incapable de spécifier (1). »

Selon M. Liard, les substances sont « des entités, des choses en soi, distinctes des phénomènes et

(1) Rabier, *Leçons de Psychologie*, p. 440.

soustraites aux viscissitudes des choses sensibles (1),
….. inconnues, inconnaissables, véritables x algébriques, impossibles à déterminer par aucun de nos moyens de connaissance. ELLES NE SONT PAS, EN EFFET, DONNÉES DANS l'intuition sensible, puisqu'on les IMAGINE pour servir de base aux phénomènes, objets de cette intuition. Si par abstraction on supprime, dans un objet, les qualités sensibles, sons, saveurs, odeur, étendue, résistance, poids etc.… IL NE RESTE RIEN DE DÉTERMINÉ, c'est-à-dire de connaissable… Si quelque chose de perceptible subsiste, ce n'est pas la substance, puisque tout ce qui est perceptible est qualité sensible, et que la fonction de la substance, est de supporter les qualités. IL RESTE DONC UN PUR NÉANT pour les sens. Par suite *la subtance est quelque chose d'impossible à déterminer*. Quel saurait être alors l'usage scientifique de cette notion, si l'on entend ne pas restaurer les vaines entités de la scolastique ? »

Le mélange des erreurs et des vérités contenues dans ces citations nous oblige à étudier de plus près cette idée de substance, à en déterminer avec soin les caractères.

12. — En voyant les changements multiples que toute chose subit nécessairement, et les actions diverses dont elle est la source, nous comprenons de suite qu'il y a là un sujet dans lequel et par lequel ces changements et ces actions s'opèrent. Car le changement est inintelligible sans un être qui, sous l'extrême mobilité des apparences, demeure cependant le même. Sans la présence d'un être permanent, nous ne percevrions pas le changement, mais seule-

---

(1) LIARD, *La science positive et la métaphysique*, p. 257.

ment une succession d'apparences variées. Or, nous ne pouvons nous empêcher de voir des changements véritables : l'arbre se couvre de feuilles, de fleurs, de fruits qui se forment, grossissent, mûrissent et tombent. Ces feuilles, ces fleurs et ces fruits sont, par rapport à l'arbre, des accidents : le sujet où ces changements s'opèrent et qui demeure toujours le même, nous l'appelons substance. La couleur, la grandeur, la forme d'une infinité de choses éprouvent d'innombrables modifications qui n'atteignent pas le fond de l'être. Nous ne tardons à le découvrir très facilement et nous précisons ainsi notre notion de substance. L'observation intérieure, par la conscience de nous-mêmes et de nos actes, nous est d'un grand secours pour former et déterminer le concept de la substance et de l'accident. Malgré les innombrables modifications qui se passent en nous, malgré la multiplicité de nos résolutions et de nos actions, malgré les changements que les années apportent avec elles, nous voyons et nous sentons, par une vue claire et immédiate, que nous demeurons toujours les mêmes, que nous sommes le sujet et la cause de ces multiples vicissitudes. Ainsi, l'expérience interne nous fait préciser de plus en plus les notions d'accident et de substance dont la première origine vient de l'expérience externe. Nous ne concevons pas une qualité sans une substance qui en est le fondement et le support, ni une substance sans les qualités qui la manifestent. Des qualités en l'air sont inconcevables, dit très bien M. Liard : on ne conçoit pas une couleur sans un corps coloré ; un son sans un corps sonore ; une saveur sans un corps sapide ; une odeur sans un corps odorant. Qualité ou plutôt accident et substance sont deux termes corrélatifs.

L'accident a un être, une nature : la couleur est essentiellement distincte de la saveur et du son : mais cet être n'existe pas en soi, il a besoin d'un support auquel il adhère et dont il est la modification. On définit la substance ce qui existe en soi : l'accident a besoin de la substance pour exister, elle lui emprunte son être. Je suis une substance ; mon chien que je caresse est une substance ; l'arbre qui nous couvre de son ombre est une substance ; le sol qui nous porte tous est une substance ou plutôt une collection de substances multiples, dont l'unité est accidentelle : car dans le règne inorganique la vraie substance est la molécule. La couleur terreuse du sol, la verdure de l'arbre, la teinte noire tachetée de blanc qui distingue le poil de Fox, ma volonté de me reposer sont des accidents.

13. — Il faut insister sur ce caractère distinctif de l'accident et de la substance : l'accident n'existe pas en soi ; ce qui existe en soi c'est la substance. Cette doctrine mal comprise a donné lieu à beaucoup d'erreurs philosophiques, à l'idéalisme en particulier. M. Liard prétend, à tort, *que la substance n'est pas donnée dans l'intuition sensible*, puisqu'on l'imagine pour servir de base aux phénomènes, objet de cette intuition. Le disciple de Kant confond ici le phénomène et l'accident ; le phénomène, entendu au sens kantiste, est une pure apparence subjective ; l'accident de la métaphysique thomiste est objectif, il existe réellement, mais son existence n'est pas la sienne propre, il l'emprunte à la substance.

D'après le criticisme, le phénomène est séparé du noumène et les panthéistes allemands et les hégéliens français ont pu nier le noumène, sans cesser d'être disciples de Kant. Le patriarche de Kœnisberg déclare très problématique l'existence objective du noumène ; le phénomène est un produit du sujet pensant, mû par une cause inconnue, dont on ne peut rien dire, pas même qu'elle existe ; son être est complètement indépendant de l'être de noumène. Tout autre est la conception de l'accident, d'après la métaphysique aristotélicienne et thomiste. L'accident, tel qu'il est perçu dans la sensation, possède avec la substance une union très intime, très profonde, qui ne peut jamais être rompue, du moins naturellement (1). Cette union entre le sujet et ses qualités, entre la substance et les accidents, est la plus étroite qui puisse être jamais ; pour la dissoudre, la toute puissance créatrice serait nécessaire. Certes, les diverses qualités sensibles des corps sont unies les unes aux autres par des liens très forts. La saveur et la blancheur du sucre s'accompagnent toujours jusque dans les minimes parties du sucre pulvérisé. Cependant la perception de la blancheur n'est pas comprise dans la perception de la saveur : l'une de ces qualités accidentelles n'est pas soutenue par l'autre ; chacune a son image représentative spéciale, qui a des caractères différents.

Il n'en est pas ainsi de l'alliance entre les accidents et la substance ; cette alliance est inséparable ; tous deux sont représentés dans la même perception sensible. Je vois une pièce d'or ; la couleur brillante, la dureté, la rotondité du métal sont des qualités accidentelles. Si ces qualités avaient en soi une existence indépendante de l'existence de l'or substantiel, elles seraient un objet complet de connaissance et en les percevant, je ne percevrais pas pour

(1) Salis Sewis, *Della conoscenza sensitiva*, p. 158 et *passim*...

cela la substance à laquelle elles adhèrent. Alors MM. Rabier et Liard auraient raison de dire que la substance, étant absolument en dehors de la représentation sensible, se cachant si bien sous les accidents qu'elle ne se fait voir en rien, n'est qu'une réalité chimérique indéfinissable, impossible à déterminer par aucun de nos moyens de connaissance, une vaine entité, un pur néant. Cette juste et définitive condamnation de la substance serait d'ailleurs confirmée par le grand principe qui domine tout dans la philosophie scolastique : *Nihil est in intellectu quod prius non fuerit in sensu*. Et la ruine de l'ancienne métaphysique, qui est surtout la science de la substance, serait irrémédiable.

14. — Mais il n'en est pas ainsi. Les accidents sont en soi des êtres incomplets : *entia entium*, disait-on au moyen âge. L'acte, la réalité subsistante de ces qualités appartient à la substance. L'objet propre de la sensation sont les qualités des corps : par l'œil, je vois la couleur de l'or, j'en perçois la dureté et la rotondité par le tact; mais la sensation n'épuise pas tout ce qui est contenu dans la représentation sensible; celle-ci renferme encore autre chose que le sens n'appréhende pas formellement et qui, cependant, y est matériellement impliqué. Ce quelque chose, c'est l'existence vraie et réelle de la substance. Ce n'est pas la couleur jaune abstraite, séparée de la pièce d'or que je vois; je ne touche pas la dureté et la rondeur en général. Les essences générales des accidents ne tombent pas sous le sens. *Albedo immutat sensum*, dit Suarez, *non separata, sed in subjecto;* SUBJECTUM PER ACCIDENS SENTITUR. *Hoc album, non albedo, videtur. Hoc*, c'est l'objet réel, existant en soi, c'est la substance; *album*, c'est l'accident dont je ne

puis percevoir l'existence séparée, parce qu'il n'en a pas. L'existence que je perçois, en le percevant, n'est pas la sienne, elle est empruntée à la substance. La perception des accidents, conclut ici le P. Salis Sewis, implique la perception d'un attribut propre de la substance ; cet attribut est la SUBSISTANCE, il n'est perçu qu'autant que les accidents y participent. Les sens ne peuvent sans doute percevoir les principes constitutifs de la substance, ici, la nature essentielle de l'or, ni même explicitement la substance ; mais ils saisissent quelque chose qui lui appartient, c'est-à-dire la *subsistance* qui se montre dans les accidents.

Nous disons explicitement, formellement. Il est clair que le sens, isolé de l'intelligence, ne perçoit ni l'existence, ni l'être, ce sont des concepts généraux, œuvre de la seule intelligence. L'animal ne peut se former la notion universelle d'existence, implicitement contenue dans sa représentation sensible. Si l'homme acquiert cette notion, ce n'est pas par ses sens, c'est par son intelligence associée à ses sens dans l'unité d'une seule personne. Seule la puissance intellectuelle supprime dans l'image sensible toutes les conditions matérielles des accidents et saisit sans aucun effort, par sa seule force originelle, le concept universel d'être et de substance. Si borné qu'on le suppose, l'homme comprend bien que l'objet perçu est un composé de substance et d'accidents et il se forme de ceux-ci un concept différent du concept de celle-là (1).

Il n'est donc pas vrai de dire, comme les philosophes que nous combattons, que la substance nous est inconnue, inconnaissable, impossible à déterminer par aucun de nos moyens de connaissance.

(1) Salis-Sewis, *ibidem.*

L'intelligence la plus rudimentaire la conçoit comme un être en soi, qui apparait dans le phénomène, et qui est douée des propriétés transcendantales de l'être : l'unité, la vérité objective, la beauté, la bonté. Cette connaissance est rudimentaire, nous l'avouons sans peine, puisque ces propriétés fondamentales sont communes à tous les êtres de toutes les espèces et de tous les genres ; mais elle n'est pas un pur néant, elle pose l'être objectif, elle offre une barrière infranchissable à tout système idéaliste.

15. — Le criticisme qui est la négation de la chose en soi, qui fait consister le monde dans la représentation subjective et qui déclare ne pas savoir ce qu'est le sujet, montre mieux que tous les raisonnements l'importance de la notion objective de la substance. Je suis un être ; l'animal, la plante que j'ai là sous mes yeux, existent en soi ; ils n'ont pas besoin l'un de l'autre pour posséder l'existence. La disparition de l'animal n'enlèverait rien à la réalité de la plante ; moi-même je puis disparaître, je ne verrais plus rien, il n'y aurait en moi aucune représentation, mais mon anéantissement n'empêcherait pas l'arbre de grandir et d'être, et l'animal de se mouvoir et de vivre ; comme d'ailleurs ces individus inférieurs peuvent disparaître non-seulement de ma représentation mais de toute représentation possible, et cesser d'exister sans que ma substance, ma personnalité subissent la moindre altération.

Dans cette première notion intellectuelle sont comprises d'autres idées, qui m'apprennent quelque chose. Connaissant l'être objectif, je le saisis, avec ses propriétés essentielles : l'unité métaphysique d'abord et la multiplicité qui est l'addition de l'unité avec elle-même ; la vérité, qui n'est pas seulement la vérité subjective, la réalité de ma représentation, mais la vérité objective. Ce que je comprends, ce que je vois, c'est l'être situé en dehors de moi, c'est cet être qui produit en moi l'idée que j'ai de lui, et cela malgré moi. Cette science n'est pas libre, et l'idéaliste le plus déterminé a beau concentrer tous ses efforts pour se persuader à lui-même, que son chien n'est pas un être distinct de lui-même, que l'existence de cette bête est purement idéale, il ne peut y parvenir.

C'est donc à tort que M. Liard proclame que ce concept ne possède aucune valeur scientifique véritable. Contre ce concept et sa réalité objective viennent et viendront toujours se briser tous les systèmes idéalistes et criticistes.

16. — Les autres objections de ce philosophe ne sont pas d'une réfutation plus difficile. « Comment, s'écrie-t-il, chaque substance, unité réelle d'un groupe de phénomènes, engendre-t-elle cette multiplicité et cette diversité ? » Le disciple de Kant trouve cette difficulté capitale. Essayons donc de la bien comprendre et laissons là les abstractions toujours nuageuses. Voici un animal, un chien par exemple. C'est un être en soi, une substance : son existence est indépendante de l'existence de ses congénères, des animaux des autres espèces, des autres êtres organisés ou inorganiques. Il est un seul individu et cependant se manifeste par une multitude de phénomènes : il se meut, aboye, possède une grandeur déterminée..... etc. Comment des qualités si différentes et si nombreuses peuvent-elles être produites par un seul être ? — Je vois, je touche, je pense, je sens, je veux : mes facultés s'exercent à chaque instant sur une foule d'objets. La même

question se pose : Comment le multiple sort-il de l'un ? M. Liard ne le comprend pas et, ne pouvant surmonter la difficulté, nie la réalité de l'individu. Je ne suis pas une substance distincte, et cet animal non plus. Il n'y a pas d'êtres en soi.

Le vice de cette argumentation est manifeste. La logique la plus élémentaire défend de nier des faits évidents, parce qu'ils donnent lieu à des difficultés spéculatives dont on ne trouve pas la solution. Mon existence, comme substance, est un fait indéniable : je ne suis pas un accident, je ne suis pas la manifestation phénoménale d'une personnalité distincte de moi : ce fait force mon assentiment. D'un autre côté, ma parole, mes organes, ma pensée, ma volition, ne sont pas des êtres indépendants de moi, mais des manifestations accidentelles de ma substance. Cette autre série de faits s'impose à mon assentiment avec une puissance irrésistible. Quand même je ne saisirais pas le lien qui unit ces deux ordres de faits, leur évidence n'en serait nullement affaiblie ; elle ne perdrait rien de sa splendeur dans le cas même où le problème serait insoluble.

17. — Mais la solution est facile. La difficulté qui épouvante M. Liard, repose sur une confusion verbale : elle s'évanouit comme une vapeur légère, aussitôt qu'on définit le sens des mots et qu'on précise le caractère des idées. L'unité mathématique, pure idée, pure abstraction, ne peut produire la multiplicité, ni la diversité ; du nombre un, il est impossible de faire sortir par aucune évolution le nombre deux ou un nombre plus grand. Or, l'unité qui appartient à la substance n'est pas une abstraction, mais une réalité concrète et vivante. Qu'y a-t-il de contradictoire à ce qu'un corps inanimé soit en

même temps inerte, impénétrable et élastique ? Pourquoi l'être fondamental que je suis, qu'est cet animal, ne pourrait-il pas se manifester par de multiples modifications ? Pourquoi un autre homme, employant à me connaître et à connaître cet animal toutes ses facultés intellectuelles et sensibles, ne pourrait-il pas acquérir, de cet animal et de moi, une multiplicité de connaissances partielles et arriver par là à la connaissance totale de notre être ? Où est donc la contradiction ? Il serait contradictoire que la substance se manifestât par des modifications qui seraient des êtres en soi, distinctes de la substance et substances elles-mêmes. Mais des modifications multiples qui n'ont pas d'autre être que le mien, qui existent par moi, pourquoi ne pourrais-je pas les produire ? En vérité, c'est l'objection qui n'est pas facile à saisir.

L'unité de la substance n'exclut pas la composition. Elle n'est pas la simplicité absolue. La substance est l'être en soi, mais nullement l'être par soi. Dieu seul est l'être en soi et par soi ; il n'y a pas en lui de composition. Il est un acte pur, une réalité très simple. Il est son essence même, il possède la plénitude de l'être. Dans sa substance rien d'accidentel. Mais les autres substances n'ont qu'un être participé, partiel, limité. Pourquoi les accidents qui indiquent ces limites, ne seraient-ils pas plusieurs ? Ne doivent-ils pas l'être ?

Cette objection ne mérite donc pas toute l'importance que M. Liard y attache.

18. Les autres n'ont pas plus de valeur. « S'il existe autant de substances que de groupes distincts de phénomènes, continue-t-il, de deux choses l'une : ou ces substances sont entre elles sans rapport et

sans lien, ou elles sont ordonnées. Dans le premier cas, l'ensemble des êtres est anarchique et la science est impossible. Dans le second cas, en vertu de la nécessité à laquelle on obéit en plaçant des substances au-delà des phénomènes, il faut au-delà de ces substances multiples du premier degré, pour ainsi dire, imaginer d'autres substances du second degré, qui seront l'unité des premières et ainsi de suite à l'infini, à moins de retomber dans l'hypothèse d'une substance universelle. Il y aurait donc des plans et des arrières-plans de réalité, échelonnés les uns au-dessous des autres et les assises superposées des substances ne reposeraient en définitive sur rien. »

La seconde hypothèse est la nôtre. Les êtres ont des rapports les uns avec les autres ; d'où la catégorie de relation. Mais il ne s'en suit pas qu'il soit nécessaire d'*imaginer* des plans et des arrières-plans de réalités échelonnées les unes au-dessous des autres. D'abord la métaphysique péripatéticienne n'imagine aucune réalité ; mais l'intelligence reçoit l'idée d'être parce que dans l'acte intellectuel l'être objectif se manifeste directement ; en second lieu nous ne plaçons pas la substance au-delà du phénomène ; le phénomène ou plutôt l'accident emprunte son existence à la substance ; il n'est pas en soi, il n'a pas d'existence indépendante, il emprunte l'existence à la substance. Celle-ci est en soi et n'a nul besoin d'un support étranger La science, il est vrai, réunit une multitude d'individus par un seul concept ; il n'y a pas de science de l'individuel, l'ordre est un des éléments constitutifs de la science. Elle ordonne donc les substances individuelles en familles, en classes, en espèces, en ordres. Mais les espèces et les genres et les ordres et les classes et les familles n'ont pas en dehors des individus une réalité particulière ; ce sont des idées générales, qui sous cette forme universelle, n'ont de réalité que dans l'intelligence ; leur fondement est objectif ; l'esprit trouve les éléments de ce concept dans la substance individuelle : *entia rationis cum fundamento in re.* Par conséquent l'objection tirée des assises superposées des substances ne repose sur rien, sinon sur l'imagination de son auteur, qui décidément n'a pas des idées très précises et très justes sur l'ancienne métaphysique dont il se déclare à chaque instant l'irréconciliable adversaire. S'il la connaissait mieux, il mettrait sans doute à la défendre la même ardeur et le même talent qu'il met à la combattre.

19. — « Mais, continue notre philosophe, chaque groupe de phénomènes — c'est-à-dire chaque substance — peut être fragmenté. Tout être phénoménal est divisible. Qu'advient-il de la substance, quand il est divisé ? Est-elle anéantie ? Continue-t-elle d'exister ? Si elle est anéantie, les phénomènes doivent s'évanouir, puisqu'ils sont censés tirer d'elle leur apparente existence. Si elle continue d'exister, elle doit être elle-même fragmentée ; mais alors elle contenait essentiellement la multiplicité, ce qui est incompatible avec la fonction qu'on lui assigne d'être l'unité essentielle d'une diversité accidentelle. Si l'on passe outre, on aboutit à l'hypothèse d'une pluralité indéfinie de substances élémentaires dans chaque être phénoménal, et de la sorte, on se livre à la contradiction, et l'on renonce à rendre compte de l'unité de chaque être » (1).

(1) Liard, *La métaphysique*, etc., p. 260.

Un exemple va nous suggérer la réponse à ces diverses questions. Voici un chien vivant, c'est un groupe de phénomènes, d'apparences pures, dit le kantiste. — Non pas, répond le métaphysicien, c'est un être réellement existant, une vraie substance. Je puis diviser cet animal, puisqu'il est étendu. Je divise donc le chien en deux parties égales. Qu'arrive-t-il alors ? La substance de ce chien est anéantie : il n'y a plus de chien ; les deux moitiés de ce qui fut son corps ne sont plus maintenant les phénomènes d'un chien qui est mort, les accidents d'un chien qui a cessé d'être. Que voyons-nous donc ? Nous voyons les phénomènes, les accidents d'une multitude de substances nouvelles qui se forment dans les deux parties du cadavre en putréfaction. Le principe vital, la *forme substantielle* que les philosophes modernes ont en horreur, parce qu'ils ne veulent pas se donner la peine de la comprendre — le principe vital qui donnait l'unité substantielle et réelle à l'animal vivant est détruit ; comme il est simple, il n'est pas divisé ni divisible ; ni l'une, ni l'autre des moitiés du cadavre n'est vivante. Alors les forces physiques et chimiques n'étant plus dominées par la force supérieure de la vie, reprennent leur liberté naturelle et forment des composés chimiques nouveaux ; il y a autant d'êtres substantiels dans cette matière que de molécules chimiques ; car l'unité du monde organique est constituée par la molécule ; le nombre de ces substances élémentaires n'est pas indéfini : la quantité de matières est la même qu'auparavant. Il y a un vivant de moins. Les éléments matériels qui entraient dans sa composition sont devenus d'autres substances inorganiques. Voilà des faits positifs, que l'expérience journalière confirme et que la science explique. Ils s'imposent à l'intelligence ; aucun raisonnement abstrait ne peut les détruire. Certaines questions concernant la matière sont difficiles à résoudre, notamment sa divisibilité ; mais ce n'est pas une raison pour nier les faits évidents.

Le criticisme accuse la métaphysique de réaliser des abstractions et d'inventer des entités vaines, sans recourir à l'expérience. Cette prétention est étrange et démentie par les faits. Ce sont les kantistes qui n'ont pas d'autre appui que des raisonnements abstraits, qui dénaturent les faits et construisent dans le vide des théories vaines où ils essayent, sans succès, d'emprisonner l'expérience.

20. — La substance résiste donc, nous croyons avoir démontré qu'elle résiste victorieusement aux attaques de la critique. Elle est un être en soi, un, objectif et vrai. Son existence se révèle dans et par le phénomène. Mais notre connaissance s'arrête-t-elle là ? Pouvons-nous connaître son essence, sa nature intime et profonde ? Est-elle simple ? Si elle ne l'est pas, quels éléments, quels principes essentiels la constituent ?

Le concept de substance, tel que nous l'obtenons par l'abstraction intellectuelle, nous dit simplement qu'elle est une chose subsistant. L'abstraction, en effet, écarte d'abord toutes les qualités et notes accidentelles, comme la couleur, le poids, l'étendue, la figure. Il ne reste d'autre notion que celle de la subsistance ; la substance se confond alors avec la notion universelle d'être proprement dit. Ce concept est très général, embrasse toutes les substances organiques et inorganiques, et s'applique indifféremment à l'atome de l'or ou d'un autre corps simple ou composé, à la plante, à l'animal de toute espèce et de tout genre.

Si nous voulons obtenir un concept moins générique et plus distinctif, nous devons de toute nécessité faire intervenir les accidents. Si nous avions l'intuition des principes essentiels, nous n'aurions pas besoin de cette intervention. « Si recte definirentur et possent cognosci principia essentialia, dit S. Thomas d'Aquin (1), definitio non indigeret accidentibus. Sed quia principia essentialia rerum sunt nobis ignota, ideo oportet quod utamur differentiis accidentalibus in designatione essentialium. » Nous ne voyons pas les choses par le dedans, par leur essence intime, et nous sommes obligés pour les distinguer les unes des autres, de nous servir des modifications accidentelles. S'ensuit-il, comme le prétendent triomphalement les positivistes et les criticistes, que les essences, les natures intimes des substances soient pour nous l'inconnu, l'inconnaissable, l'inaccessible, le mystérieux? En aucune façon. Les accidents découlent de l'essence, ils sont la manifestation de la substance. Pour connaître celle-ci et la définir très clairement, il suffit d'une opération intellectuelle très facile. La simple perception directe de l'objet, sans l'aide du discours, nous fait former des concepts distincts d'une multitude d'objets. Par la forme extérieure, la figure, qui est la limite de la quantité, l'homme le plus ignorant distingue l'animal de la plante et se forme une idée nette des nombreuses variétés de plantes et d'animaux. Le poids, la couleur, l'odeur, nous donnent

---

(1) *De Anima* I, 1. Voir aussi son savant commentateur le P. Salis Sewis, *Della conoscenza sensitiva*, passim.

des connaissances également précises d'une multitude de substances inorganiques. L'étude, les expériences multiples permettent au savant de progresser toujours dans la connaissance des choses naturelles. Est-ce que les sciences mécaniques, physiques et chimiques, la biologie, la botanique, la zoologie, l'anthropologie sont stationnaires? Est-ce que l'effort intellectuel des savants n'élargit pas chaque jour l'horizon des connaissances humaines? Est-ce que la puissance du génie de l'homme n'arrache pas chaque jour à la nature ses secrets? Est-ce que les définitions des substances ne deviennent pas toujours plus précises et plus vraies? Est-ce que les classifications des êtres innombrables que nous étudions, ne nous font pas des révélations toujours plus intéressantes sur les choses matérielles? Et le criticisme, le positivisme, le phénoménisme, ont-ils raison franchement de les déclarer inconnaissables et éternellement mystérieuses?

Sans doute, cette connaissance est discursive et pas intuitive. De là naissent beaucoup d'erreurs. La science du plus grand savant du monde est mêlée de beaucoup d'ignorance ; les plus illustres génies sont souvent victimes d'erreurs scientifiques analogues aux erreurs que le vulgaire commet souvent. L'ignorant sépare en deux concepts distincts une substance unique qui se manifeste sous deux formes différentes : par exemple l'eau liquide et l'eau glacée ; ou bien il confond en une seule substance deux natures diverses, le diamant vrai et le faux diamant (1). Les conclusions des savants sont quelquefois prématurées et bien des expériences subséquentes plus nombreuses et mieux faites, l'emploi

---

(1) Salis Sewis, *op. cit.*

plus judicieux du raisonnement inductif et déductif, infligent un démenti formel à des assertions reconnues pendant longtemps comme indubitables. Cela prouve l'imperfection du savoir humain ; cela prouve que nous n'avons pas l'intuition des essences. Si nous l'avions, nous posséderions la science totale ; nous saurions les natures intimes, la force de chaque principe vital, la puissance de chaque élément simple et des diverses compositions des substances composées, et il y a six mille ans que la mélinite serait inventée. Mais nous ne sommes pas des esprits purs ; notre connaissance doit commencer par le côté sensible ; nous avons besoin que les accidents nous révèlent les substances.

21. — Sera-t-il vrai néanmoins que la nature intime des objets matériels nous est totalement inconnue ? Et l'assertion des ennemis de la philosophie péripatéticienne est-elle partiellement vraie ? Nullement. L'ancienne métaphysique possède une doctrine très belle et très juste sur la substance des corps, c'est la théorie de la matière et de la forme. Nous l'exposerons plus loin dans ses principales conclusions. Qu'il nous suffise de dire ici ce que nous jugeons nécessaire pour répondre d'une façon décisive à la dernière objection de M. Liard sur la réalité de la substance. « La doctrine de la substance, dit ce penseur, aboutit à l'hypothèse d'une pluralité indéfinie de substances élémentaires, ce qui est contradictoire ». La substance corporelle est composée de deux éléments distincts : la matière première, pure puissance indéterminée, source de la dimension quantitative ; la forme substantielle principe idéal qui donne à chaque chose son être spécifique et d'où découlent les forces qualitatives. La matière est le

principe de l'étendue ; et l'étendue est divisible à l'infini. Mais la forme est simple et ne saurait être divisée ; et comme c'est elle qui forme l'être de la molécule, le nombre de ces molécules, substances diverses qui se forment en empruntant leurs éléments au cadavre du chien dont nous parlions tout à l'heure, ce nombre est limité et déterminé. Il n'y a donc ici nulle contradiction, et la doctrine de la substance résiste victorieusement, croyons-nous, aux attaques subtiles du philosophe criticiste.

22. — Une autre notion, une autre réalité sont également l'objet des négations kantiennes ; c'est la notion et la réalité de la cause dont nous avons maintenant à nous occuper.

Comme toutes les autres idées et les autres réalités, l'idée et la réalité de la cause nous viennent de l'expérience interne et de l'expérience externe.

Nous avons la conscience immédiate, non seulement de nos sensations, de nos pensées, de nos volitions et de la permanence de notre moi substantiel et vrai, sous la mobilité et la fluidité de nos phénomènes intérieurs, mais encore de notre activité vitale. Une intuition très distincte me montre avec une lumière éclatante, qu'il y a entre mes pensées et et moi-même un lien très intime et très profond, que mes pensées n'existeraient pas sans moi, qu'elles ne se sont pas produites toutes seules ; que non seulement elles sont en moi, mais que c'est moi qui les ai formées et que j'en suis l'auteur.

J'ai froid, je m'approche du feu, une chaleur bienfaisante réchauffe mes membres glacés. Un phénomène nouveau existe en moi ; mais il procède d'une activité étrangère ; ici, je suis simplement passif : l'action dont j'ai reçu l'effet salutaire a été produite par le feu ; tout à l'heure j'étais l'auteur d'une action, maintenant j'en suis le terme.

Tous les animaux vont, viennent, s'arrêtent, prennent un nouvel élan et se meuvent encore ; donc ils agissent. A leur tour, ils subissent des actions étrangères ; l'action des aliments qui se décomposent dans leurs organes et entretiennent la vie, l'action des obstacles qu'ils n'ont pas su éviter dans leur course, ou qu'ils n'ont pas vus et contre lesquels ils viennent se heurter en poussant des cris de douleur : dans ce cas, ils sont passifs.

Il y a du changement dans les plantes, elles naissent, grandissent, se nourrissent, se développent reproduisent les graines séminales et meurent. Comme les hommes et les animaux, actives et passives tour à tour, elles sont le principe et le terme d'un nombre incalculable d'actions et de réactions.

Bien plus, tout agit dans la nature. Outre l'activité vitale particulière aux êtres vivants, l'expérience nous montre dans les êtres inanimés une activité physique qui est une causalité véritable. La pierre brise la vitre sur laquelle elle tombe, l'aimant attire le fer, le feu fond la cire, le soleil échauffe la terre. Les vivants peuvent se mouvoir toujours ; les corps inorganiques ne se meuvent que dans le cas où ils ne sont pas dans leur état naturel. La pierre ne reste pas suspendue en l'air, elle tombe; l'eau des fleuves coule jusqu'à ce qu'elle ait trouvé son équilibre ; le gaz comprimé sort avec violence, fallût-il se donner une issue et faire éclater la machine.

Même lorsqu'ils ont obtenu leur état naturel, les corps agissent encore. Ils produisent des effets sur nos organes ; je vois cette pierre, ma vision est un acte vital, mais cet acte est une réaction ; toute sensation est d'abord passive : ma vision, c'est la réponse du vivant à l'action de la pierre vue ; pour que je la voie, il a fallu qu'elle imprimât son image sur ma rétine.

Qu'est-ce que l'inertie, l'impénétrabilité et toutes les autres forces naturelles, sinon des principes d'action ? Je pose avec force ma main sur une table de marbre ou de bois, le marbre ou le bois résistent et ne permettent pas à la main d'occuper leur place. L'inertie, la cohésion, l'expansion, l'électricité s'opposent aux forces externes : donc elles agissent.

23. — Tous ces faits et une multitude d'autres, constituent l'inébranlable fondement sur lequel reposent les idées de mouvement, de changement, de devenir, d'action, de passion. Les idées intellectuelles ne sont pas de pures représentations sensibles qui nous font connaître uniquement ce qui est présent et possède telles et telles formes déterminées, mais ce sont des représentations intellectuelles d'une universalité illimitée. L'intelligence connaît quelque chose de plus que le sens ; elle a le pouvoir de séparer ses objets de toutes les déterminations sensibles, elle donne à ses actes, aux concepts, qui sont les représentations intelligibles, une valeur générale et universelle. Des idées de mouvement, de changement, d'action, de passion, de cause et d'effet, elle tire le principe de causalité ; et le formule de diverses manières qui expriment la même vérité : Ce qui est devenu, est devenu par quelque chose : tout mouvement est produit par un moteur ; le changement est passif et vient d'une action quelconque. Il y a bien un Être qui ne change pas et n'est pas devenu ; il possède en lui la raison, la

cause de son être. Mais à l'exception de cet Être souverain, qui est l'Être essentiel, possédant la plénitude de l'être, n'ayant rien de potentiel et étant l'acte pur, tout ce qui est devenu a sa cause dans un autre. Notre raison même, — car l'homme est raisonnable, ce qui le différencie d'avec la bête, — donne au principe de causalité une formule plus générale, plus universelle encore que la formule exprimée tout à l'heure : Tout être a sa cause en soi ou en un autre.

24. — Le philosophe anglais Hume est un adversaire déclaré de la cause et du principe de causalité. Il nie la connexion entre les faits naturels et la remplace par la consécution. L'expérience, dit-il, nous montre que les faits se succèdent les uns aux autres, mais non pas qu'ils dépendent les uns des autres, non pas qu'il y ait entre eux un lien nécessaire. C'est une erreur manifeste, un vrai travestissement de l'expérience. Celle-ci nous fait voir, avec une clarté qui défie tout doute et toute négation, que, dans les choses sensibles, les êtres et les manières d'êtres sont produits par d'autres êtres et d'autres manières d'êtres. Ce qui produit en nous les sensations vient de l'activité des corps : l'origine de la douleur c'est la blessure ; la faim et la soif sont apaisées parce que le vivant a mangé ou qu'il a bu ; le bois brûle parce qu'il a été jeté dans le feu. Il y a dépendance mutuelle des corps. Tout homme raisonnable voit que cette dépendance n'a pas pour origine une opinion antérieure à l'expérience, mais qu'elle découle, comme de sa source, de l'expérience elle-même. Les idées de succession et de connexion ne se confondent pas. Nous disons que le feu est la cause de la fumée, parce que l'expérience nous

montre la production de la fumée par le feu. Nous ne disons pas que la nuit est la cause du jour, bien que toujours elle précède. D'ailleurs, il y a une causalité dont nous avons l'intuition : notre expérience interne nous fait voir que nous produisons non seulement nos idées intellectuelles, mais aussi le mouvement de notre corps. Il est certain que n'ayant pas l'intuition des substances, nous ne voyons pas par l'expérience sensible l'être même de la connexion profonde qui unit les effets aux causes dans les choses naturelles ; mais notre intelligence achève ce que nos facultés sensibles ont commencé et acquiert la connaissance claire et distincte de la connexion, de la dépendance, des effets vis-à-vis de leur cause en vertu de ce principe : ce qui émane d'une cause non libre est l'effet véritable, naturel et nécessaire de cette cause.

Kant se proposa de réagir contre la théorie empiriste de Hume. Son regard pénétrant comprit bien vite que les attaques dirigées par ce philosophe, contre le principe de causalité, atteignaient la science et la rendait impossible. Le penseur anglais enlève à la causalité sa valeur universelle et nécessaire, qui ne peut s'expliquer par la seule expérience sensible. Nous sommes forcés, concluait-il, par une contrainte fallacieuse, de penser que toute chose, tout événement a nécessairement sa cause ; mais dans l'ordre réel, il peut se faire et il arrive que beaucoup de mouvements et de changements se produisent sans raison et sans cause. L'expérience ne donne que des faits particuliers et leur succession temporelle, rien de plus. Jamais le lien causal n'est un fait. Tu perçois comment une bille de billard en frappe une autre, comment celle-ci change de place ; mais que la dernière soit mue parce qu'elle est poussée par la première, tu ne le vois pas. Tu perçois le coup que l'on te donne ; tu sens la douleur, mais tu n'aperçois pas dans le coup la cause de ta sensation douloureuse. L'idée de cause n'est pas une idée d'expérience, mais une addition subjective à l'expérience. Tu changes la succession en causalité ; du *post hoc*, tu fais le *propter hoc*, parce que tu obéis à cette loi : Quand deux faits se succèdent souvent dans le même ordre, tu t'habitues à lier ensemble ces deux représentations, et tu finis par croire, après avoir subi l'impression du premier, que le second ne tardera pas. L'imagination et l'habitude aidant, la liaison persévérante prend à tes yeux l'apparence de la nécessité.

De cette théorie découlent le scepticisme et le matérialisme absolus, et la science qui repose sur l'universalité du principe de causalité devient à tout jamais impossible.

Rien n'est plus facile à réfuter que cette doctrine, d'après les principes de l'ancienne métaphysique. Le point de départ pour former l'idée de causalité réside dans l'expérience sensible, l'intelligence dépasse la sensation, elle dégage les faits et les objets des circonstances et des limites où ils se meuvent et les considère dans leur réalité objective et universelle. Mais Kant ne connaissait guère la scolastique pour laquelle il avait le plus profond mépris. Nous ignorons absolument, dit-il, les choses en soi. La causalité est une forme de la raison : c'est une catégorie subjective, une sorte de moule où se coule la matière de la sensation, qui reçoit du sujet pensant une forme que la sensation n'a pas : la forme de la causalité. Cette idée et ce principe sont ainsi d'une application illimitée, universelle dans le domaine de l'expérience sensible ; en dehors de cette expérience, ils sont inapplicables.

25. — Telle est au fond la théorie de tous les kantistes, celle de M. Liard en particulier que nous exposerons dans ses principales conclusions, quand nous aurons répondu aux objections multiples que ce philosophe a trouvées contre la réalité objective de la cause et qu'il déclare insolubles.

Ce philosophe se pose en adversaire résolu de la causalité. « Il n'y a dans le monde, dit-il, ni action efficace d'un être sur l'autre, ni production véritable » (1). Le disciple de Kant se fait une idée fausse de la théorie de la métaphysique ancienne. « On transporte à la nature cette notion d'une causalité créatrice. On réalise des causes au-delà des phénomènes.. On attribue le changement à une cause insaisissable... On peuple le monde d'entités invisibles, de causes substantielles... »

La philosophie péripatéticienne et thomiste n'attribue pas aux créatures la puissance de créer, mais seulement la faculté, soit de produire avec une matière préexistante des substances nouvelles, comme dans la génération des vivants et dans la formation des composés chimiques, soit de donner, par l'altération, aux substances déjà produites, de nouvelles formes et des modes nouveaux. Ensuite elle n'a jamais prétendu que les créatures tiennent d'elles-mêmes le pouvoir causal ; elle a toujours distingué entre la Cause Première, seule indépendante et seule souveraine et les causes secondes et dépendantes. Les nominalistes du moyen âge et les

(1) *La science positive et la métaphysique*, p. 279.

occasionalistes disciples de Malebranche seuls soutiennent que Dieu est l'unique cause, que les créatures se bornent à donner à Dieu l'occasion d'agir.

26. — On démontre en théodicée que l'action divine n'exclut pas l'opération des causes secondes. Nous verrons bientôt que l'action des créatures, dépendante de la cause première, limitée et diverse selon l'infinie variété des êtres, offre tous les caractères de la causalité véritable. Le pouvoir créateur n'est pas le pouvoir causal ; même dans les mouvements volontaires dont nous sommes les auteurs soit sur notre propre corps, soit sur les corps étrangers, il n'y a pas comme M. Liard semble l'attribuer à la métaphysique, création d'une quantité de mouvement. L'homme ne crée rien ; il donne seulement une direction spéciale et libre aux forces de la matière. Je vais où je veux aller ; la pierre que je lance suit la direction que je lui ai imprimée. « Les causes suprasensibles, continue l'auteur, auxquelles on attribue une puissance ordonnatrice seraient des causes incessantes d'anarchie dans le monde ». S'il est question ici des œuvres de l'activité de l'homme, l'objection tombe d'elle-même. Les constructions les plus hautes, les pyramides et la tour Eiffel, n'ont pas apporté ce désordre si redouté ; les ingénieurs se sont soumis aux lois de la matière et n'ont modifié en rien les forces élémentaires des molécules employées. Si M. Liard veut exclure l'action de la cause créatrice et ordonnatrice, c'est qu'il ne s'en fait pas une idée juste. D'ailleurs cette objection de l'athéisme est réfutée en théologie naturelle ; un des principaux arguments de l'existence de Dieu est l'ordre admirable qui règne dans toutes les parties de l'Univers. Le criticisme reproche à la métaphy-

sique de vouloir déduire de l'idée et de la nature de Dieu toute science et toute philosophie. Nous démontrons que cette objection n'a nul fondement ; la philosophie thomiste part de l'expérience ; toutes ses déductions reposent sur les faits et sont confirmées par les faits.

Mais il est inadmissible que l'Athéisme — qui fait le fond du Criticisme — vienne introduire ses négations dans toutes les questions particulières.

27. — Les déductions et les raisonnements d'Aristote et de saint Thomas sont exprimés avec une clarté et une rigoureuse précision de style que leurs adversaires n'ont pas encore égalées. M. Liard parle de *causes réalisées au-delà des phénomènes,* de *causes insaisissables,* d'*entités invisibles,* de *causes substantielles.* Ces expressions manquent de la précision nécessaire au langage philosophique. Il n'y a pas d'espace entre le phénomène et la cause. L'existence de l'être qui agit, qui est cause, apparaît dans le phénomène, est visible et facile à saisir.

Le phénomène, ou pour parler plus exactement, l'accident, n'a pas par définition d'existence en soi, il emprunte l'existence de la substance. La nature de celle-ci échappe à la sensation ; sans doute, les sens n'ont pas de prise sur le lien causal, mais nous voyons l'être qui est cause : c'est vous, c'est moi, c'est cet animal, cette plante, ce corps inanimé ; c'est tout ce qui vit, se meut, respire, tout ce qui est mû et réagit au mouvement passif, tout ce qui est.

Ensuite les causes secondes ne peuvent être appelées justement causes substantielles. L'action, qui procède de la cause, est un accident de la substance. La substance ne fait pas toujours tout ce qu'elle peut faire : il y a une différence entre son action et son être. En Dieu seul, l'action est la substance. En Dieu, agir est la même chose qu'être. Mais dans les êtres qui sont en soi, sans être par soi, l'opération se distingue de la substance.

28. — Ces distinctions nécessaires établies, il deviendra plus facile de répondre aux difficultés soulevées par M. Liard contre la cause. « Si les phénomènes dérivent d'une cause unique, la cause unique se confond avec la substance et il est impossible de concevoir la pluralité et la diversité des phénomènes. » Cette objection ne peut atteindre que le panthéisme spinosien et les systèmes monistes. Il n'y a, d'ailleurs, aucune impossibilité à ce que des phénomènes multiples et divers aient pour origine une seule et même cause. Je vois, j'entends, je touche, je parle, je veux, je marche, je cours, je jette une pierre... Tous ces phénomènes internes et externes procèdent d'un seul et même principe. Où est l'impossibilité ? Ce n'est pas par des raisonnements abstraits et obscurs que l'on peut détruire des faits aussi évidents.

M. Liard continue : « Si les phénomènes découlent de plusieurs causes, comment expliquer la communication des causes ? Le cas le plus simple de cette communication est le fait du choc. Deux corps se rencontrent, l'un en mouvement, l'autre immobile ; après le choc, le mouvement du premier est anéanti ou ralenti, et un mouvement est imprimé au second. Le premier corps est donc cause du mouvement du second, et le second, cause du repos ou du ralentissement du premier. Comment comprendre cette causalité réciproque, si la cause objective est une puissance créatrice ? Comment comprendre qu'elle passe du premier corps dans le second, ou qu'elle cesse d'agir dans l'un pour se manifester dans l'autre ? Comment, si chaque cause est une source originelle de mouvement, le mouvement du premier corps est-il arrêté ou diminué ? Comment, avant le choc, le second corps demeurait-il en repos ? Pour répondre à ces questions, il faudrait imaginer une loi aux manifestations des causes ; mais cette loi serait la causalité véritable, c'est-à-dire l'origine de l'ordre constant de l'univers, et, si on lui attribuait ce pouvoir créateur qu'on place gratuitement au sein des causes substantielles, les mêmes questions se représenteraient encore et ainsi de suite à l'infini. »

Tous ces mystères disparaissent comme par enchantement, si l'on se fait une idée claire et précise de la cause. M. Liard attribue à la cause une puissance créatrice de mouvement et ne peut arriver à comprendre que les corps soient des causes véritables puisqu'ils ne se meuvent pas d'eux-mêmes.

Les corps ne créent pas le mouvement, mais le communiquent.

Or, dans la communication du mouvement, il y a une efficacité véritable, la production d'une manière d'être qui n'existait pas dans l'objet mû, avant d'avoir reçu l'impulsion du moteur. L'expérience prouve que la quantité de mouvement perdue par le moteur dans le choc entre deux billes, est égale à la quantité de mouvement excité dans celui qui reçoit le choc.

Il importe de bien comprendre, ici, la nature de l'action transitive. Leibnitz nie la possibilité de cette action. Une substance, dit-il, ne peut agir sur une autre, qu'en lui communiquant une de ses propriétés accidentelles ; ce qui est contradictoire. L'action ne peut sortir d'un sujet pour entrer dans un autre, car alors elle subsisterait par elle-même.

Ce même argument a servi à M. Liard qui le reproduit à peu près dans les mêmes termes. « Un corps en mouvement, dit ce philosophe, en rencontre un autre immobile et le meut : on déclare qu'il y a dans le premier une puissance de mouvement, qui, après le choc, doit être passée dans le second corps, puisqu'alors il se meut ; on peuple ainsi le monde d'entités invisibles dont la fonction est de produire les phénomènes et de maintenir entre eux un ordre constant. »

Telle n'est pas du tout la doctrine de l'ancienne métaphysique. Sans doute, l'accident ne peut sortir d'un sujet pour s'en aller dans un autre. Mais nous nions que la substance ne puisse agir sans communiquer son accident.

L'action transitive reste dans l'agent, mais le terme de cette action, c'est-à-dire l'effet d'ailleurs distinct d'elle, en est séparé. Pour que le sujet agissant produise quelque chose dans le patient, il n'est pas nécessaire qu'il lui donne quelque chose de soi-même ; il suffit qu'il l'affecte par sa vertu de telle sorte qu'un nouveau mode soit produit dans le patient. L'union de l'agent et du patient est ici indispensable : elle se produit dans les corps par le contact de leur quantité. Quand une substance agit sur une autre, elle ne perd rien de soi pour le donner ; par son action, dont le moyen est le contact matériel, le corps moteur affecte le corps mû, en faisant passer à l'acte dans celui-ci ce qui n'y était qu'en puissance. Dans l'exemple des deux billes qui se choquent et dont l'une s'arrête ou se ralentit pendant que l'autre est mise en mouvement, ce n'est pas le mouvement de la bille motrice qui passe dans la bille mue. Nulle entité invisible ne voyage ici d'un corps à l'autre. Il y a deux mouvements numériquement distincts, quoique de force, de vitesse et d'intensité égale. Un mouvement nouveau est produit : donc, un effet existe ; par conséquent une cause. LA CAUSE, dit Aristote, EST CE QUI FAIT COMMENCER LE MOUVEMENT.

29. — La réponse aux objections qui épouvantent M. Liard jaillit d'elle-même. La cause seconde n'est pas une puissance créatrice du mouvement ; cette puissance ne passe pas du premier corps dans le second ; ce n'est pas le même mouvement qui existe dans les deux corps. Le mouvement du premier se ralentit ou bien est anéanti, parce qu'il emploie la force qui le meut à faire passer à l'acte dans le second ce qui n'y est qu'en puissance. L'un retourne à l'immobilité et l'autre part de l'immobilité, parce que les corps sont inertes et ne sont pas le moins du monde une source originelle du mouvement.

M. Liard, qui veut avoir en tout la raison dernière des choses, n'est pas satisfait de ces explications et cherche la causalité véritable, qui est l'origine de l'ordre constant de l'Univers. « Il faudra, dit-il, remonter à l'infini. » — En aucune façon. En franchissant la série des causes secondes, on arrive à la cause souveraine et première, au Premier Moteur non mû. Pour avoir la raison dernière et l'explication totale de l'ordre et du mouvement, l'existence de Dieu s'impose encore une fois invincible à la raison du philosophe sincère. Dieu est la cause première, mais non la cause totale ; le pouvoir causal qui est dans les créatures vient de lui ; mais, tout subordonné qu'il soit à la cause première, il a toutes les conditions requises — nous croyons l'avoir démontré — pour constituer la causalité véritable.

M. Liard renouvelle, en l'appliquant à la cause, une autre difficulté qu'il avait d'abord opposée à la substance. « Un corps se meut; il en rencontre un autre qu'il est impuissant à mouvoir. Il s'y brise; ses fragments continuent à se mouvoir en diverses directions. La cause une du mouvement du corps — et on doit la supposer une — s'est-elle fragmentée et dispersée? Alors elle n'était pas essentiellement une, et comme chaque fragment peut à son tour être fragmenté, la subdivision de la cause peut aller à l'infini. Dans ce cas, comment en expliquer l'unité originelle? »

Si le corps dont il est ici question est un corps inorganique, son unité n'est qu'accidentelle : l'unité est constituée par la molécule. La partie matérielle du corps peut, il est vrai, se subdiviser à l'infini, mais cette divisibilité n'est qu'idéale. Outre la matière première, l'ancienne métaphysique admet dans les corps un principe réel, la forme substantielle, qui est simple, indivisible, et donne l'unité à la molécule, à l'atome; c'est ce principe qui régit la matière, l'empêche de se diviser à l'infini et de s'évanouir; car il exige, pour la formation d'une molécule, une quantité de matière très petite, sans doute, mais cependant déterminée.

30. — Le criticisme termine la série de ses objections contre la cause en déclarant qu'elle n'est d'aucun usage scientifique, mais encore qu'elle contredit les résultats les plus généraux de l'expérience. « L'unité du phénomène physique est établie sur des preuves expérimentales. Tout est mouvement autour de nous, et la somme de l'énergie virtuelle et de l'énergie actuelle est constante. Quel pourrait être le rôle des causes substantielles dans ce mécanisme universel?

— Elles créent, dit-on, le mouvement et l'ordonnent.
— Mais à chaque fois que se manifeste ce pouvoir créateur, c'est-à-dire, à l'apparition de chaque phénomène nouveau, la somme de l'énergie change dans l'univers ».

L'imagination du disciple de Kant est hantée ici par de vrais fantômes. Les causes secondes ne créent pas le mouvement : elles ne sont pas substantielles. La causalité est un accident : la seule catégorie qui existe en soi est la substance. Les causes libres, les seules qui ordonnent certains mouvements ne créent rien et n'ajoutent rien à la somme de l'énergie de l'univers. Quand je dirige mes pas où je veux, je me sers des forces physiques, chimiques et mécaniques, préexistantes. Les corps inanimés ne se meuvent pas ; ils reçoivent le mouvement et le communiquent. *Quidquid movetur*, dit saint Thomas *ab alio movetur*. Tout changement actif dans le monde est effet avant d'être cause. Quand un corps reçoit le mouvement, son énergie potentielle devient actuelle ; quand il le perd, l'énergie actuelle devient potentielle, la somme des deux énergies reste constante.

Si la science expérimentale a démontré l'existence du mouvement universel, l'ancienne métaphysique était parvenue à la connaissance de cette vérité ; ce qui prouve la solidité de ses déductions qui toutes du reste s'appuyent sur l'expérience. Quand M. Liard qui nie la substance et la cause, déclare que tout est mouvement, il réalise une abstraction, il crée des entités insaisissables et invisibles ; il fait un être de ce qui n'est qu'une manière d'être, ce qui est contradictoire et inintelligible. D'ailleurs le mouvement local et passif lui-même ne peut être expliqué sans une efficacité qui change intrinsèquement ses plus petites parties élémentaires, et la cause reparaît toujours invisible au milieu de l'hypothèse même inventée pour l'exclure.

31. — Enfin dire que la cause n'est d'aucune utilité scientifique, comme M. Liard se plaît à le répéter à satiété, c'est se mettre en contraction avec l'expérience universelle. Sans action, par conséquent sans cause, nulle science n'est possible. Nous ne pouvons acquérir la science des choses qu'en connaissant leur nature et ses principes constitutifs. Or, si les corps ne sont pas actifs, nous ne pouvons connaître leur nature.

Cette connaissance nous est impossible si les corps ne sont pas actifs, s'ils ne produisent pas d'effets saisissables et visibles, pouvant être mesurés, pesés, comptés. Comment pouvons-nous déterminer et définir les vivants si ceux-ci n'agissent jamais ? Et qu'est-ce qui nous révèle les propriétés des corps inorganiques, la cohésion, l'expansion, la résistance, l'affinité et toutes les autres propriétés physiques, mécaniques, chimiques ? sinon leurs manifestations extérieures par les effets. Seule l'intelligence créatrice qui a tout fait, connaît les êtres dans le fond de leur nature. L'intelligence créée ne voit pas le dedans des choses, elle l'apprend par l'action causale qui se termine à l'effet.

Loin donc que la cause soit inutile à la science, toute science est absolument inconcevable sans la présence de la cause. Et la valeur du principe de causalité ne se restreint pas aux phénomènes sensibles : elle est générale, universelle, elle s'applique à toutes les sciences. On ne peut le révoquer en doute sans nier le principe de contradiction.

La cause nous enveloppe, elle règne partout dans la nature. Il y a autant de causes efficientes distinctes que d'êtres particuliers. Chacun d'eux agit et réagit sans cesse. Malgré cette multiplicité infinie, un ordre admirable règne dans l'univers : les forces se font équilibre. Un lien causal multiple unit entre elles toutes les parties du monde. Tout changement est cause et effet. Il n'est pas un élément qui ne subisse une action médiate ou immédiate, venant de l'Univers, et qui en même temps n'agisse médiatement ou immédiatement sur l'univers. Ce réseau admirable de causes efficientes dépendant les unes des autres dans le monde ne peut pas ne pas avoir pour origine une cause première placée hors du monde (1).

Nous croyons avoir démontré que la cause, comme la substance et l'être, résistent victorieusement aux attaques des adversaires. Ceux-ci prétendent que l'ontologie réalise des abstractions et de vaines entités inintelligibles, en s'isolant des faits et n'admettant pas le contrôle de l'expérience. L'étude que nous venons de faire réduit ces objections à leur juste valeur. C'est le criticisme qui ne tient aucun compte de l'expérience et qui prétend avec des idées vagues et des abstractions pures, détruire les réalités les plus concrètes et les plus vivantes. Malgré la vogue dont ce système jouit présentement, son règne sera éphémère. Cette conclusion sera évidente lorsque nous aurons éloigné des diverses parties de la métaphysique spéciale les attaques qu'il lui réserve encore et que nous aurons soumis cette philosophie abstraite et ténébreuse à l'épreuve d'une sévère et juste critique.

(1) Pesch, *Philosophia naturalis*, 1ʳᵉ édition, p. 364.

CHAPITRE CINQUIÈME

DÉFENSE DE LA MÉTAPHYSIQUE CHRÉTIENNE
CONTRE LES ATTAQUES DU CRITICISME

Espace et Temps

SOMMAIRE : 1. Doctrine criticiste sur l'ESPACE et le TEMPS. — 2. Confusion établie par Kant et admise par ses disciples. — 3. Des sensibles communs. L'étendue et le temps particuliers sont perçus par les sens. Les animaux ont ces représentations. — 4. Erreur de M. Liard sur la formation des idées générales : abstraction sensible et abstraction intellectuelle. — 5. Origine de l'idée du lieu, d'après la philosophie chrétienne. Preuves expérimentales. — 6. Définition du lieu par Aristote. Le criticisme ne définit jamais. — 7. Justification de la définition aristotélicienne. Caractère évident du sophisme kantien. — 8. Valeur objective de l'idée d'espace. — 9. Origine expérimentale de l'idée du temps : définition d'Aristote. — 10. Des parties du temps et de l'instant : définition de saint Thomas. — 11. Objectivité du temps particulier. Elle réside dans l'instant. Subjectivité du temps absolu. — 12. Réponse aux objections du criticisme.

1. — Les catégories désignent les genres suprêmes, c'est-à-dire les réalités les plus générales qui se trouvent dans les êtres. Elles sont une classification des concepts et des réalités que ces concepts représentent. On les divise en deux grandes classes. La première comprend la seule substance ou l'être qui existe en soi ; la seconde comprend tous les acci-

dents, qui ne sont pas en soi, mais empruntent l'existence de la substance elle-même. Cette distinction est fondée sur la nature des choses. Toute réalité existe en elle-même ou bien s'ajoute à une autre réalité pour la modifier de diverses manières. Si nous avons l'idée de la quantité, de la qualité, du lieu et du temps, c'est parce que ces accidents sont des modifications objectives de l'être réel, qu'ils existent vraiment dans les choses et s'imposent par là-même à notre acte de connaissance.

Toute autre est la doctrine criticiste. D'après Kant et ses disciples, les objets extérieurs, si toutefois ils existent vraiment, nous paraissent tels, uniquement parce que nous les connaissons. Chaotiques et désordonnées en elles-mêmes, les choses reçoivent de l'être pensant la forme de la succession. Nous voyons un arbre se couvrir de feuilles et de fleurs ; nous voyons ensuite les fruits naître, se développer, mûrir et tomber. La succession de ces phénomènes n'existe pas hors de moi ; c'est moi qui la leur donne, elle n'a de réalité que dans ma tête. Kant l'a dit, donc c'est vrai ; les criticistes français ne font que répéter les enseignements du maître.

De même, le lieu ou l'espace partiel n'est qu'une intuition purement subjective, qui fait partie de ma nature et réside uniquement dans mon esprit qui l'impose aux objets. Ceux-ci nous paraissent étendus, nous croyons qu'ils sont dans l'espace et occupent un lieu déterminé. Mais, c'est une pure apparence et une vaine illusion. L'immensité du monde, la grandeur et la variété infinies des formes et des figures que semblent posséder les choses naturelles situées hors de nous, ne sont qu'une fiction du sujet percevant.

Cette doctrine est fondamentale dans le système kantien : elle est l'invention très originale de Kant. Tous ses disciples l'acceptent ; M. Liard, un des chefs du criticisme français, la défend avec un véritable enthousiasme. « Les caractères de l'espace et du temps sont inexplicables avec toute autre théorie que la théorie kantienne. »

Par quelles raisons nouvelles, l'auteur que nous venons de nommer justifie-t-il le subjectivisme de l'espace et du temps ? Nous avons le regret de constater, après une étude consciencieuse du chapitre consacré à cette question dans la seconde partie de son ouvrage, que M. Liard a accepté les idées de Kant, si étranges et si incompréhensibles, sans y ajouter la moindre preuve personnelle.

Ayant exposé sommairement la théorie scolastique dans l'analyse et la critique de l'esthétique transcendantale (1), nous nous contenterons de réfuter ici, par des arguments empruntés aux faits et à l'expérience universelle, les abstractions très dogmatiques du criticisme français sur l'espace et le temps.

2. — « Kant a établi le premier, dit M. Liard (2), que le temps et l'espace ne sont ni des objets individuels de représentation, ni des idées générales. Nous ne les sentons pas comme nous sentons les qualités des choses, car toute représentation d'objets étendus et d'événements successifs les implique. Nous n'en formons pas la notion comme nous formons les idées générales, car les idées générales ne sont possibles que par la représentation des parties qui les composent. Si donc le temps et

---

(1) Voir ci-dessus : *Le subjectivisme kantien*, nos 13 et 14.
(2) Liard, *La science positive et la métaphysique*, ch. III. *Le Temps et l'Espace*, p. 213 à 223.

l'espace étaient des idées générales, il faudrait que les idées individuelles qui entrent dans leur composition fussent connues avant l'idée générale qui en serait l'unité. Or, la représentation des parties du temps et de l'espace n'est possible que par celle du temps et de l'espace en général. »

On peut voir par cette citation que le disciple, suivant trop docilement les leçons du maître, confond les choses les plus distinctes : l'espace concret limité et l'espace abstrait, conçu sans limites, le temps particulier et le temps général ; laisse flotter toutes ses idées dans le vague, ne précise rien, se garde bien d'analyser et de définir, se contente enfin d'affirmer sans preuves.

Quelque grande que soit auprès des philosophes français contemporains, l'autorité du professeur de Kœnigsberg, la raison abdiquerait si l'on acceptait ses allégations sans contrôle. Que ce soit notre excuse dans la critique que nous allons faire des idées de M. Liard.

Nous ne sentons pas l'espace et le temps, dit cet auteur, *comme nous sentons les qualités des choses.*

Il est certain que l'espace considéré en général, l'espace abstrait, sans limites, indéfini, n'est pas *senti* comme le sont les qualités des choses particulières ; parce que l'espace entendu dans cette acception est une idée intellectuelle, et que les concepts généraux, œuvre de l'intellect, ne peuvent être formés par les sens. Si donc nous ne sentons pas l'espace abstrait, c'est uniquement parce qu'il y a une différence essentielle entre l'idée et la sensation.

Mais de ce que l'espace et le temps absolus et abstraits échappent aux prises de nos sens, s'ensuit-il que nous ne sentions pas vraiment l'espace et le temps, concrets et déterminés, comme nous sentons les qualités des choses ? C'est ce que nous allons examiner à la lumière de la philosophie péripatéticienne et thomiste.

En dépit des affirmations dogmatiques et solennelles du criticisme, nous soutenons et nous allons démontrer d'abord que les dimensions quantitatives des objets, c'est-à-dire le lieu, l'espace concret, et d'autre part, que les événements successifs et par conséquent le temps limité, entrent dans la sensation et sont perçus par les sens.

3. — La couleur, le son, l'odeur, la saveur, la dureté ou la mollesse, sont connus par les sens externes, spécialement constitués pour recevoir leurs impressions. Ces objets sont désignés par les philosophes du moyen âge sous le nom de *sensibles propres* et se distinguent des *sensibles communs*, ainsi appelés parce qu'ils peuvent être perçus, par plusieurs sens, notamment la vue et le tact. L'étendue limitée, c'est-à-dire le lieu, l'espace concret, le nombre, le mouvement, le repos, le temps, sont des sensibles communs ; ils modifient réellement l'image représentative produite par le sensible propre dans l'organe spécial.

Bien différentes sont mes perceptions visuelles, quand je regarde un corps en mouvement et un corps en repos. Dans le premier cas, l'image représentative parcourt différentes parties de ma rétine et me donne la sensation du mouvement. Elle reste immobile dans le cas contraire et me donne la sensation du repos. L'impression tactile change selon l'étendue de la surface touchée : si je me contente de tremper le bout de mon doigt dans l'eau chaude, l'impression n'est pas la même que si je plongeais ma main toute entière.

D'ailleurs, l'expérience de tous les jours ne nous montre-t-elle pas que les animaux dépourvus d'intelligence, mais possédant comme nous des sens extérieurs, ont les représentations très nettes de l'étendue, de la figure, du nombre, du mouvement, du temps ? Mon chien perçoit très distinctement les objets étendus et les événements successifs. Il éprouve une émotion différente, quand je brandis au-dessus de sa tête, avec un air menaçant, une petite badine ou un gros gourdin. Il reconnait à sa forme l'instrument de son supplice ; or la forme ou figure est la limite de l'étendue. Sa crainte augmente si cet instrument se rapproche de son épiderme par un mouvement rapide. Et cette crainte se changerait en terreur, si la malheureuse bête voyait chacune de mes mains armée d'une cravache cinglante. Fox s'abstient quelquefois de toucher au morceau de viande qui le tente très fort, uniquement parce qu'il se souvient du châtiment passé et parce qu'il redoute de faire dans l'avenir une autre douloureuse expérience. Il perçoit donc les événements successifs ; il a une sensation vraie du passé, du présent, de l'avenir, qui sont les éléments du temps.

Debout sur les cimes nuageuses des abstractions kantiennes, M. Liard a déclaré que nous ne sentons pas l'espace et le temps, comme nous sentons les qualités les choses. A l'aide d'une distinction indispensable, omise par ce philosophe, nous avons prouvé par notre expérience personnelle, et par les observations de la psychologie comparée, que l'étendue et le temps concrets, ainsi que le nombre et le mouvement sont des objets sensibles et que nous les sentons parfaitement en eux-mêmes avec leur caractère limité ; et que les sensations d'objets successifs, étendus, en mouvement et multiples, ne sont pas le moins du monde contenues dans la représentation du temps et de l'espace en général.

4. — Le criticisme déclare ensuite que « nous ne formons pas la notion de l'espace et du temps, comme nous formons les idées générales, car les *idées générales ne sont possibles que par la représentation des parties qui les composent.* »

Il est faux que pour former des idées générales, il soit nécessaire de considérer au préalable tous les individus qui entrent dans leur extension. J'ai la notion universelle, nette et précise, d'homme, d'animal, de végétal, de minéral, et je n'ai pas considéré à part chacun des hommes, des végétaux, des minéraux qui existent ou existeront jamais. M. Liard, trop docile aux leçons de Kant, confond l'universalité sensible et l'universalité intellectuelle, l'abstraction empirique et l'abstraction métaphysique, l'intelligence et la sensation.

C'est un fait que le chien, après avoir reçu plusieurs corrections, témoigne dans la suite une crainte plus ou moins vive, non-seulement à la vue des bâtons mêmes qui ont servi à le punir, mais encore à la vue d'autres bâtons qui n'offrent pas avec les premiers une ressemblance absolument parfaite. L'animal s'est donc acquis une certaine idée générale de l'objet redouté. Cette idée ou plutôt cette représentation générale s'est formée par une abstraction véritable qui, négligeant les variétés accidentelles de couleur ou de forme, qui existent entre chacun des bâtons, a conservé seulement les caractères communs à tous. Ceux-ci ont fourni les éléments pour la formation d'une image composite, qui reproduit les traits principaux des images antérieures. Cette abstraction et cette généralisation sont de l'ordre purement empirique.

Mais il y a une autre abstraction, une autre généralisation propres à l'intelligence et dont les caractères sont très spéciaux. L'abstraction sensible est le produit de la seule expérience; elle isole certaines qualités sensibles, mais ne les modifie pas. L'abstraction intellectuelle ne se contente pas d'isoler certaines qualités sensibles que l'expérience montre réunies dans le même objet, mais elle se forme une représentation où n'entre rien de ce qui est sensible. L'expérience doit précéder cet acte intellectuel, mais celui-ci n'est pas un produit empirique. L'intelligence est une lumière qui rend intelligibles les représentations sensibles en les dépouillant de toute marque d'individualité. Le sens me fait percevoir une couleur particulière, un homme quelconque, une rotondité contingente. L'intelligence saisit la couleur universelle, l'homme universel, la rotondité universelle, elle fait abstraction de toutes les différences particulières et ne conserve que la nature, l'essence générale, commune à tous les individus de la même espèce.

Cette abstraction de l'esprit n'exige pas de nombreuses expériences antécédentes. Nous avons vu que l'image composite obtenue par l'abstraction sensible est le produit de plusieurs images, qui se sont, pour ainsi dire, fondues en une seule. Il n'en est pas ainsi de l'abstraction intellectuelle. Pour avoir l'idée générale du lieu, des trois dimensions et de la figure, je n'ai besoin que de considérer attentivement un seul objet étendu. Pour obtenir l'idée abstraite du temps, il suffit que je fixe mon attention sur un seul mouvement local. Il n'est nullement nécessaire que nous pensions à l'espace et à l'étendue infinis.

Par ce qui précède, on voit quelles différences profondes existent entre les deux sortes d'abstractions. Si Kant et ses disciples avaient connu, étudié, approfondi cette distinction, ils n'auraient pas tardé à trouver ailleurs que dans un subjectivisme inintelligible le fondement nécessaire de la science, et ils n'auraient pas commis cet autre sophisme, formulé en ces termes par M. Liard : « LA REPRÉSENTATION DES PARTIES DU TEMPS ET DE L'ESPACE N'EST POSSIBLE QUE PAR CELLE DU TEMPS ET DE L'ESPACE EN GÉNÉRAL » (1).

On voit que M. Liard admet dans toute son intégrité et son étrangeté le dogme kantien. Le philosophe allemand n'appuya son système sur aucune démonstration vraie ; le disciple français s'abstient à son tour de donner la moindre preuve. Il semble que l'autorité du père de la philosophie criticiste soit infaillible et dispense de toute argumentation.

La méthode des scolastiques est bien différente ; ils n'avancent rien sans preuves solides et expérimentales. Nous allons appliquer cette méthode à la critique de la doctrine de M. Liard et l'on pourra juger si le mépris professé par les modernes à l'égard des philosophes du moyen âge est justifié.

5. — Comment acquérons-nous l'idée d'une partie de l'espace et d'une partie du temps ? De la même manière que nous acquérons toutes nos idées ; par le travail de l'intellect sur les données de l'expérience.

L'idée d'un espace partiel est identique à l'idée d'une étendue particulière et déterminée. L'idée d'un temps partiel est identique à l'idée d'un mouvement

---

(1) M. Liard, *Ouvrage cité*, p. 214.

limité et concret. Il y a une connexion évidente entre l'espace et l'étendue des choses, entre le temps et la succession des changements et des mouvements.

La perception sensible nous offre des objets étendus et des événements successifs. Mais la connaissance de l'homme ne vient pas uniquement des sens, comme la connaissance de la bête. Nous avons une intelligence qui saisit dans les objets ce que les sens ne sauraient atteindre. Par cette puissance intellectuelle, nous isolons les qualités matérielles que la représentation sensible nous montre réunies ; nous pouvons ne considérer qu'une seule de ces qualités, et l'étudier dans son essence.

Je vois et je touche une table de marbre. Si je veux, je puis ne considérer que sa couleur ou son impénétrabilité, et me faire une idée de ces veines diversement colorées et de cette surface lisse et polie, dont le contact produit sur ma main une sensation de fraîcheur spéciale ; je puis aussi concentrer mon attention uniquement sur son poids ou sur sa composition chimique et donner à cette matière une place distincte dans la nomenclature des corps composés. Il m'est possible également de faire abstraction de toutes les qualités matérielles de ce morceau de marbre ; de ne faire attention ni à sa couleur, ni à son poids, ni à sa composition chimique, et même de supprimer mentalement la substance elle-même, de supprimer son existence réelle, et de ne conserver sous le regard de mon esprit que l'étendue de ce corps et la place qu'il occupe. Ce pouvoir de l'intelligence n'est pas du tout chimérique, il constitue une réalité très vivante : nous le sentons en nous. Nous en appelons ici au témoignage de tout homme habitué à réfléchir, si peu versé qu'il soit dans les connaissances philosophiques. Chacun peut, du reste, faire cette expérience et la renouveler à chaque instant.

Cette idée de l'étendue particulière d'un corps n'est pas subjective. Elle m'est imposée par la considération de l'objet lui-même. J'étudie alors cette réalité extérieure dans son essence générale et je détermine ses caractères. Je vois alors que l'étendue a trois dimensions qui la constituent intérieurement : la longueur, la largeur, la profondeur. Outre cette constitution intime, toute étendue particulière a des limites qui lui donnent une figure spéciale. Je puis, si je veux, étudier dans leur essence universelle, les limites seules et les seules figures. Je puis ramener à un petit nombre de types les figures innombrables que nous offre l'expérience ; je puis même, par la seule considération de leur nature, en découvrir d'autres. J'acquiers ainsi l'idée du volume, qui est la limite des corps ; l'idée de la surface, qui est la limite du volume ; l'idée de la ligne, qui est la limite de la surface ; l'idée du point, qui est la limite de la ligne.

Possédant la notion de tous les éléments constitutifs de l'étendue, je possède la notion de l'étendue concrète.

Ce qui fait la force de cette doctrine, c'est qu'elle est fondée sur l'expérience et sur l'analyse des faits eux-mêmes.

6. — Aristote a donné de l'étendue concrète, c'est-à-dire du lieu, une définition subtile et profonde. Ce qui manque à la philosophie de Kant et de ses disciples, c'est la clarté des mots et des idées. Depuis Descartes, les philosophes ne définissent guère. Si Kant avait voulu se rendre compte à lui-même de la nature du lieu et de l'espace, cet esprit pénétrant eût embrassé

le péripatétisme. Si M. Liard, au lieu de suivre avec une dépendance si docile les erreurs de Kant, avait soumis à une sévère critique la doctrine kantienne, il n'aurait pas soutenu que la représentation de l'espace en général doit précéder la représentation de l'espace partiel, du lieu concret. Ces philosophes ne cherchent pas à se rendre compte de la nature de l'étendue concrète, du lieu, comme disent les scolastiques.

De là viennent leurs monstrueuses erreurs.

Pour les réfuter, il suffira de bien comprendre la définition d'Aristote. « Le lieu, dit le penseur grec (1), est la première limite immobile du corps enveloppant ». Au premier abord, les définitions de ce philosophe paraissent beaucoup moins claires que l'objet à définir ; mais une réflexion attentive ne tarde pas à en saisir la justesse et la clarté.

Le corps enveloppant, c'est la terre, si nous étudions la position, le lieu d'une pierre cachée dans ses entrailles ; c'est l'air atmosphérique, s'il s'agit d'une maison ou d'une tour. Le lieu ou l'espace particulier consiste dans la *limite* du corps enveloppant, c'est-à-dire qu'il est circonscrit par la surface concave du corps, qui en enveloppe un autre, de telle sorte que les parties des deux surfaces se correspondent et ont les mêmes proportions et la même mesure.

Nous disons la limite *première*, parce que la distinction est maintenue par les limites des deux corps ; il y a entr'eux contiguïté, non pas continuité. Ni la maison ni la tour ne sont dans tout l'air atmosphérique ; le lieu de ces corps est constitué par la partie de l'air ou de la terre, qui les enveloppe.

Enfin, cette limite est *immobile*. Absolument elle

(1) Arist. *Phys.*, l. IV. « Τὸ τοῦ περιέχοντος πέρας ἀκίνητον πρῶτον. »

peut être mue, comme tout être matériel ; mais alors on ne peut la considérer comme un lieu. Le concept du lieu implique l'immobilité. En effet, le lieu occupé par un corps est acquis et perdu par le mouvement ; il est l'origine du mouvement, quand il est perdu ; il en est le terme, quand il est acquis. Il doit donc être fixe. Car une chose extérieure à l'objet qui change, ne participe pas au changement, mais reste immobile.

7. — La définition d'Aristote a le mérite de s'accorder avec le consentement unanime de l'humanité. Tous les hommes désignent sous le nom de lieu, l'espace concret qui contient les corps, ce que le corps abandonne quand il est mû ; ce qu'il occupe, quand le mouvement cesse. Tous les hommes, considérant les mouvements et les corps mus, conçoivent le lieu comme immobile. Tous les hommes sont persuadés qu'ils savent où se trouve un objet matériel, quand ils connaissent les limites du corps qui l'enveloppe (1).

La définition aristotélicienne est donc juste. Toutefois, les scolastiques font ici une légère critique ; ils remarquent que l'explication d'Aristote donne une idée très exacte du lieu externe, mais ne saurait suffire pour le lieu interne. Ils définissent ce dernier : la surface déterminant intérieurement chaque corps. Les limites du corps contenu entourent un intervalle déterminé que le corps emplit de sa masse. Ces limites sont le lieu interne.

Nous avons obtenu, en nous appuyant sur l'expérience universelle et sur la science du plus profond

---

(1) Pesch : *Philosophia naturalis*, p. 477. — Sanseverino. Ontologia. *De loco.*

observateur de l'antiquité, une idée du lieu, de l'espace partiel et limité. Pour expliquer l'origine et la nature de cette représentation, nous n'avons pas eu besoin de recourir à la représentation de l'espace général et infini. Celle-ci n'entre donc en aucune façon comme un élément indispensable à la formation de l'idée de l'espace concret. C'est donc une erreur de prétendre avec M. Liard que « l'idée de l'espace en général est donnée dans toute représentation actuelle, qu'elle est indispensable à toute représentation possible. » (1).

L'expérience inflige à cette théorie un démenti formel. Qu'est-ce que l'expérience nous offre ? Des corps qui n'ont pas tous une force égale de cohésion. Il en est qui ne se laissent pas facilement ouvrir et qui ne donnent pas de place au milieu de leur masse aux corps étrangers ; ce sont les solides. La résistance des liquides est beaucoup moindre ; elle est nulle dans les corps gazeux. L'observation nous montre que tous les corps de l'univers sont contenus les uns dans les autres. Les corps contenants sont les réceptacles des corps contenus, parce qu'ils les enveloppent et les circonscrivent par leur dimension. L'ensemble de tous les êtres corporels qui constituent le monde est son réceptacle à soi-même ; il est resserré et comme emprisonné entre les limites de sa quantité. En dernière analyse, le lieu qui contient le corps ou l'espace partiel n'est rien autre chose que des dimensions quantitatives. Nous n'avons nul besoin de faire intervenir ici je ne sais quelle intuition de l'espace abstrait et infini. La théorie kantiste est donc erronée ; elle a contre elle l'analyse philosophique et l'expérience.

8. — Bien loin que l'idée de l'espace en général

---

(1) Liard, p. 214.

soit antérieure à l'idée du lieu, c'est celle-ci qui précède et donne naissance à l'autre. Comment? par une nouvelle abstraction intellectuelle. Nous avons vu plus haut que deux éléments concourent à former la représentation du lieu ; un élément interne, c'est-à-dire les trois dimensions de longueur, de largeur, de profondeur ; et un élément externe, c'est-à-dire les limites de la quantité, les surfaces, les lignes et les points. En vertu de son pouvoir spécial, l'intelligence peut isoler ce qui est uni dans la représentation et étudier à part les figures, les surfaces, les lignes et les points ; — ce qui est l'objet de la géométrie — en faisant abstraction des intervalles. Mais elle peut aussi faire abstraction des limites, les supprimer mentalement et considérer l'élément interne seul avec ses dimensions. Nous avons alors l'idée d'une quantité continue abstraite, d'un espace illimité, s'étendant toujours au-delà des bornes de l'univers, sorte de réceptacle infini, capable de contenir tous les corps possibles.

A quelle réalité correspond le concept? A aucun. Quel est en soi l'espace infini ? Il n'est rien d'existant. En dehors des créatures matérielles qui composent l'univers, il n'y a rien d'étendu. Cet espace immense, vide, illimité, infini, possédant cependant les trois dimensions est une imagination pure. Schopenhauer, disciple de Kant en a fait toucher du doigt le caractère fantastique par ces paroles : Pensez, dit-il, que vous vous tenez à la limite du monde devant l'espace vide, et que dans celui-ci, vous tirez un coup de pistolet. La balle volera pendant une éternité dans une direction invariable ; des millions d'années ne la fatigueront pas, l'espace ne lui manquera jamais. »

Toutefois, cette imagination repose sur une idée

juste, l'idée de la possibilité. Les êtres actuels sont en nombre fini et déterminé. Un nombre infini réalisé, une étude infinie réalisée, sont contradictoires. Mais il est possible, ou bien que les dimensions des êtres actuels s'accroissent, ou bien que d'autres corps soient ajoutés à ceux qui existent déjà. Cette possibilité repose, en dernière analyse, sur l'immensité et la toute puissance de Dieu.

Quant à l'espace concret, au lieu limité, il a certes une existence objective, mais bien différente de celle que nous lui donnons dans notre esprit. Nous concevons l'espace comme isolé des corps ; cette conception n'est que subjective ; les dimensions séparées n'existent pas. Mais le fondement de cette idée est objectif ; les corps naturels sont vraiment étendus. La substance seule existe en soi ; le lieu est un accident ; la quantité elle-même, c'est-à-dire l'étendue à trois dimensions par laquelle la chose matérielle occupe une place déterminée, est l'accident fondamental de la substance et non pas la substance elle-même. Isolé du corps, l'espace partiel n'est qu'une idée subjective ; la réalité concrète de l'espace partiel, de l'étendue limitée, est objectivement dans les corps.

9. — En faisant des analyses semblables sur l'idée et la nature du temps, nous aboutirons aux mêmes conclusions, diamétralement opposées à la doctrine criticiste.

Ce concept du temps a, pour première origine, l'expérience. Nous voyons que tout dans le monde change continuellement, et que ces changements se font par le moyen du mouvement. Le mouvement et le temps sont deux idées et deux réalités unies entre elles par une connexion indissoluble. Quand nous dormons, nous ne remarquons pas le temps, il nous serait impossible de savoir quelle a été la durée de notre sommeil. Pourquoi ? parce que entre l'instant où nous nous sommes endormis et l'instant où nous nous réveillons, nous n'avons pas suivi le mouvement.

Mais tout mouvement ne peut nous donner une notion exacte du temps. Locke prétend, à tort, que nous acquérons l'idée du temps, non pas en observant le mouvement des choses extérieures, mais en réfléchissant sur la succession de nos idées. C'est une erreur. La succession de nos phénomènes internes n'est pas uniforme ni constante ; dans la même partie du temps, un jour par exemple, deux hommes n'ont pas le même nombre d'idées ; le même penseur restera parfois un temps très long en présence d'une seule conception ; souvent ses idées se succéderont avec une grande rapidité. Seul, un mouvement continu, constant et uniforme, peut servir à mesurer le temps. Pour unité de mesure, on prend le mouvement le plus uniforme, celui des corps célestes. Le prisonnier qui serait plongé dans les plus profondes ténèbres, sans qu'aucun bruit parvienne jamais à ses oreilles, pourrait sans doute se faire une idée du temps écoulé en observant ses actes intérieurs, il percevrait alors une certaine succession. Mais que cette idée serait imparfaite !

Lorsque nous observons d'un esprit attentif et réfléchi un corps en mouvement, nous voyons que le corps mû abandonne un lieu pour en occuper un autre ; il occupe les parties du lieu les unes après les autres, et cette occupation successive des parties de l'espace constitue l'écoulement du mobile. Nous distinguons alors deux sortes de parties dans le mouvement : des parties simultanées et des parties successives. Les parties simultanées appartiennent à l'objet mû. Si, par une abstraction facile, nous isolons, de l'objet mû, le mouvement lui même, si nous considérons celui-ci tout seul, dans sa nature essentielle, nous voyons qu'il est composé de parties qui s'écoulent toujours. Faire cette observation, remarquer cet ordre successif, distinguer les parties antérieures et les parties postérieures, c'est mesurer le mouvement ; et mesurer le mouvement, c'est donner naissance à un autre concept : celui du temps. Nous arrivons ainsi à la définition d'Aristote : Le temps est le nombre du mouvement, selon l'avant et l'après c'est-à-dire : le temps est une idée que nous formons en comptant, en additionnant les parties successives du mouvement.

10. — La partie antérieure du temps, c'est le passé ; la partie postérieure, c'est l'avenir. Ces deux parties sont unies l'une à l'autre par une succession ininterrompue ; le temps est le continu successif. Ces parties sont divisibles et étendues ; elles se partagent en années, en mois, en jours, en heures...; elles ne sont unies que par leur extrémité, leur limite ; et celle-ci, comme du reste la limite des choses étendues et divisibles, est indivisible et inétendue, Donc, dans le temps outre les parties dont l'une succède à l'autre, il y a quelque chose d'indivisible qui unit ces parties entre elles. Et cet indivisible est l'instant, qui est la fin du passé et le commencement de l'avenir, la limite qui les sépare l'un de l'autre.

L'instant ne doit pas être conçu comme un présent immobile, permanent, invariable, Il reste toujours le même selon son être, sa substance, mais sa manière d'être consiste à varier toujours, à couler toujours. D'où la définition du temps par saint Thomas : le temps est l'écoulement continu de l'instant.

D'un autre côté, si l'on envisage l'instant dans sa seule substance indivisible, abstraction faite des parties qu'il sépare et limite, on dira que le temps ne consiste pas dans l'instant, qui n'a pas de parties, pas d'avant, pas d'après.

Avec une égale vérité, on doit dire que le temps ne consiste pas dans ses seules parties ; car la partie antérieure ou le passé, n'est plus, la partie postérieure n'est pas encore. Soit un temps particulier, l'année courante par exemple, qui mesure le mouvement de la terre autour du soleil. Il y a un instant initial et un instant final, qui marquent le commencement et la fin de la révolution de notre planète ; entre les neuf mois écoulés au 21 septembre et les trois mois qui restent pour la révolution complète du mouvement, il y a l'instant présent qui les limite et les sépare. Ce temps particulier devra être défini : la synthèse des instants et des intervalles ; ou, pour nous servir de la définition d'Aristote en la complétant, le total qui résulte de l'addition des parties du mouvement et leurs limites.

Ces notions sont abstraites et demandent une attention soutenue pour être bien comprises. Elles donnent, cependant, une idée juste et claire de la représentation du temps. Nous nous sommes appuyé sur l'expérience, nous avons vu que l'observation externe confirme les définitions profondes des plus pénétrants métaphysiciens ; nous n'avons pas eu besoin, pour expliquer le temps réel et particulier, de recourir à la représentation du temps abstrait et général. Nous sommes donc autorisé à rejeter comme fausse la théorie kantienne chère à M. Liard.

Il nous reste, après avoir cherché et trouvé l'origine de l'idée du temps, à découvrir à quelle réalité correspond ce concept.

11. — Le temps est une idée intellectuelle fondée sur la nature *objective* des choses. Deux éléments composent la notion du temps : les parties antérieure et postérieure et leur numération. Le premier élément est objectif et ne dépend pas de notre intellect; les choses se meuvent et se succèdent, sans que nous pensions à leur mouvement et à leur succession. Le second élément, la numération, la formation du nombre total des parties, est subjectif, et c'est ce dernier qui constitue proprement la notion du temps. Car nous ne concevons pas le temps dans les choses qui se succèdent, avant de mesurer et de nombrer, dans leur succession, l'avant et l'après; cette mensuration est un acte intellectuel et subjectif. Ce dernier constitue proprement la notion du temps, mais son fondement est objectif. Nous formons cette idée par abstraction, en séparant le mouvement et sa nature successive, des choses que nous voyons se mouvoir dans le monde.

En quoi donc réside précisément la réalité objective du temps ? Car enfin, le passé n'est plus, le futur n'est pas encore. Ces parties dépourvues d'existence actuelle ne peuvent donner au temps l'actuelle réalité que nous cherchons. Trouverons-nous cette réalité dans la connexion de l'instant avec le passé et le futur, connexion qui est si nécessaire au concept du temps ? Non encore. Cette connexion ne peut être que subjective. Entre l'instant qui existe vraiment dans la nature et le passé et le futur qui n'existent pas, le lien ne saurait être réel et objectif. Il suit de là, que le temps est plus subjectif que l'espace particulier ou le lieu. La multiplicité des parties du lieu et leur unité sont données par l'objet. Il n'en est pas ainsi du temps ; l'objet ne fournit que la série des successions ; l'unité n'existe que dans le concept, elle est un élément ajouté par l'esprit.

Encore une fois, d'où vient donc la réalité objective du temps ? Elle réside uniquement dans l'instant. Or, l'instant est indivisible ; un être successif comme le mouvement ne peut avoir plusieurs parties simultanées, car il consiste essentiellement dans la succession. L'instant n'a donc pas de parties : le *nunc* ne contient rien de l'*ante* ni du *post*. Le temps n'a donc d'existence réelle et objective que par l'instant indivisible, il n'est présent que dans l'instant, comme le fleuve est présent à chaque point du rivage. On démontre, en géométrie, science exacte par excellence, que la sphère posée sur un plan, ne le touche pas par une de ses parties, mais par un point indivisible. Toute grandeur continue, soit simultanée comme l'étendue, soit successive comme le temps, se compose de parties divisibles et de parties indivisibles.

L'instant n'est pas un tout discret séparé de la partie qui le précède et de la partie qui le suit. Il y a cette différence essentielle entre la quantité continue et la quantité multiple, que les parties de la multitude sont séparées et forment des touts distincts, tandis que les parties du continu ne sont pas divisées ; c'est leur manière d'être spéciale de rester indivisées, tout en étant divisibles. L'instant présent n'est pas séparé de la partie antérieure ni de la partie postérieure ; il est la limite entre l'une et l'autre, le commencement de celle-ci, la fin de celle-là. Il n'y a donc pas de durée, car la durée est la permanence dans l'être ; et l'instant n'est pas permanent, puisqu'il s'écoule toujours. Les instants font que les parties divisibles du temps s'écoulent réellement ; qu'après chaque instant, une partie vient à l'existence ; que dans chaque partie, il y a des instants ; qu'entre plusieurs instants, il y a une partie toujours fugitive.

Par conséquent, le temps n'existe pas par ses seules parties divisibles, qui n'ont pas de réalité ; il n'est pas non plus composé d'une série d'instants, multitude discrète de succession : il consiste dans la succession continue. Il est le composé des parties divisibles et des instants indivisibles.

En réalité, il n'y a pas plusieurs instants, mais un seul qui demeure substantiellement le même selon son être, mais varie selon son mode d'être, dans tout le cours du temps ; ce mode d'être consiste à s'écouler, à aller de l'avant à l'après.

On touche ici du doigt le sophisme de l'école criticiste. Pour légitimer sa conclusion sur la subjectivité du temps, M. Liard affirme que l'instant est une abstraction. L'erreur est ici évidente. La réalité objective de l'instant est une de ces vérités qui s'imposent avec une force irrésistible. Il est le seul élément du temps qui existe : lui seul constitue le présent ; lui seul constitue l'existence actuelle du temps. Le passé est arrivé, le futur n'arrivera à l'existence que par l'instant.

Ce qui est vrai, c'est que l'instant n'existe pas comme nous le concevons, c'est-à-dire isolé du mouvement. Il n'est pas une réalité distincte des choses. « Si rien ne passait, dit saint Augustin, il n'y aurait pas de temps passé ; si rien n'était au moment où je parle, il n'y aurait pas de temps présent ; si rien ne devait arriver, il n'y aurait pas de temps futur. » Le mouvement lui-même n'est pas en soi ; c'est une manière d'être de la substance. Ce qui existe, c'est le corps mû. S'il n'y avait pas de mouvement, il n'y aurait pas de succession ni d'instant, mais la durée permanente. La succession rend la durée imparfaite ; elle implique un défaut dans l'être, un passage de la puissance à l'acte. L'être, dont la vie se développe successivement par des actes divers, est imparfait, il ne possède la vie que par fragments infiniment petits.

Pour difficile et abstraite que soit cette doctrine, elle est intelligible, elle n'implique aucune contradiction et explique bien la nature ontologique du temps particulier.

Quant à la représentation du temps général, on l'obtient en supprimant les limites du temps partiel, c'est-à-dire l'instant initial et l'instant final. Nous avons alors l'idée d'une succession qui n'a pas de commencement ni de fin, dans laquelle nous plaçons tous les changements et tous les mouvements possibles. Cette conception du temps abstrait n'a pas d'objet qui lui corresponde et n'exprime qu'une pure possibilité. Comme l'espace illimité est une capacité qui contient tous les corps quant à l'étendue, le temps absolu abstrait est une capacité qui contient tous les mouvements quant à la succession. Tous deux sont de pures notions subjectives. La possibilité d'une étendue ultérieure indéfinie repose sur l'immensité divine : la possibilité d'une succession qui peut toujours se prolonger au-delà de telle limite imaginée, repose sur l'éternité divine.

12. — L'école criticiste, à défaut de démonstration directe, impossible à fournir de la subjectivité de l'espace et du temps, essaye de prouver la thèse kantienne, par une argumentation indirecte qui se résume ainsi (1) :

« L'espace et le temps, ont des caractères qui sont inexplicables avec toute autre théorie que celle de Kant. Ces caractères sont : la continuité, l'homogénéité, l'illimitation.

» L'espace et le temps sont continus et n'admettent pas de lacunes ; les événements se succèdent, les corps se touchent sans laisser entre eux d'intervalles. Tous deux sont homogènes : une heure est toujours identique à une heure, un cube d'un mètre de côté est toujours identique à un cube d'un mètre de côté. Tous deux sont illimités ; si loin que l'imagination voit les limites de nos perceptions actuelles, le temps et l'espace seront toujours là.

» Or, rien de ce qui est objectif ne réalise ces trois conditions :

» Les corps ne sont pas continus, ils nous offrent, au regard des sens, des intervalles et des limites : ils ne sont pas homogènes : si semblables que paraissent deux objets ou deux événements, ils ne sont pas identiques et diffèrent l'un de l'autre. Ils ne sont pas illimités, car une grandeur infinie, actuellement réalisée est une contradiction. Donc, l'espace et le temps n'ont pas réalité objective. »

Ce sophisme vient d'une énumération incomplète et d'une confusion.

Le kantisme confond l'espace et le temps abstraits et illimités avec l'espace et le temps partiels

---

(1) LIARD, pp. 217-218.

et limités. Nous disons avec toute l'école péripatéticienne que les premiers sont purement subjectifs et n'existent que dans l'esprit pensant. Mais ce n'est pas une raison pour qu'il en soit de même des seconds.

Ensuite l'étendue concrète et le temps particulier n'existent pas objectivement dans les choses comme elles existent dans notre esprit. En nous, ils sont séparés, par abstraction, des corps étendus et des évènements successifs; nous isolons le temps du mouvement corporel; l'étendue à trois dimensions, des corps eux-mêmes. Cette abstraction n'est qu'une œuvre de l'esprit; cet isolement, ne se rencontre pas dans la réalité. Mais ce qui nous a permis de faire cette abstraction, c'est la réalité objective de l'étendue dans les corps existants, de la succession dans les mouvements réels.

Le Criticisme fait bonne justice de l'opinion des atomistes grecs, renouvelée par Gassendi et d'autres modernes, qui font de l'espace et du temps, des choses subsistant par elles-mêmes, ayant une capacité sans limites, réceptacle infini et incréé de toutes choses, pouvant contenir tous les évènements et tous les corps réels et possibles. Mais cinq siècles avant le patriarche de Kœnisberg, S. Thomas avait démontré l'impossibilité et la contradiction d'une pareille réalité. Il n'est pas nécessaire pour cela de se réfugier dans le subjectivisme Kantien, rempli de tant d'obscurités et de contradictions et démenti par l'expérience universelle du genre humain. La continuité et l'uniformité de l'espace et du temps partiels sont parfaitement explicables dans la théorie objectiviste que nous défendons, puisque l'abstraction intellectuelle laisse de côté les qualités par où les objets diffèrent et ne prend que les qualités par où ils se ressemblent.

Ainsi la doctrine criticiste sur l'Espace et le Temps, fondement de tout le kantisme, repose sur une confusion évidente et une énumération défectueuse.

Voilà la base fragile sur laquelle le philosophe de Koenigsberg construit sa théorie étrange qui peut se résumer en ces paroles : Les corps ne sont pas en soi étendus, les évènements ne sont pas vraiment successifs ; c'est le moi pensant qui leur donne cette apparence.

Les criticistes français, M. Liard à leur tête, s'efforcent en vain de démontrer la vérité de l'oracle du maître.

Ils s'isolent de l'expérience, ils dénaturent les faits, ils foulent aux pieds les données du bon sens et de la raison philosophique.

SOMMAIRE (1) : 13. Théorie criticiste sur le nombre et l'étendue géométrique. — 14. Théorie scolastique du nombre; unité et multiplicité. — 15. Réfutation des objections. — 16. Quantité géométrique. Son caractère objectif. — 17. Origine sophistique de la doctrine kantienne. — 18. Résumé de la doctrine thomiste. — 19. Curieuses citations de M. Liard. Le criticisme français n'a pas d'autre fondement que la seule autorité de Kant.

13. — Nous avons vu précédemment que la méthode de Kant, suivie avec une docilité si grande par les criticistes français, consiste à accumuler les plus impénétrables nuages sur les questions les plus

(1) Par suite d'une erreur de typographie, cette dernière partie du sommaire, qui devait se trouver en tête du chapitre cinquième se trouve reportée ici.

simples de la métaphysique, pour les rendre tout à fait ténébreuses et faire sortir de la nuit un subjectivisme inintelligible. Pour rendre évident le vice de ce procédé, en ce qui concerne la substance, l'action ou la cause, l'espace et le temps, nous n'avons eu besoin que de définir avec précision les termes, les idées et les choses et de recourir à l'expérience. Nous n'emploierons pas une autre voie pour dissiper les obscurités criticistes et kantiennes sur le nombre.

Écoutons d'abord l'oracle tombé de la bouche du patriarche de Kœnigsberg : « La perception d'un objet comme phénomène, dit-il, n'est possible que par l'unité synthétique des éléments divers de l'intuition sensible donnée, par laquelle est pensée, dans le concept d'une quantité, l'unité de la composition des divers éléments homogènes, c'est-à-dire que les phénomènes sont tous des quantités » (1).

M. Liard, disciple très fidèle de Kant, traduit ainsi la pensée si obscure du maître : « En d'autres termes, tout objet est donné à l'intuition comme multiple et comme un ; la synthèse du multiple et de l'un est le nombre ; le nombre est une des lois de la pensée. Nous ne pouvons penser que sous la condition du nombre. La loi du nombre est originale ; elle ne se déduit pas analytiquement d'autres lois antérieures à elle. — Elle ne dérive pas non plus de l'expérience. Ceux qui veulent faire dériver de l'expérience les matières des différents nombres, sont impuissants à expliquer comment, si grands que soient les nombres réalisés dans l'expérience actuelle, l'esprit a du mouvement pour aller plus loin et engendrer des nombres

---

(1) Kant, *Critique de la Raison Pure*, p. 221.

toujours plus grands. Ceux qui font des nombres des choses en soi aboutissent à des contradictions ; en les posant comme des touts actuels et véritables, ils s'interdisent de parler de l'infini, ce qui répugne à l'idée même de nombre, ou bien, ils posent des nombres infinis réels en nombre infini, ce qui est doublement contradictoire. Donc, conclut M. Liard, les nombres déterminés sont les expressions diverses d'une nécessité inhérente à l'esprit » (1).

A notre humble avis, la nuit kantienne ne nous semble pas parfaitement dissipée par cette explication. La pensée allemande doit, selon nous, se traduire en ces termes : l'unité, la dualité, la pluralité ne sont que des idées subjectives, auxquelles rien ne correspond dans le monde réel, et qui ne peuvent rien nous apprendre sur les choses en soi.

Pareillement, les fondements de la géométrie reposent uniquement sur la constitution intime du sujet pensant, et nullement sur les données de l'expérience. « La géométrie est la mesure de l'étendue ; elle suppose l'application du nombre à l'étendue. Or, cette application n'est pas possible par une synthèse empirique, qui ne peut donner des propositions d'une valeur générale et universelle ; mais par une synthèse *a priori*, qui unit la position à la quantité. Les axiomes de la géométrie, c'est-à-dire l'axiome de la ligne droite, celui du plan et le double axiome de la perpendiculaire et de la parallèle ne dérivent pas de l'expérience, pour la raison qui vient d'être dite, ni de l'analyse des concepts, puisque le prédicat ne résulte pas de la décompo-

---

(1) Liard. *La science positive et la métaphysique*, ch. IV. Le nombre, p. 224-232, passim.

sition du sujet; car la position et la quantité sont deux choses très différentes. Donc les axiomes sont des synthèses *a priori*, des lois subjectives que le sujet pensant applique à l'objet pensé par une nécessité de sa nature » (1). En d'autres termes, quand je dis : la ligne droite est le plus court chemin d'un point à un autre, j'exprime seulement ma manière subjective de concevoir; je suis forcé par la constitution de mon intelligence à penser ainsi. Mais est-ce vrai dans le monde transcendantal, c'est-à-dire dans le monde extérieur? Nous n'en pouvons rien savoir.

Cet exposé impartial de la doctrine de Kant, interprétée par M. Liard, fait éclater au grand jour les vices de la méthode criticiste, qui ne définit jamais clairement, confond tout, énumère de façon très incomplète les théories opposées à la sienne, passe sous silence les objections principales, et à la faveur de ces sophismes, de cette confusion, de cette obscurité voulue, essaie d'introduire ses conclusions logogriphiques.

14. — Les pénétrantes analyses de la philosophie scolastique auront bientôt fini de débrouiller ce chaos. Commençons d'abord par définir avec précision le nombre, l'unité, la multiplicité, la quantité discrète et la quantité continue, et nous verrons combien est futile et vaine la doctrine de Kant sur la quantité et sur le nombre.

Et d'abord, qu'est-ce que le nombre ?

Le nombre, disent les criticistes, est la synthèse du multiple et de l'un. Cette école, qui définit rarement, devrait au moins, quand elle s'abaisse

---

(1) *Ibidem*, ch. VI, p. 233 et suiv.

jusque-là, donner des définitions plus justes. Celle-ci est détestable ; un nombre n'est pas composé, d'une part, du multiple, et d'autre part, de l'un, double élément dont la synthèse formerait le nombre. Le nombre est la multitude comptée ; la multitude ou le multiple c'est la collection de plusieurs unités. Le seul élément premier du nombre est donc la seule unité. Quatre hommes que je compte sont un nombre concret : nul besoin d'en ajouter un cinquième.

Qu'est-ce donc que l'unité ? Au sens ontologique et métaphysique, l'unité est une propriété transcendantale de l'être. L'être et l'un se prennent l'un pour l'autre, disaient si justement les scolastiques : *ens et unum convertuntur*. Par cela seul que l'être est être, il est un ; par cela seul qu'il est un, il est être. Il suit de là que l'unité n'ajoute aucune réalité à l'être ; mais ajoute seulement la négation de la division. Faut-il conclure de là que l'unité soit un concept purement négatif ?

En aucune façon. L'analyse découvre deux choses dans ce concept : d'abord l'affirmation de l'être réel, de la substance ; ensuite la négation de la division.

L'intelligence acquiert cette idée de l'un, par le moyen de l'idée d'être, de l'idée du non-être, corrélative à celle-ci, et par le moyen de l'idée de division. Nous avons vu précédemment que l'idée d'être est la première que nous formions dans l'ordre chronologique : c'est le premier acte de l'intelligence enfantine. Au premier éveil de l'esprit, l'enfant conçoit sa mère, comme un être distinct de lui-même ; la conscience de soi suit immédiatement. Il conçoit également les objets qu'il voit et touche, comme séparés de lui et séparés les uns des autres. Il voit alors que l'être, étant séparé de tout autre être, n'est pas séparé de soi-même : par conséquent est un. Car l'unité est l'indivision. Quand l'être est divisé, il n'y a pas qu'un être, mais plusieurs.

La réflexion philosophique distingue plusieurs sortes d'unités. Nous donnons seulement ici la principale de ces distinctions, qui existe entre l'unité de simplicité et l'unité de composition. La première est propre à l'être indivisé non-seulement en acte, mais encore en puissance ; telle est l'unité de Dieu, de l'ange, de l'âme séparée. La seconde est propre aux êtres divisés seulement en acte et non en puissance ; telle est l'unité de l'homme qui est réellement un seul être, une seule substance, quoique composée d'une âme et d'un corps.

A l'unité est opposée la multiplicité ou multitude. Le multiple est ce qui est actuellement divisé, ce qui est composé de plusieurs dont chacun est un en soi, dont l'un n'est pas l'autre. La multitude diffère essentiellement de l'unité de composition dont nous venons de parler. Dans celles-ci, les parties constitutives se perfectionnent mutuellement et forment une substance unique, complète, une seule existence. Dans celles-là, aucun des composants ne perfectionne l'autre, mais chacun constitue une substance complète, une existence propre.

Nous acquérons très facilement l'idée du multiple. L'intelligence ayant perçu qu'un être est divisé, séparé d'avec un autre, forme alors l'idée de la dualité et comprend que plusieurs êtres, unis en soi, peuvent être unis sous un rapport quelconque et former une multitude. Le concept de la multiplicité suit donc de très près, dans l'esprit, le concept de l'unité.

Si maintenant l'on cherche laquelle de ces deux

idées nous acquérons en premier lieu, nous répondons, en distinguant, avec saint Thomas, la connaissance sensible de la connaissance intellectuelle. Chronologiquement, la représentation sensible de la multitude précède : car nos puissances sensibles agissent avant l'intelligence. Nous avons eu, dans le champ de la vision, la sensation de plusieurs objets, celle-ci s'est reproduite dans l'imagination en l'absence des objets, avant que nous n'ayons pu former l'idée intellectuelle de l'unité. Mais cette dernière précède dans l'esprit la formation de l'idée intellectuelle du multiple, qui exige l'idée d'unité comme son élément essentiel. « *Unum in intellectu est prius*, dit saint Thomas, *quam multitudo, quamvis secundum sensum sit e converso*. »

Qnand je compte plusieurs êtres, j'obtiens un nombre concret. Qu'est-ce que le nombre ? Ce n'est pas un être de raison, purement idéal. Car les choses sont distinctes même quand aucune intelligence ne forme d'elles un concept ; quatre hommes sont en soi une multiplicité et constituent un nombre. Si je les compte, je ne crée pas le nombre, mais je me forme l'idée du nombre préexistant. Le nombre ajoute-t-il une entité, une réalité quelconque ? En aucune manière. Que je les compte ou que je ne les compte pas, les hommes dont nous parlons sont quatre, ni plus ni moins. D'ailleurs cette prétendue réalité surajoutée ne saurait être un accident, car il répugne à la nature d'un seul et même accident, de se trouver dans des objets distincts et séparés par un intervalle. Elle n'est pas davantage une substance, car celle-ci devrait s'ajouter aux quatre hommes, qui feraient alors le nombre de cinq.

La multitude ou pluralité existe, quand il y a plusieurs individus, séparés les uns des autres. Si je les perçois comme collection, parce que je remarque entre eux un certain rapport de ressemblance, la multitude est appelée nombre. Le nombre est la multitude comptée, c'est-à-dire mesurée par l'unité. Il diffère de la multitude, en ce qu'il y ajoute l'idée de mesure de collection. Le nombre concret — dont nous traitons ici — est la collection réelle des unités, ou plutôt des substances unes existantes, collection que l'intelligence forme avec tous les éléments fournis par l'expérience. L'existence idéale que le nombre a dans mon esprit est la représentation adéquate des unités et de leur collection, existant hors de moi dans le monde extérieur.

Bien différentes sont l'unité et la multiplicité abstraites, qui forment l'objet du calcul et des mathématiques. L'intelligence en forme le concept par abstraction, en laissant de côté la substance, en retenant la seule quantité. L'unité métaphysique est l'indivision de l'être ; l'unité mathématique est l'indivision de la quantité. Rien n'est plus facile à l'esprit que d'acquérir cette idée abstraite. L'homme n'est pas un pur animal ; il possède une intelligence, faculté suprasensible qui voit les choses dégagées de toutes les conditions matérielles, sépare ce que l'expérience sensible montre réuni et considère les natures générales. Dans le monde extérieur, la quantité est un accident qui ne peut exister en soi, mais emprunte l'existence de la substance, qu'elle modifie de diverses manières. Notre esprit isole d'une substance l'accident de la quantité, l'examine à part, et, remarquant son indivision, obtient le concept de l'unité générale et abstraite. Elle fait le même travail très facile sur deux substances et obtient le concept de la dualité. Des additions successives forment des nombres nouveaux, d'où les idées abstraites de pluralité et de multiplicité. On peut donc toujours ajouter une unité à un nombre abstrait quelconque; par conséquent la série des nombres est illimitée, indéfinie.

Nous touchons ici à la question de l'infini. Par définition, l'infini relatif — nous ne parlons pas de l'infini absolu, qui est Dieu, l'absolue perfection — est ce qui, dans quelque genre d'être que ce soit, est plus grand que toute limite. Il suit de là que le nombre infini est une contradiction. Une multitude réelle est nécessairement finie ; on l'épuise en retranchant toujours les unités jusqu'à la dernière; on l'augmente en ajoutant une unité à celles qui forment le nombre acquis. Notre esprit peut ainsi dépasser les réalités existantes et concevoir toujours, au-delà des nombres donnés, un nombre nouveau, en ajoutant une unité idéale. C'est ce que les philosophes appellent l'infini en puissance ou l'indéfini. Cette addition d'une unité idéale est une opération très simple de l'intelligence dont c'est l'acte propre d'acquérir des idées abstraites et de les combiner diversement.

15. — A la lumière de ces notions très simples de la philosophie scolastique, les nuages amoncelés par Kant et ses disciples sur ces questions s'évanouissent comme enchantement.

Tout objet est donné à l'intuition, dit le criticiste français, comme multiple et comme un. — C'est une erreur. Je vois un homme ; c'est un homme que je vois et non pas plusieurs. — Nous ne pouvons penser que sous la condition du nombre. — Erreur nouvelle : je pense à un homme, à un animal, à un plante, à une pierre. Dans le sens propre des termes, le nombre est pluralité. Une seule unité est un élément du nombre, mais n'est pas un nombre.

Les conclusions du philosophe kantiste sur l'origine des idées d'unité et de multiplicité ne sont pas plus solides ; elles ne résistent pas à un examen attentif. La plus déplorable confusion règne dans l'esprit des disciples du grand penseur allemand.

Pour prouver que l'idée du nombre n'a pas une origine empirique, M. Liard ajoute : Ceux qui veulent faire dériver de l'expérience les notions des différents nombres sont impuissants à expliquer comment, si grands que soient les nombres réalisés dans l'expérience actuelle, l'esprit a du mouvement pour aller plus loin et engendrer les nombres toujours plus grands.

Cette objection ne peut atteindre que la théorie positiviste des associationistes anglais, qui, supprimant l'intelligence, ne donnent pas d'autre origine à nos idées que la sensation et les facultés sensibles. Tout autre est l'enseignement thomiste. Si nous naissons sans idées, *tabula rasa,* si les premières facultés que nous exercions sont les sens, l'intelligence ne tarde pas à s'éveiller ; elle travaille d'abord sur les représentations sensibles, en extrait, par abstraction, les notions intelligibles et universelles qui y sont contenues, et avec ces matériaux préparés par elle, élève l'édifice de la science, sans être, comme à l'origine, enchaînée à la sensation. L'intelligence de l'enfant agit avant la première parole : l'idée d'être extérieur et l'idée de soi jaillissent d'abord de l'image sensible ; puis les idées d'unité, de dualité, de pluralité concrètes. Plus tard, sans aucun effort, par un acte très simple, très facile et très naturel, l'esprit sépare de la substance la quantité, la considère à part et acquiert les idées d'unité, de dualité, de multiplicité abstraites ; il construit ainsi le nombre qui est l'addition de l'unité avec elle-même ; la faculté de pouvoir augmenter d'une unité un nombre donné, et cela indéfiniment, résulte de l'activité intellectuelle, sans qu'elle ait besoin de trouver les différents nombres réalisés dans l'expérience.

Les autres questions soulevées par M. Liard trouvent aussi une solution très facile. Les nombres abstraits, séparés des substances, n'ont qu'une existence idéale et ne sont pas des choses en soi. Mais l'esprit ne les a pas tirées de je ne sais quelles formes subjectives qui n'expliquent rien et sont elles-mêmes inexplicables ; il en a puisé tous les éléments dans l'expérience.

16. — Maintenant, nous devons appliquer la sévère méthode de l'analyse scolastique à la critique des dogmes kantiens sur les fondements de la géométrie et les prétendus axiomes synthétiques *a priori*.

Il faut distinguer ici avec soin la quantité discrète de la quantité continue. La quantité discrète est la multitude, la collection d'unités, de choses séparées et distinctes. La quantité continue est cet accident de la puissance corporelle, en vertu duquel celle-ci peut-être divisée. Les objets qui forment une quantité discrète sont divisés en acte : les parties de la quantité continue ne sont pas divisées en acte, mais seulement en puissance. La quantité continue est seulement divisible. Quand la division est opérée, quand j'ai scié en quatre cette bûche de bois, j'obtiens une quantité discrète.

L'essence de la quantité continue réside dans la divisibilité ; elle ne peut être conçue sans étendue, sans une multiplicité de parties. Dans la chose étendue, l'observation remarque des parties distinctes. Soit un lingot d'or cubique : j'y vois un haut, un bas, des côtés ; entre chacune de ces parties, il y en a une multitude d'autres. Je remarque dès lors que les parties sont situées les unes hors des autres ; elles ont respectivement une position différente. Par conséquent, je déduis très légitimement le concept de la position, du concept de la quantité, par une analyse très simple et très claire.

Ainsi s'étale à la lumière de la pleine évidence le sophisme de Kant, naturellement adopté avec enthousiasme et les yeux fermés par les criticistes français, sur la prétendue nécessité d'une *synthèse a priori*, c'est-à-dire d'une forme intellectuelle subjective, pour unir la position à la quantité.

Pas n'est besoin de synthèse ici. Aristote, les métaphysiciens du moyen âge et tous les métaphysiciens dignes de ce nom, quelle que soit l'époque où ils aient vécu, ont défini la quantité : ce qui a les parties situées les unes hors des autres. Dans cette proposition, le prédicat qui exprime la multiplicité des parties et leur position respective est extrait par une analyse évidente du sujet, qui est la quantité. Il suit de là que les propositions géométriques sur la ligne droite, le plan, la perpendiculaire et la parallèle, que ces propositions sur lesquelles est fondée la géométrie, science dont l'objet est de mesurer la grandeur quantitative, sont non pas des lois subjectives, des jugements synthétiques *a priori* qui dérivent de la constitution interne du sujet pensant et jaillissent du fond de notre être, on ne sait pourquoi ni comment, mais sont des propositions analytiques issues de l'expérience.

17. — L'erreur de l'école kantiste sur le nombre et les axiomes géométriques vient du dogme kantien si inintelligible et si contraire à la raison sur la subjectivité de l'espace et de l'étendue. Si l'on admet avec le sens commun et les données de l'expérience universelle, qu'il y a un monde extérieur, des hommes, des animaux, des plantes, des minéraux, existant en soi hors de nous et objectivement étendus, il n'est pas nécessaire de recourir à de prétendues synthèses *a priori* pour expliquer la quantité continue.

L'intelligence acquiert cette idée comme toutes les autres par abstraction, en séparant de la substance cet accident et en l'étudiant à part. J'isole, par la pensée, la substance du cube d'or de sa qualité d'être étendue; j'examine cette qualité, je vois clairement qu'elle est formée de parties différentes, situées les unes hors des autres, unies cependant entre elles sans solution de continuité. Cette forme a trois dimensions : la largeur, la longueur, la profondeur ; quand je les considère toutes réunies, j'ai l'idée du volume ; si, par une nouvelle abstraction, je néglige la profondeur, j'ai l'idée d'une surface ; si je néglige la largeur, je forme l'idée de la ligne. La ligne, la surface, le volume n'existent pas dans la nature, tels que je les conçois. Il n'en est pas moins vrai que les éléments de ces concepts ont été puisés dans la nature objective.

Ces criticistes, grands amis de la raison pure, refusent tout pouvoir à la raison. En dehors du sensualisme et du positivisme anglais, ils ne veulent reconnaître d'autre doctrine qu'un subjectivisme rempli de contradictions et d'obscurités impénétrables. Ils placent dans l'intelligence une quantité innombrable d'idées et de jugements tout faits, et ils lui refusent le pouvoir d'extraire des choses la nécessité et l'universalité qui y sont renfermées.

Ayant obtenu par un travail facile, qui est l'acte propre de l'esprit humain, l'idée abstraite du continu, et y trouvant la multiplicité des parties, je mesure la quantité en prenant pour unité une partie quelconque, déterminée arbitrairement, et j'ai une notion exacte de la grandeur, comme j'ai l'idée d'une pluralité d'êtres distincts formant une quantité discrète, en prenant pour mesure, l'unité de l'être. Comme tout à l'heure, en ajoutant toujours une unité à un nombre donné, j'en concluais le caractère indéfini de la série des nombres ; ainsi en ajoutant mentalement une partie quelconque à une grandeur donnée, je conclus le caractère indéfini de la grandeur. Mais il n'y a ici qu'une opération intellectuelle, purement idéale. Un nombre infini est une contradiction et ne peut exister dans la nature, qui ne nous offre qu'une pluralité déterminée d'êtres distincts. De même une grandeur infinie actuellement réalisée est contradictoire ; la nature ne nous offre et ne peut nous offrir que des grandeurs limitées par des figures.

Quant à la divisibilité de la quantité à l'infini, cette question se résout facilement dans la philosophie thomiste. La division *réelle* d'une matière quelconque a des limites; pour former un atome ou une molécule, une quantité déterminée de matières est requise; au-dessous de cette quantité, ce qui reste, s'il reste quelque chose, se combine avec d'autres résidus aussi petits; alors la forme substantielle s'empare de ces parcelles isolément trop petites et forme une autre molécule. Quant à la divisibilité idéale, elle est, il est vrai, infinie, mais elle n'est qu'un jeu de l'intelligence. Puisque dans la division d'une unité de longueur par une fraction, on obtient toujours un reste, quelque petit soit-il, ce reste peut encore être divisé ; toute partie quantitative, la plus petite possible, conserve toute l'essence de la quantité. Donc elle a des parties situées les unes hors des autres ; donc elle peut être divisée.

18. — Il ne reste donc rien des objections de M. Liard. Le nombre est objectif, comme l'Espace, comme le Temps, comme la cause, comme la substance.

Quand je dis : la population civile de Verdun s'élève à douze mille habitants, j'exprime une vérité transcendantale, qui signifie : dans la réalité objective, dans le monde extérieur situé hors de moi, le nombre des Verdunois s'élève à douze mille. Je puis n'y pas penser, cela ne change rien à l'affaire.

J'ai là sous les yeux une table de marbre d'un mètre de longueur sur cinquante centimètres de largeur et deux d'épaisseur. Ce n'est pas mon œil qui lui donne cette étendue, ni ma main non plus. Elle est telle objectivement, indépendamment de moi. Je puis m'en aller, ne plus la voir jamais, et même mourir. Elle n'en sera moins étendue, c'est-à-dire composée de parties situées les unes hors des autres sans solution de continuité.

Hier n'est pas avant-hier, ni demain. Des évènements très considérables et de nature très diverse se sont succédé pendant le cours de l'année 1900, laquelle n'est pas du tout la même année que 1899. Ce n'est pas moi, ni un autre homme qui ai donné aux événements la qualité temporelle, par laquelle ils sont successifs, se passent les uns après les autres. L'idée de la succession est dans ma tête quand j'y pense : mais quand même je n'y aurais pas pensé, la succession aurait eu lieu vraiment, réellement et objectivement, et la terre eut mis trois cent soixante-cinq jours à tourner autour du soleil.

Donc le temps, l'espace et le nombre existent dans le monde extérieur.

Car il y a un monde extérieur. Il y a des hommes, des femmes et des enfants, des chiens, des chats, des animaux de toutes les espèces, des minéraux, des solides, des liquides et des gaz, une terre, une lune, un soleil et des planètes et des étoiles. Ce sont des êtres en soi, des substances ; l'un n'est pas l'autre. Mon chat est un animal très différent de mon chien ; la Seine, qui est un vrai fleuve, ne ressemble en rien du tout à la tour Eiffel. Cette distinction entre les êtres est absolument indépendante de ma pensée ; ils existent en eux-mêmes et sont distincts les uns des autres, même quand je n'y pense pas. Donc la substance est objective.

Bien plus, quand le chat mange la souris, la souris est passi ; elle est mangée : c'est un effet. Le chat est cause efficiente. Ce n'est pas parce que ce spectacle se passe sous mes yeux que la cause et l'effet se produisent ; rien de mon moi ne se détache pour imprégner de causalité ce phénomène. L'aimant attire le fer sans que ni les autres ni moi y soyons pour rien. Donc la cause est objective.

19. — Et les arguments de Kant ne sont que les rêveries imaginaires d'un penseur allemand, rêveries qui sont considérées comme des articles de foi par

un grand nombre de philosophes français. Mais est-il bien vrai que les criticistes et M. Liard entre autres, nient l'objectivité de la cause, de la substance, de l'espace, du temps, du nombre ? M. Liard est un interprète très fidèle de cette doctrine et ne s'est permis qu'une petite critique, purement verbale. Le patriarche de Koenigsberg a divisé les facultés en sensibilité, entendement et raison ; et il a placé douze compartiments distincts dans l'entendement, de chacun desquels sort une forme toute spéciale de jugement. Ce sont les catégories kantiennes. Le criticiste français trouve arbitraire cette singulière distribution des jugements et substitue à cette invention malheureuse ce qu'il appelle *les lois objectives* de la connaissance. L'espace et le temps ne sont donc pas appelés par M. Liard les formes de la sensibilité : la substance, la cause et le nombre ne sont pas des formes de l'entendement. L'expression *lois objectives* est préférée par l'auteur de la *science positive*. Nous n'y voyons nul inconvénient ; la nouveauté est purement verbale. Car au fond c'est le kantisme le plus pur qui est expliqué et développé dans l'ouvrage précité et qui fait le fond de la doctrine de M. Liard.

Remarquons d'abord que *lois objectives* veut dire *lois subjectives*, c'est-à-dire que l'Espace, le Temps, le Nombre, la Substance et la Cause sortent du sujet et s'appliquent au phénomène pour rendre l'objet intelligible, si toutefois objet il y a.

Voici des citations qui le prouvent surabondamment : — Le temps, l'espace, le nombre, la substance, la cause sont relatifs aux sensations. Supprimez la sensation, le temps s'évanouit ainsi que la cause, la substance, etc. (1). — Sans les lois objectives, nous serions réduits à des sensations purement subjectives (2). On doit dire que les phénomènes extérieurs sont le sujet lui-même répandu hors de lui (3). Les lois objectives sont subjectives. Ces lois qui se manifestent, en objectivant les sensations, sont : *avant l'expérience*, dans le sujet, mais invisibles et latentes. La réflexion ne peut pas les découvrir au fond du sujet (4). Une rigoureuse analyse nous démontre que les objets considérés comme couleurs et sons, c'est-à-dire avec leurs qualités spéciales, sont uniquement nos sensations projetées hors de nous et érigées ainsi en objets (5). Un peu plus loin, M. Liard assure que nous avons tort de localiser les objets hors de nous dans l'espace et d'être convaincus qu'ils continuent d'exister, quand nous avons cessé de les sentir ou de les percevoir. — Les différences spécifiques de nos sensations viennent de nous et non pas de l'objet. Les lois de la pensée sont aussi celles des objets pensés ; nous imposons nos lois aux objets pensés. L'objet est un objet-sujet : le sujet est un sujet-objet (6). Pour devenir un objet de connaissance, la sensation doit revêtir des formes qui sont le résultat et l'expression des lois fondamentales de la connaissance (7). Ce que nous sommes habitués dans la vie pratique à considérer comme des personnes, comme des individus, comme des

(1) P. 329 de l'ouvrage de M. Liard.
(2) P. 327.
(3) P. 368.
(4) P. 208.
(5) P. 197.
(6) P. 199.
(7) P. 200.

centres d'actions, les autres hommes, les animaux, les plantes, les minéraux, notre globe, toute planète, tout soleil, tout cela — *au regard de la SCIENCE ?* — s'évanouit pour ne laisser derrière soi, que des rapports ordonnés en un système abstrait (1).

On voit que nous n'attribuons pas à M. Liard une doctrine qui ne serait pas la sienne : nous n'inventons rien. Ainsi il n'y a pas d'hommes, ni d'animaux, ni de plantes, ni de terre, ni de soleil, ni de lune, mais seulement des rapports ordonnés en un système abstrait. Qu'est-ce que cela veut dire ? Le devine qui pourra. Kant l'a dit. Donc, c'est vrai. Ces orgueilleux philosophes ne discutent pas les paroles de Kant : on le croit sur parole avec une crédulité enfantine.

Répondant d'avance à l'objection tirée du manque absolu de preuves dans *la Critique de la Raison pure*, M. Liard répond : Kant ne prouve pas, dit-on. Mais on ne peut pas lui demander de démonstration au sens géométrique du mot (2). La démonstration ici ne peut être que dialectique, non logique. — Kant admet que (3) les sensations deviennent objets en revêtant les formes *a priori* de la sensibilité et de l'entendement. Ce n'est qu'une hypothèse ; on ne peut résoudre ces questions que par des hypothèses. On ne démontre pas les principes.

N'en déplaise à M. Liard, nous croyons avoir démontré par des arguments solides, tous empruntés à la philosophie scolastique, que les objections de la critique contre l'objectivité du temps, de l'espace,

(1) P. 358.
(2) P. 203.
(3) P. 208.

du nombre, de la substance et de la cause sont futiles et ne résistent pas à un examen sérieux. Grâce à la philosophie thomiste, il y a encore de beaux jours pour le bon sens, et pour la vraie science qui s'appuye sur les données expérimentales. Tout à l'heure, notre philosophe présentait son système comme scientifiquement prouvé. « Au regard de la science, disait-il, rien n'existe, sinon des rapports ordonnés en un système abstrait.» Il aurait fallu dire : la science philosophique de Kant. Est-ce que la chimie, la botanique, la zoologie, l'anthropologie, l'astronomie, etc., etc., ne sont pas des sciences, ayant un objet réel? Qui donc oserait dire qu'elles ne sont que de pures abstractions subjectives?

Le criticisme français ne repose donc que sur la seule parole de Kant, dont les inventions constituent des hypothèses impossibles à démontrer.

CHAPITRE SIXIÈME

LES GRANDES CONTRADICTIONS DU CRITICISME

Sommaire : 1. Les deux grands procédés scientifiques : l'analyse et la synthèse. — 2. La méthode de la philosophie thomiste est analytique. Sensation. Simple appréhension. Premiers principes. Sciences exactes. Sciences naturelles. — 3. Méthode de la cosmologie, de la psychologie, de la théologie scolastiques. — 4. A l'exemple de Kant, le criticisme veut réagir contre l'empirisme contemporain, qui ruine la science. — 5. Le criticisme fait voir les conséquences désastreuses du système positiviste. — 6. Formes de Kant. Lois objectivo-subjectives du criticisme. — 7. La méthode de cette doctrine est exclusivement synthétique, c'est-à-dire antiscientifique. Foi aveugle dans l'infaillibilité de Kant. — 8. Anéantissement de la science. Exemple tiré de l'attraction universelle. La psychologie est la science unique. Aveux. — 9. L'Esprit, réduit au moi phénoménal, ne peut donner à la science l'universalité et la nécessité requises. — 10. Les prétendues lois du criticisme, aveuglément acceptées, conduisent fatalement à l'erreur. — 11. Scepticisme absolu, même dans les sciences exactes. Aveux précieux. Le criticisme, qui voulait fonder la science, aboutit à sa ruine. Énorme contradiction. — 12. Nouvelle contradiction. Affirmations réalistes. — 13. De ces affirmations résulte l'objectivité de la substance, de la cause, du nombre, de l'espace, du temps. — 14. Affirmations idéalistes. — 15. L'idéalisme criticiste éclairé par un exemple : Un groupe de voyageurs sur le pont Alexandre III. — 16. Subjectivité de la loi, de la force, de la relation, entendues au sens criticiste. — 17. Contradiction évidente entre ce réalisme et cet idéalisme. — 18. L'idéalisme français n'est pas absolu. Les méfaits d'une poule. — 19. Le criticisme admet l'objectivité du mouvement. — 20. Définition péripatéticienne du mouvement. Il a des parties extensives et des parties successives. — 21. De la continuité. Ses caractères essentiels : la divisibilité à l'infini et les indivisibles. — 22. Identité fondamentale entre le temps et les parties successives du mouvement. — 23. La quantité continue permanente, c'est-à-dire l'espace, est indispensable aux parties extensives du mouvement. — 24. L'objectivité du mouvement implique l'objectivité de l'espace et du temps. Enorme contradiction du criticisme. Ce système est fondé sur la contradiction.

1. — Dans la première partie de notre étude, nous n'avons négligé aucune occasion de faire ressortir en peu de mots les multiples contradictions de la doctrine kantienne. Nous voulons, avant de finir, montrer dans une vue d'ensemble et avec quelques développements, les contradictions essentielles dans lesquelles sont tombés Kant et ses disciples français.

Le philosophe de Kœnigsberg s'était proposé de réagir contre le sensualisme du XVIIIe siècle, et avait composé la *Critique de la Raison pure* pour restituer à la science les caractères de nécessité et d'universalité, sans lesquels toute science est impossible, et que l'empirisme lui avait ravis. Le criticisme français entreprend la même lutte contre le positivisme contemporain, héritier du matérialisme du siècle passé, et veut prouver que l'expérience et la sensation, quelque évolution qu'elles subissent, sont absolument impuissantes à donner aux premiers principes, fondements de toute science, la nécessité et l'universalité indispensables.

Deux grandes voies s'ouvrent devant l'esprit qui

se propose d'arriver à la connaissance rationnelle et scientifique des choses ; ces deux procédés sont l'analyse et la synthèse. Celle-ci va du simple au composé, des causes aux effets, des parties au tout, de ce qui est plus universel aux choses particulières, du genre suprême à l'espèce très spéciale, rangeant les objets subordonnés dans la catégorie dont ils dépendent, s'attachant toujours à les unir entre eux et à donner à la science l'unité qu'elle réclame. Tout autre est l'analyse qui décompose, sépare, isole les effets, les considère à part. L'analyse prépare les matériaux que la synthèse assemble.

Il ne faut pas s'imaginer que l'emploi de l'analyse et de la synthèse doive être nécessairement consécutif et qu'on ne doive adopter la seconde qu'après avoir épuisé toutes les ressources de la première ou réciproquement.

L'esprit, dans sa marche progressive vers la vérité, se sert, d'une manière presque simultanée, des deux méthodes. L'usage exclusif de l'analyse l'exposerait à perdre de vue le but principal et à faire des recherches inutiles. S'il saisissait avec une tenacité trop grande le procédé synthétique, il tomberait dans le grave inconvénient de se servir de matériaux dont la solidité ne serait pas contrôlée.

Par laquelle de ces deux méthodes convient-il de commencer ? Quand une science est parvenue à sa perfection et qu'on veut seulement l'étudier, on obtiendra plus de fruit et avec plus de promptitude en commençant par la synthèse. Mais s'il s'agit d'inventer une science ou de contribuer dans une certaine mesure à la perfectionner, la méthode doit être, surtout au début, analytique.

2. — Le criticisme, nous l'avons souvent constaté,

supprime la métaphysique et l'efface du nombre des sciences, parce qu'elle part de principes généraux, qu'elle s'abstient, dit-il, de démontrer, et d'où elle déduit les vérités particulières. Cette objection atteint, il est vrai, un grand nombre de systèmes, mais nullement la métaphysique thomiste. Ce qui fait la force et la vérité de la philosophie scolastique en général, c'est que ses recherches se fondent, dès l'origine, sur l'analyse. Elle part de l'expérience, commence par étudier un objet particulier déterminé, décompose celui-ci dans ses premiers éléments, considère à part chacun de ceux-ci ; les conclusions n'arrivent qu'à la fin et elles s'appuyent sur les expériences antécédentes.

Chacun de nos sens extérieurs est un admirable instrument d'analyse. Or, le premier pas de la philosophie thomiste est l'étude de chaque sensation ou plutôt de chaque *objet sensible propre*, considéré dans ses déterminations les plus spéciales. Certes, nous savons bien que saint Thomas n'a pas eu la prétention d'innover. Il a condensé dans ses savants ouvrages les meilleures doctrines des philosophes chrétiens et païens qui l'avaient précédé ; il n'a pas donné à sa Somme philosophique la forme analytique d'une science qui se construit. Son but fut avant tout pratique. Il voulut rendre plus facile à comprendre le majestueux ensemble des vérités rationnelles. Il réfuta l'ancien scepticisme, mais avec des développements assez restreints. Dans ce siècle de foi, il n'y avait pas d'école philosophique qui osât ériger le doute en système. Descartes n'était pas encore près de naître, et surtout l'on ne prévoyait pas alors qu'il apparaîtrait à Kœnigsberg un philosophe de génie dont tout l'effort intellectuel tendrait à prouver l'impossibilité de la connaissance objective.

Mais le résumé que nous allons faire de la méthode thomiste est absolument impartial et conforme à la vérité, comme on peut s'en convaincre en étudiant les ouvrages du saint Docteur.

L'inébranlable fondement sur lequel est construit l'édifice de la philosophie scolastique est constitué par les *premiers principes*, qui sont nécessaires, immuables, universels. Chacun d'eux compose une synthèse, puisqu'ils ont la forme d'un jugement. Mais cette synthèse n'est pas aveugle, comme les jugements du kantisme. Elle a été précédée par une analyse minutieuse.

L'ennemi acharné de la scolastique, Descartes, fonde sa doctrine sur cet enthymème : je pense, donc je suis. Par ce procédé, il sépare arbitrairement la pensée de l'objet de la pensée ; il part de l'idée pure, abstraite de tout objet, pour conclure l'existence de l'être. La première origine de la doctrine thomiste serait celle-ci : je vois cet arbre, donc il existe et moi aussi. Conformément à l'ordre de la nature, qui fait voir au petit enfant, immédiatement après le premier éveil de son intelligence, l'être de l'objet d'abord, puis son être personnel à lui-même, la philosophie scolastique commence, non par l'étude de la sensation, phénomène subjectif, remarqué beaucoup plus tard, mais par l'objet sensible, vu ou palpé. S'élevant par l'acte de l'intelligence au-dessus de la sensibilité et des qualités concrètes de couleurs ou de forme, inhérentes à tel objet particulier, l'esprit forme, *par simple appréhension*, les concepts d'être, de substance, d'accidents, de cause, d'effet, de tout, de partie, d'un, de multitude, de mouvement, de repos, de vie, etc... Alors laissant l'analyse, il prend une autre voie de connaissance, la composition, la synthèse, et par la comparaison des concepts, forme des jugements universels et nécessaires qui sont les *premiers principes*.

Ou plutôt, l'intellect ne peut attendre le moment où il aura conçu toutes les idées universelles que nous venons d'énumérer, pour employer la méthode synthétique. Ayant acquis la notion d'être, il voit immédiatement son opposition radicale avec le non-être, il juge et traduit son jugement en formulant le *principe de contradiction*. L'analyse de l'idée et de la réalité du tout lui révèle l'existence de la partie et il réunit ces concepts en déclarant par un autre jugement que celle-ci est plus petite que celui-là. L'effet lui montre la cause, de là vient le principe de causalité. C'est ainsi que nous acquérons la connaissance de tous les premiers principes de la science. Ils sont évidents par eux-mêmes, ils découlent de l'analyse des concepts ; l'intellect en a l'intuition immédiate. Telle est la nature de ces jugements que l'idée du prédicat est renfermé dans le sujet, comme la notion de cause dans le concept d'effet, la notion de partie dans le concept de tout. Ils sont en même temps éminemment objectifs ; ils ne viennent pas de l'esprit, celui-ci les forme en considérant l'être objectif réel. Leur nécessité, leur universalité, leur immutabilité est absolue, comme l'essence nécessaire et immuable des choses ; ils ne dépendent pas de la constitution de l'esprit qui ne fait que les recevoir et les formuler. Les choses contingentes et mobiles peuvent disparaître ; ces vérités n'en sont pas diminuées ; sous toutes les latitudes et à toutes les époques, elles brillent d'un éclat souverain et toute intelligence les aperçoit.

C'est sur ces principes que reposent les sciences exactes, les mathématiques et la géométrie. De là vient la nécessité et l'universalité des propositions géométriques et arithmétiques. Il ne suit pas de là que les conclusions plus ou moins lointaines qui découlent des premiers principes des sciences exactes puissent être aperçues immédiatement par toute intelligence.

Combien de ces propositions demeureront toujours, pour une multitude d'esprits, enveloppées dans une obscurité impénétrable ! Les hommes cultivés eux-mêmes ne les remarquent pas immédiatement dans les principes ; ils ont besoin de s'aider par des propositions intermédiaires, des *moyens termes*, fondement du syllogisme et de la démonstration. Il n'en est pas moins vrai que toutes les propositions mathématiques sont déduites par l'analyse des principes eux-mêmes ; la déduction fait voir le lien intime qui unit le prédicat avec le sujet. La vérité de ces sciences est absolue, nécessaire et immuable, comme le principe de contradiction lui-même.

Mais la science humaine a une autre source que les jugements analytiques et la déduction. Les principes abstraits des mathématiques sont incapables de nous faire connaître l'existence réelle. Celle-ci nous est révélée par l'expérience et l'observation des choses naturelles. Les principes des sciences de la nature ne sauraient donc être analytiques, le prédicat n'est pas trouvé par l'analyse des éléments du sujet, il constitue un élément nouveau que nous apporte la considération des choses extérieures elles-mêmes, l'étude de leur nature et des lois qui les régissent. Or, rien n'est plus mobile, plus variable que les objets naturels ? Comment donc trouverons-nous, sous la mobilité des apparences, les lois fixes, invariables et nécessaires, dont la découverte et la connaissance forment la science ? Faudra-t-il énumérer et étudier tous les cas particuliers avant de formuler une loi et se condamner à la tâche de considérer tous les individus, tâche impossible, car le nombre en est infini ou du moins on ne peut assigner de limites à leur nombre, puisqu'il s'en produit toujours de nouveaux ? Le principe qui donne aux sciences naturelles leur nécessité et leur universalité est l'induction, par laquelle on attribue à l'espèce tout entière les caractères que l'on remarque constamment et en variant les circonstances, dans un certain nombre d'individus. Souvent, un seul fait bien observé suffit pour amener la découverte d'une loi universelle comme un seul effet suffit pour connaître la loi de causalité et son universalité absolue. L'induction procède donc aussi par voie analytique. Sa légitimité est fondée sur la constance des lois de la nature, qui repose sur l'ordre universel et la sagesse du Créateur. La nécessité, l'universalité, l'immutabilité des sciences physiques et naturelles ne sont pas absolues, Dieu seul est l'être absolument immuable et nécessaire. Mais cette nécessité relative suffit à donner aux sciences une certitude inébranlable.

3. — Armée de ces principes bien contrôlés, s'appuyant sur l'expérience et la raison, la métaphysique péripatéticienne peut construire l'édifice solide de sa cosmologie, de sa psychologie, de sa théologie naturelle. Nature, propriétés primaires et essentielles des corps, leur continuité, leur causalité efficiente, leur activité, leur finalité, telles sont les principales questions soulevées et résolues par la cosmologie thomiste.

A propos de la célèbre théorie de la matière première et de la forme substantielle, les modernes ont coutume de répéter les sarcasmes des Cartésiens qui ne la connaissent pas.

Ils feraient mieux, au lieu d'acccepter sans contrôle le dogmatisme apriorique et inintelligible de Kant, d'étudier cette doctrine dans les œuvres d'Aristote, de saint Thomas et de leurs savants commentateurs. Alors les sourires expireraient sur leurs lèvres, quand ils la verraient confirmée par les découvertes contemporaines des sciences expérimentales. Ils comprendraient que seul le dualisme de la matière et de la forme, substantiellement unies, évite les objections insolubles qui surgissent contre la philosophie corpusculaire des anciens atomistes, contre le monisme des Éléates ou des Néoplatoniciens, ou de Spinoza, ou de Schopenhauer, ou de Hartmann, contre le mécanisme abstrait de Descartes, contre le mécanisme concret de Darwin, contre le dynanisme de Leibnitz et de Kant. Les auteurs de ces systèmes si divers et si contradictoires, ont voulu construire le monde d'après leur conception exclusive et abstraite, sans s'inquiéter de l'expérience. Les démonstrations du système scolastique, au contraire, commencent par l'étude des faits et s'appuyent toujours sur des faits que chacun peut contrôler et vérifier par soi-même.

Chose étrange ! il y a dans saint Thomas un grand nombre d'erreurs sur les sciences naturelles. La vieille physique d'Aristote régnait toujours et la chimie n'était pas encore née. Et cependant non seulement aucune des découvertes modernes dans le domaine de ces deux sciences ne contredit aucune des conclusions essentielles de la métaphysique scolastique, mais les vues profondes de saint Thomas sur la composition et l'essence des corps, trouvent dans ces découvertes une éclatante confirmation. Il n'y a pas selon nous de meilleure preuve de l'excellence de la méthode que nous défendons.

Cette même méthode rigoureusement appliquée à la science de l'âme, assure aussi à la psychologie scolastique le caractère d'une science très certaine, que les divagations kantistes ne pourront jamais lui ravir.

Fidèle à son principe de mécanisme absolu, Descartes nie l'existence de la vie. Pour lui, une plante est une machine plus compliquée que d'autres machines ; l'animal est une machine plus compliquée que la plante ; le corps humain est une machine plus compliquée que le corps d'un animal. Ni le corps humain, ni l'animal, ni la plante ne sont animés par un prince vital.

Le grand adversaire de la philosophie chrétienne reconnaît, il est vrai, dans l'homme, une âme spirituelle et immortelle, mais cette âme n'a aucune action directe et immédiate sur le corps. Dans ce système, l'homme est double ; il ne peut être défini un animal raisonnable, mais une âme habitant une demeure matérielle. De cette erreur capitale découle l'extrême confusion qui règne chez tous les disciples de Descartes, sur la division des facultés. Le maître désigne ces actes sous le nom général de pensée. On ne saurait dire à quel point cette confusion a nui aux progrès de la science psychologique dans les écoles cartésiennes. Il était facile de prévoir qu'un système aussi abstrait devait succomber devant une critique rigoureuse comme celle de Kant.

Saint Thomas prend les faits tels qu'ils sont et ne cherche pas à les dénaturer pour les adapter à des abstractions *aprioriques*. Pour lui, la vie existe, dans la plante d'abord, à un degré inférieur. Elle s'y manifeste par trois séries d'actes spéciaux, qui découlent de facultés ou pouvoirs distincts : l'accroissement, la nutrition, la génération.

Au-dessus de la plante est l'animal, qui, outre les puissances végétatives, possède deux autres séries de facultés : les facultés de connaissance, c'est-à-dire les sens extérieurs et intérieurs, l'imagination, la mémoire et l'instinct ; et les facultés appétitives : les inclinations et les passions. L'homme a, comme la plante, les puissances végétatives ; il a les mêmes facultés sensitives que l'animal, mais il est doué de pouvoirs supérieurs dont l'action propre s'exerce sans organes : l'intelligence, dont l'objet propre et adéquat est la connaissance de ce qui est intelligible, c'est-à-dire nécessaire, relativement immuable et universel dans le monde matériel, qui s'élève même, par voie de démonstration, à la connaissance de l'existence des êtres immatériels ; et, d'autre part, la volonté qui se dirige librement vers le bien. La psychologie scolastique a, sur ces puissances et leurs actes, des analyses pénétrantes que ne soupçonnent pas la plupart des penseurs contemporains.

Rien n'est laissé au hasard ; aucune conclusion n'est déduite de principes *a priori*. Et quand, avec une abondance de preuves inconnues dans les autres systèmes, cette philosophie démontre la spiritualité et l'immortalité de l'âme, elle atteint une certitude rigoureusement scientifique. Cette certitude l'emporte de beaucoup sur celle que les sciences naturelles peuvent obtenir. Ici, les théories différentes se succèdent quelquefois à des intervalles rapprochés et rallient l'assentiment des princes de la science. De nouvelles découvertes viennent renverser les déductions les plus savantes des temps antérieurs. Rien de pareil en psychologie scolastique. Non pas que nous niions le progrès dans l'observation psychologique ; l'école anglaise contemporaine, qui recueille surtout des faits particuliers, a analysé avec une pénétration inconnue jusqu'à présent certains actes de l'âme humaine.

Mais aucune observation véritable, aucun fait bien prouvé des sciences physiques, biologiques ou psychologiques, n'a ébranlé les preuves de la psychologie thomiste. Nous savons qu'il y a actuellement en France des philosophes catholiques qui se sont rangés très imprudemment au nombre des disciples de Kant, M. Fonsegrive, entre autres, et M. l'abbé Piat dans ses livres sur la « Personne humaine » et sur la « Destinée humaine ». Ce dernier auteur, grand ennemi de la métaphysique, comme il convient à tout kantiste, s'attache à détruire les preuves ontologiques de la spiritualité de l'âme. « Le fond de notre intelligence nous échappe, dit-il. Nous ne pouvons suivre jusqu'à sa racine ce principe unique d'où sortent toutes nos facultés comme autant de rameaux, ce *vinculum substantiale*, sur lequel les philosophes ont soutenu tant *d'infructueuses discussions* (?). Et dès lors, comment savoir avec l'unique secours de la métaphysique si notre âme est ou n'est pas radicalement distincte de tout le reste, si elle est essentiellement indépendante ou non d'une réalité plus riche et plus profonde ? Comment définir si elle n'est pas inhérente à quelque autre sujet, qui la développe et l'enveloppe derechef d'après les lois inconnues, d'où elle sort, où elle rentre au bout d'un certain temps, à la manière de la matière sidérale, qui passe de l'état nébuleux à l'état de système planétaire pour retourner à l'état nébuleux (1) ». Cette objection n'a pas besoin d'une longue réfutation ; elle vient d'une confusion regrettable entre le noumène de Kant et la substance de saint Thomas. Le noumène est une invention du penseur allemand, qui ne repose sur aucune preuve, et dont l'existence ne nous est révélée ni par les sens, ni par la conscience, ni par l'intelligence, et qui procède de la seule imagination de son auteur. Kant, nous l'avons dit ailleurs, a sur le noumène trois doctrines non seulement différentes, mais opposées les unes aux autres. Nous n'avons trouvé dans les ouvrages de M. Piat aucune nouvelle clarté sur la nature et l'existence du noumène. Est-ce qu'on discute les assertions de Kant? Un tel maître a-t-il besoin de donner des preuves ? Nous regrettons toutefois que des écrivains catholiques essayent d'ébranler les preuves métaphysiques de la spiritualité de l'âme, si bien développées par saint Thomas d'Aquin et admises jusqu'à ce jour par tous les spiritualistes, en donnant pour fondement de cette critique les divagations de l'imagination de Kant admises sans examen, avec une docilité étrange et une foi vraiment aveugle.

Ce qui fait la force inébranlable de la psychologie thomiste, c'est qu'elle a pour fondement l'observation des faits, le témoignage de la conscience, le principe de causalité, le principe de contradiction. Et cette force la dispense de s'attarder à la réfutation

(1) *La Personnalité humaine*, par M. l'abbé Piat, professeur à l'école des Carmes, p. 89.

d'objections pareilles à celles que nous venons de citer.

La critique de Kant est plus heureuse dans ses attaques contre la théologie cartésienne. On sait que Descartes, dédaignant les preuves traditionnelles, veut déduire l'existence de Dieu des idées du fini et du parfait. Kant montre l'impossibilité de conclure à l'existence de l'Être divin, lorsqu'on se contente de prendre pour points de départ de pures idées ; par cette voie, on n'arrive qu'à établir l'existence idéale. Mais cette critique n'est pas nouvelle ; elle avait été faite plusieurs siècles auparavant par saint Thomas d'Aquin, qui réfuta victorieusement l'argument platonicien de saint Anselme, que l'adversaire de la scolastique tenta de rajeunir sans succès.

Le saint Docteur, dans sa démonstration de l'existence de Dieu, part du principe de causalité. Le mouvement des choses révèle une cause motrice, immobile et immuable ; les effets et les causes relatives, si faciles à constater dans le monde extérieur, exigent une cause efficiente, indépendante ; les êtres contingents sont l'œuvre d'un être nécessaire ; les divers degrés de perfection des créatures nous conduisent à la perfection souveraine ; l'ordre du monde, la sagesse admirable qui préside à son gouvernement, ne peuvent venir que d'une intelligence infinie.

Nous saisissons la causalité de Dieu par les effets et non par une intuition directe et immédiate. Mais les créatures ne sont pas des effets proportionnés à la cause, dont elles ne sauraient, par conséquent, nous faire connaître la nature. La différence est infinie entre Dieu et les créatures les plus parfaites. Si donc le monde ne peut nous apporter une notion adéquate de la nature divine, il n'en est pas moins vrai que l'existence de l'effet manifeste l'existence de la cause avec une certitude absolue, et qu'entre la cause et l'effet il existe un certain degré de ressemblance. N'est-il pas impossible que, dans celui qui a doué des créatures d'intelligence et de vie, on ne trouve pas trace de ces perfections ?

Rien n'est plus scientifique que la méthode employée par la métaphysique thomiste pour déterminer les perfections divines. Partant de ce principe, que tout ce qu'il y a de réalité et de beauté dans l'effet doit se trouver d'une manière éminente dans la cause, saint Thomas élève jusqu'à l'infini les perfections des créatures, et attribue à Dieu ces perfections ainsi séparées de tout alliage avec l'imparfait et dépouillées de toute restriction et de toutes limites. La connaissance que nous obtenons n'est pas intuitive ; nous ne pouvons nous élever jusqu'à une définition adéquate de Dieu. Nous ne saisissons l'être divin que d'une manière très indirecte tirée des analogies avec les créatures. Mais notre notion si imparfaite qu'elle soit, est vraie et engendre la certitude avec la force d'une démonstration solide.

Nous croyons inutile après avoir tracé à grands traits cette esquisse de la métaphysique scolastique, de répondre aux objections particulières que fait le criticisme contre les systèmes. M. Liard les énumère tous, à l'exception d'un seul, celui que nous défendons. Le matérialisme, le panthéisme, le spiritualisme cartésien, qui tous ont pour origine une conception abstraite et apriorique sont ébranlés par la critique. Cependant, certaines difficultés ne reposent sur rien ; celle-ci, par exemple, qui attribue à toute une école de spiritualistes l'erreur d'un ou deux philosophes isolés : « Pour la plupart des théologiens spiritualistes, dit M. Liard, l'immensité, l'éternité et l'infinité divines gardent toujours quelque chose de l'espace, du temps et du nombre (1). »

4. — Il nous paraît plus opportun de soumettre ce système à une forte critique et de montrer par des preuves convaincantes les énormes contradictions dans lesquelles il tombe.

Le kantisme n'est pas seulement un recueil d'affirmations non démontrées et indémontrables, contre toute vérité d'ordre métaphysique. Il est encore une doctrine ayant un but et des principes déterminés.

Kant avait voulu établir sur des bases solides l'édifice de la science humaine que l'école empiriste, sensualiste et matérialiste du XVIII° siècle, avait fortement ébranlé et voulut donner à la connaissance intellectuelle la nécessité, l'universalité, l'immutabilité qui lui sont nécessaires. Rien n'est plus noble que ce dessein. Il n'y a pas de science du particulier, l'objet de la science est l'universel, l'immuable, le nécessaire.

A l'exemple de leur maître, les criticistes contemporains se proposent de rétablir les droits de la science contre les négations du positivisme et de l'évolutionnisme actuels qui, n'admettant que les faits et ne reconnaissant pas d'autre source de vérité scientifique que l'expérience, s'accordent à démontrer que toutes nos connaissances sont relatives et renversent ainsi les fondements de la science.

La prétendue nécessité, la prétendue universalité, d'après les positivistes, viennent de la seule expé-

---

(1) P. 445, op. cit. On sait que ce fut l'erreur de Clarke et de Newton.

rience et ne sont pas une nécessité, une universalité véritables. Quand nous disons : deux et un font trois, nous constatons simplement ce fait physique qu'un même agrégat d'objets disposés de façons différentes produit sur nos sens des impressions distinctes et cependant équivalentes. Toutes propositions relatives aux nombres viennent d'expériences généralisées. Il en est de même des notions géométriques et des propositions par lesquelles nous en développons le contenu. Les axiomes sont vrais toujours et partout, parce que, dans le fait, l'expérience nous a montré dans toutes les circonstances, que deux parallèles ne se rencontrent jamais, ou que si deux droites se rencontrent une fois, elles ne se rencontent plus et continuent de diverger, ou que, lorsqu'on ajoute des quantités égales à des quantités égales, on obtient des sommes égales.

La nécessité de ces axiomes s'explique très bien par l'inséparabilité des associations. Certaines associations d'images ou d'idées, étant toujours d'accord avec l'expérience sensible, acquièrent une cohésion invincible et, comme les causes qui les ont engendrées agissent sur tous les hommes, on comprend que les propositions prétendues nécessaires soient acceptées comme vraies par tous les hommes.

Par conséquent, malgré leur apparence déductive, les sciences appelées exactes sont inductives, puisque leurs principes sont des expériences généralisées.

Quant aux sciences inductives, elles reposent sur ce fait qu'il y a dans la nature des cas parallèles, que ce qui arrive une fois arrivera dans des circonstances semblables, que tout événement a une cause, un antécédent dont il est invariablement et inconditionnellement le conséquent. La croyance à l'uniformité de la nature finit par tirer, de l'unanimité des témoignages favorables et de l'absence de tout témoignage contraire, une autorité à laquelle nous ne saurions nous soustraire sans faire une violence injustifiée à nos habitudes d'esprit les plus puissantes.

Les principes sont donc universels, parce qu'ils expriment les faits les plus généraux de la nature; ils nous semblent nécessaires, puisque nos associations, œuvre d'une expérience constante des liaisons phénoménales, opposent à toute tentative de brusque rupture une résistance parfois invincible.

5. — Le criticisme s'insurge vigoureusement contre cette doctrine empirique de l'association, dont le résultat est de détruire la science intellectuelle et de l'abaisser au rôle de la connaissance animale et à l'*expectatio casuum similium*, c'est-à-dire à une attente purement instinctive et machinale du retour des phénomènes semblables.

Dans l'homme, dit fort judicieusement M. Liard (1), la prévision est calculée et rationnelle... La science n'est pas la simple constatation des faits; elle implique des principes qui nous permettent d'en devancer en esprit la venue et d'en connaître, avant l'événement, l'ordre et les rapports. Les philosophes de l'association admettent, il est vrai, que la science a des principes; mais ils les font naître des sensations et des traces qu'elles laissent dans l'imagination. Or les faits auront beau se reproduire et s'accumuler, ils laisseront en nous des souvenirs, sans jamais engendrer de principes. Ces prétendus principes,

---

(1) *Op. cit.*, p. 129.

d'ordre purement empirique, pourront sans doute produire en nous une croyance instinctive qui se fortifiera avec le temps, mais non pas la certitude. Cette croyance d'ailleurs dans la constance et l'universalité de l'ordre des faits n'a de valeur que pour chaque individu qui l'a formée progressivement; les principes de l'école empirique ne sont que subjectifs. Car il est impossible d'attribuer à une nature inconnue — puisque nous ne saisissons que des phénomènes — des tendances et des forces analogues à celles que nous sentons en nous. Par conséquent, la science humaine, dont la source est empirique, pourra peut-être suffire pour les besoins pratiques de l'existence : elle nous permettra des prévisions à courte échéance, mais qui ne différeront qu'en degré de la prudence machinale des bêtes. La vraie science, qui prétend à la nécessité et l'universalité est désormais impossible. Il faut donc la déclarer illusoire et avec elle la pensée.

Au fond cette conclusion est acceptée par les associationistes. « Toute personne habituée à l'abstraction et à l'analyse, dit Stuart, arriverait, si elle dirigeait à cette fin l'effort de ses facultés, à admettre sans difficulté comme possible, dans l'un par exemple des nombreux firmaments dont l'astronomie sidérale compose l'univers, une succession des événements toute fortuite et n'obéissant à aucune loi déterminée, et de fait il n'y a dans l'expérience ni dans la nature de notre esprit, aucune raison suffisante, ni même aucune raison de croire qu'il n'en soit pas ainsi quelque part... Il n'y a pas de proposition dont on puisse dire que toute intelligence humaine doit éternellement et irrévocablement la croire... »

Les criticistes n'acceptent pas si facilement l'anéantissement de la science et de la raison humaine. Ils s'attachent à démontrer que les principes ont une autre origine que la sensation, qu'ils ne se forment pas par l'accumulation des témoignages empiriques favorables et que l'esprit a une part active dans la formation de la science.

6. — Quelle est cette part ? La réponse est facile dans la philosophie thomiste, qui reconnaît, d'une part, en nous, outre les facultés sensibles, une faculté suprasensible et immatérielle ; et d'autre part, dans les choses, outre le phénomène fugitif, une substance permanente et intelligible. En même temps que nos sens perçoivent les qualités sensibles, notre intellect perçoit la chose objective, comme être, comme substance, comme cause, comme tout ou partie, comme une ou multiple. Tout phénomène a son noumène : rien ne peut apparaître là où il n'y a pas quelque chose qui apparaisse. Sans doute, le phénomène ne manifeste pas toute l'essence du noumène. Nous ne savons le tout de rien ; mais ce que nous savons est très réel et très positif ; l'idée qui constitue la simple appréhension intellectuelle est objective. En composant ces idées entre elles, nous formons les principes universels, nécessaires et invariables, de la science. La constance des lois naturelles, principe de l'induction nécessaire aux sciences, les principes de mathématiques et tous les axiomes des sciences abstraites sont extraits du monde objectif par le travail de l'intellect, qui a pour objet propre et adéquat les propriétés essentielles de la *materia intelligibilis*. Ainsi sont sauvées la nécessité, l'immutabilité, l'universalité de la science.

Kant a déclaré que si l'on pouvait démontrer

l'existence en nous d'une telle faculté immatérielle et suprasensible, toute la construction des formes de la *Raison pure* serait superflue. Si ce philosophe avait admis ce fait que nous connaissons le suprasensible, il aurait conclu à la présence d'une faculté de connaissance suprasensible, et la logique l'aurait obligé à admettre qu'il y a dans l'homme un être indépendant de la matière. Mais comme la critique de la *Raison pure* a pour but la théorie de l'Athéïsme, le penseur de Kœnigsberg ne voulut pas proclamer au début de son livre la spiritualité de l'âme, qui l'aurait conduit rapidement à la démonstration de l'existence de Dieu.

Et il plaça dans l'homme des sortes de cadres vides, qu'il appela les formes a prioriques de la sensibilité et de l'entendement. Ces formes sont adoptées par le criticisme français qui leur donne le nom de lois objectives de la connaissance. Nous devons remarquer ici encore une fois que *objectives* veut dire *subjectives*.

Les principales de ces lois objectivo-subjectives, qui *naissent du sujet, se répandent hors de lui*, érigent les sensations en objets, sont les lois de temps, d'espace, de nombre, de substance et de cause. Elles sont premières, irréductibles, nécessaires, universelles, supérieures à l'expérience qu'elles dominent et rendent possible et cependant doivent être vérifiées par l'expérience. Le sujet pensant ne peut pas les découvrir en soi par la réflexion, car elles sont en lui invisibles et latentes. Mais si la conscience ne peut saisir en nous ces fameuses lois, peut-on démontrer leur existence par le raisonnement? En aucune manière, dit M. Liard, la démonstration est impossible et d'ailleurs inutile.

« On ne démontre pas les principes, car principe veut dire commencement, et n'y a pas de premier anneau dans une chaîne illimitée (1) ». Cependant l'analyse critique peut recevoir une vérification synthétique.

Nous avons vu à la lumière de la philosophie de Saint-Thomas, combien est sophistique cette vérification. En nous appuyant sur l'expérience universelle et sur la raison de tous les hommes, nous avons démontré l'objectivité du temps, de l'espace, du nombre, de la substance et de la cause, et nous avons fait voir, par les analyses pénétrantes de la philosophie scolastique que la doctrine kantienne ne repose sur aucun raisonnement solide et que son seul fondement est la parole et l'imagination de Kant. Nous n'avons pas à revenir sur cette démonstration qui est inattaquable. Mais nous devons montrer que la méthode générale de la critique est la plus antiscientifique que l'on puisse imaginer.

7. — Le grand procédé de Kant est l'emploi exclusif de la synthèse. Toutes ces lois objectivo-subjectives sont synthétiques : l'espace et le temps, leur union intime, les relations qui attachent le nombre à l'étendue, à la succession, au mouvement, les notions de substance et de cause, les axiomes mathématiques et géométriques, sont des synthèses primitives, a prioriques, et irréductibles. (2) Kant s'est interdit à jamais l'analyse et naturellement les disciples trop dociles de cet homme génial suppriment l'analyse à l'origine de la science, et lui enlève par là tout caractère rationnel.

(1) Liard, p. 210.
(2) Toute cette doctrine est exposée dans les chapitres 2ᵉ et suivants de la seconde partie de *la Science positive et la métaphysique*.

Si, pour apprendre avec plus de rapidité une science faite, le procédé synthétique est le meilleur ; pour fonder une science nouvelle, ou contribuer aux progrès déjà réalisés, l'analyse doit nécessairement dominer. Tous les hommes qui s'adonnent avec succès aux sciences physiques, naturelles ou chimiques, tous les grands géomètres et les illustres mathématiciens ont dû leurs découvertes à l'emploi prépondérant de l'analyse. Donc le philosophe de Kœnigsberg qui voulait renouveler la philosophie, comme avait renouvelé l'astronomie l'illustre Copermi, auquel il se compare modestement, devait-il commencer par l'analyse des idées, par *la simple appréhension* et non par des jugements synthétiques à priori.

Ces jugements n'existent pas, nous l'avons vu précédemment ; les exemples allégués par Kant vont tous contre sa thèse, ce sont des jugements évidemment analytiques. Il n'en est pas moins vrai qu'en construisant sa critique sur cette base, Kant a chassé des substructions de son architecture, la raison et l'expérience, la raison puisque ces jugements ne sont pas analytiques, l'expérience puisqu'ils sont *a priori*. Quand je dis : la ligne droite est le plus court chemin d'un point à un autre, si nous nous en rapportons à Kant, cette vérité ne découle pas de l'analyse rationnelle des idées ; ce penseur prétend, à tort, que l'idée de la plus courte ligne ne résulte pas du concept de la ligne droite. Cette vérité n'est pas non plus le résultat de l'expérience, puisqu'elle est un principe régulateur de l'expérience. D'où vient-elle donc? D'une nécessité ténébreuse, aveugle et subjective, qui n'est pas sans analogie avec le *fatum* de l'antiquité. Tout le kantisme et le criticisme est donc fondé sur un acte de foi aveugle.

Les dogmes catholiques exigent l'adhésion totale de l'esprit à la révélation divine, enseignée par l'Église ; mais cette adhésion n'est pas aveugle, elle est précédée de la discussion rationelle des motifs de crédibilité. Les dogmes kantiens, c'est-à-dire les jugements synthétiques *a priori*, obtiennent, de la part de tous les criticistes, un assentiment absolu, qui n'a pas été précédé de la discussion de motifs rationnels. Il n'y a pas ici de raisons de croire : Kant a pris soin d'enlever toute raison en proscrivant l'analyse rationnelle ; il demande une foi aveugle dans ses propres lumières, et il l'obtient par la seule autorité de son nom, malgré l'étrangeté, l'inintelligibilité de sa doctrine, qui est démentie, à chaque instant, chez tous les hommes, par l'expérience et la raison universelle.

8. — Que devient, dans cette doctrine, la nécessité, l'universalité de la science ? Il est facile de le dire en peu de mots. Ce qui demeure debout, c'est un scepticisme scientifique, absolu et intégral, c'est-à-dire la mort, l'anéantissement de la raison humaine. La preuve de ce que nous avançons est évidente, et nous avons ici des aveux précieux à enregistrer.

Quand je dis que les corps s'attirent en raison directe de leur masse et en raison inverse du carré des distances, si je m'obstine à me laisser conduire par les principes de la philosophie thomiste, je comprends qu'il y a des corps qui se meuvent dans un espace vrai, et j'admets que je formule une loi qui règle leurs mouvements.

Mais si je suis éclairé par le flambeau inventé par Kant, je suis obligé de me dire à moi-même : il n'y a pas de corps réels; la substance est une loi subjective en vertu de laquelle j'ai l'air de séparer mes sensations de mon moi et de les projeter au dehors. Il n'y a même pas de dehors, puisque l'espace est encore une loi subjective, une synthèse a priorique ; l'apparence seule reste debout. La vraie formule kantiste, de la loi astronomique précitée sera celle-ci : mes phénomènes subjectifs qui s'appelle corps produisent en moi cette apparence : de sembler s'attirer, c'est-à-dire de modifier les distances qui paraissent les séparer, mais qui ne les séparent pas du tout — puisque l'espace est une loi du sujet pensant. — Et l'attraction apparente que ces phénomènes subjectifs semblent exercer les uns sur les autres paraît proportionnelle d'abord à ce que j'appelle leur masse, mais ne l'est pas, — car ladite masse n'est qu'une sensation de mon moi, — et ensuite au carré de leurs distances. Mais n'oublions pas qu'en parlant de distances vraies, je me trompe et je trompe. En réalité tout se passe dans mon œil. De là vient la justesse — kantiste — de cette parole d'un philosophe français, impossible à comprendre à qui n'est pas initié aux mystères de la philosophie allemande : Nous avons dans l'œil des distances astronomiques.

Il est alors permis de se demander : que devient la science avec la doctrine criticiste ? Le chimiste a la prétention d'étudier et d'arriver à discerner les divers éléments qui forment les corps et les lois multiples de leur composition. Les couches si variées qui composent l'écorce du globe terrestre révèlent au géologue la structure objective et réelle de notre planète. Les fleurs et tous les végétaux sont classés par le botaniste, en genres, en espèces et en familles spéciales d'après des caractères vrais et non pas sur de simples phénomènes subjectifs du savant. Il en est ainsi de toutes les sciences.

Elles sont éminemment objectives. Ceux qui s'y adonnent et qui sont si heureux de leurs découvertes s'ils arrivent à reculer les horizons de la science, croient savoir quelque chose, quand ayant séparé les apparences trompeuses des réalités permanentes ils ont trouvé dans tous les signes de la nature l'ordre permanent et les lois directrices. Mais qu'est-ce que leur science, si le criticisme a raison ? Si les phénomènes ne sont que nos sensations objectivées, si les lois par lesquelles ils semblent s'unir en un ensemble harmonieux sont les lois, non des choses, mais de la pensée subjective, si le principe de causalité existe seulement dans l'esprit et non pas dans l'objet ? « Les êtres (1), dit M. Liard, ont un dedans et un dehors. Par leur dehors, ils constituent l'objet de la science. Nous ne les parcourons qu'en surface. L'intérieur nous est inaccessible. Le langage mécanique de la nature est intraduisible à la science. Celle-ci parvient seulement à déchiffrer le sens des sensations proprement dites ; elle ne va pas plus loin ».

Donc les géologues, les astronomes, les naturalistes, les chimistes et en général tous les savants, quelle que soit la partie du savoir humain qu'ils cultivent, sont victimes d'une illusion colossale. Nulle science n'est possible, sinon la psychologie. Nous avons vu dans un chapitre précédent qu'un distingué psychologue Kantiste ne recule pas devant cette conclusion : « Quand l'astronome regarde une étoile dans sa lunette, ce qu'il perçoit ce n'est rien de plus que ses propres sensations. Quand le

(1) Ouvrage cité, p. 297.

physiologiste étudie les globules sanguins au microscope, ce qu'il perçoit, ce n'est rien de plus que ses propres sensations... *Toutes les sciences sont à ce titre des fragments de la psychologie qui est la science universelle.* »

9. — C'est en vain que, pour sauver la science de l'anéantissement dont il la menace, le criticisme trompé et énivré par ses propres conceptions, s'écrie dans un élan d'enthousiasme. Grâce à Kant, « les sensations qui sont en elles-mêmes individuelles, variables et subjectives, sont transformées en objets de connaissance, parce que les lois, qui sont les conditions inhérentes à la pensée elle-même, leur sont appliquées. La pensée demeure la législatrice de la science ; elle impose ses lois à la réalité entière... Alors l'esprit peut édifier la science, c'est-à-dire dépasser dans ses prévisions le résultat des expériences accumulées ; il voit le passé et l'avenir. La science est vraie, parce que l'esprit existe... La critique est inattaquable ; les lois *a priori* de la pensée se manifestent dans l'expérience. Les sensations sont nécessairement liées avec les lois universelles de la pensée. »

Remarquons d'abord que c'est confiner la science dans des limites trop étroites que de borner son effet à nous faire dépasser dans des prévisions le résultat des expériences accumulées, à voir l'avenir en même temps que le passé. C'est une jouissance pour moi de savoir que le soleil se lèvera demain et qu'il y aura une éclipse de lune dans six mois. Mais il y a d'autres sciences que les sciences de la nature. Dans celles-ci même, ce que nous cherchons, c'est moins l'utilité pratique que la possession de la vérité. Il y a, en nous, un désir insatiable de savoir ;

nous désirons connaître tout ce qui peut être connu.

Ceci posé, l'on peut demander au philosophe criticiste ce qu'il entend par l'accumulation des expériences, ce que c'est que la pensée, que l'esprit.

La doctrine thomiste laisse le monde tel qu'il est et n'a pas besoin de le reconstruire avec les abstractions. Pour que l'homme puisse connaître et ordonner la somme de ses connaissances en un ensemble harmonieux, il suffit que le monde soit, en lui-même, intelligible et que nous possédions une intelligence immatérielle, capable de saisir, sous la mobilité des apparences, ce que les choses ont d'universel et de nécessaire.

Le criticisme, toujours docile aux leçons de Kant, affecte d'une part d'ignorer l'existence en nous d'une faculté suprasensible et, d'autre part, de proclamer que le fond des choses est inconnaissable. Où donc la science prendra-t-elle les caractères d'universalité et de nécessité dont elle ne peut se passer ? C'est bien simple, répond notre philosophe, elle les prendra dans les lois à prioriques, lois nécessaires, immuables, indivisibles, lois qui sont les conditions inhérentes à la pensée elle-même, à l'esprit pensant.

Cette réponse est-elle satisfaisante? Dans une question de cette importance, on ne doit pas se contenter d'à peu près; et le moyen de voir clair dans les idées et dans les choses, c'est de bien définir. Qu'est-ce donc que la pensée ? qu'est-ce que l'esprit ?

« Pour la science positive (1), dit M. Liard, un homme est une somme variable de phénomènes géométriques, mécaniques, physiques et chimiques ».

---

(1) p. 209.

Un disciple de Kant — fidèle, comme ils le sont tous, à la parole du maître — n'admet pas, ne peut pas admettre qu'il existe d'autres hommes que lui. Ce serait raisonner comme un simple scolastique. Par conséquent, la pensée, l'esprit dont les lois à prioriques forment le fondement de la science, ne sauraient prêter à celle-ci la nécessité, l'universalité qu'elles posséderaient, si le moi était sûr qu'il y a des pensées semblables aux siennes, et des esprits organisés comme le sien. L'universalité des esprits humains et des pensées humaines, et la nécessité de suivre en pensant certaines lois fixes, pourrait peut-être rejaillir de la source d'où elles sortent dans les phénomènes sensibles et en faire des objets scientifiques. Le kantisme s'est interdit cette ressource; puisqu'il déclare à chaque instant inconnaissable, tout ce qui est hors du moi.

La pensée dont M. Liard parlait tout à l'heure, c'est la pensée du moi; cet esprit est le moi. Moi, ce n'est pas vous; et vous, vous pouvez en dire autant de moi-même. D'ailleurs, le moi aurait tort de s'enorgueillir; Kant a trouvé et les kantistes ont reçu de leur maître des armes puissantes qui vont singulièrement abattre ses prétentions.

Le moi de *la Raison Pure* n'est qu'un phénomène, la personne que je suis et que vous êtes n'est qu'une apparence. Le moi substantiel et nouménal est pour nous la nuit noire; impossible de savoir s'il existe et s'il a conscience de soi ou bien s'il ne doit pas être confondu avec je ne sais quel moi absolu, qui serait tout.

Mais que savons-nous du moi phénoménal ? Nous ne savons que bien peu de chose, selon M. Liard, quand nous sommes réduits à l'intuition de nous-mêmes. « Faisons (1) abstraction de toute représentation sensible, que reste-t-il ? L'unité abstraite du moi. Mais elle ne peut même pas se saisir comme unité, car il lui faut pour cela s'opposer à une multiplicité, et les fonctions multiples qu'on peut supposer en elle sont virtuelles, tant qu'une multiplicité réelle et extérieure ne les a pas sollicitées à l'action. »

Et, c'est ce moi apparent, dont la nature, dont l'existence réelle même m'échappent, ce moi dont je ne sais même pas s'il est un, avant d'avoir subi un choc *extérieur* (2), ce moi qui n'était pas hier et qui ne sera plus demain, c'est ce moi qui doit donner à la science la nécessité, l'universalité, l'immutabilité ! Franchement, c'est à n'y rien comprendre, et c'est le cas de répéter ce que le Sage a dit de certains hommes : ils se perdent dans leurs vaines conceptions !

10. — D'ailleurs, ces lois à prioriques de temps, d'espace, de nombre, de substance, de cause, qui s'assujettissent le moi et règlent la pensée, que sont-elles en elles-mêmes ? Jouent-elles dans ce système le rôle réservé dans les drames compliqués au *deus ex machina* qui fait tout rentrer dans l'ordre et conduit avec une facilité extrême au dénouement ? On le dirait, si l'on n'était retenu par la crainte révérentielle qu'inspire le philosophe que nous combattons ? Sont-ce des absolus ? ou des idées en l'air ? De quel droit viennent-elles imposer leur autorité à mon moi, si faible, si apparent soit-il ? Car mon moi, c'est moi-même et j'y tiens beaucoup et ma pensée ne

---

(1) p. 281.
(2) Comment, dans ce système, peut-on parler de quelque chose d'extérieur au moi ? Nous ne nous chargeons pas de le comprendre, encore moins de le dire.

veut subir aucune nécessité aveugle. D'où ces fameuses lois tirent-elles leur nécessité, leur universalité? Qui pourra me garantir qu'elles dureront? Du reste cette nécessité n'est qu'un leurre. « L'esprit gouverné par ces lois, disait tout à l'heure M. Liard, peut édifier la science, c'est-à-dire dépasser dans ses prévisions le résultat d'expériences accumulées, il voit le passé et l'avenir ». Ce langage est celui d'un scolastique et non pas d'un criticiste. Seule la philosophie objectiviste peut parler d'expériences accumulées, sans doute, par les autres hommes, puisque les criticistes ne savent pas si les autres hommes existent. Chaque moi sera donc obligé de construire, pour lui seul, l'édifice de la science. Mais il ne retirera aucun profit de ce pénible labeur. « Le résultat de la science, dit M. Liard, est de dépasser dans ses prévisions, le résultat des expériences accumulées; l'esprit voit le passé et l'avenir. » Comment peut-on parler d'avenir et de passé, quand on est kantiste? Un des principaux dogmes kantiens est la subjectivité de l'Espace et du Temps. Or, les expériences accumulées soit par le moi que je suis, soit par les autres hommes, — en supposant qu'ils existent — ces expériences ne sont possibles que dans l'espace. Le passé et l'avenir sont des parties du temps. Par conséquent les lois à prioriques — nécessaires et immuables, fondements de la science positive — s'imposent à l'esprit sans raison et l'esprit les reçoit fatalement et toute cette architecture arbitraire, fruit d'une imagination déréglée, a pour résultat de nous faire percevoir comme successifs, comme allant du passé à l'avenir, des choses et des événements qui ne sont pas successifs.

11. — La possession de la vérité, fruit de la

science, peut-elle être atteinte, en suivant des routes si tortueuses ? Nous ne le pensons pas.

La vérité est l'équation entre l'intelligence et l'objet. Connaître la vérité n'est rien autre chose que connaître cette équation. Il y a devant moi un arbre, je vois cet arbre ; par mon intelligence je le classe dans la catégorie des végétaux qui possèdent les caractères que ma perception me montre réalisés dans cet objet particulier. Je constate l'existence réelle de cet arbre ; cette vérité subjective a pour cause la vérité objective, c'est-à-dire l'être réel de l'objet. Il suit de là que la vérité n'existe pas dans la simple perception intellectuelle, mais dans la connaissance reflexe et dans le jugement. Par le jugement, non seulement je connais des choses vraies, mais je sais, je vois que je saisis la vérité, la conformité de ma connaissance avec son objet. Ce repos de l'esprit dans la possession de la vérité est le plus beau résultat de la science.

Il n'est pas possible dans le criticisme, qui n'admettant pas la réalité et la vérité de l'objet, doit considérer et considère en effet, comme inaccessible l'acquisition de la vérité. Mais, au fond, le philosophe qui a compris et s'est assimilé les dogmes kantiens, reproduits, avec des variantes superficielles par le criticisme français, jouit-il en paix des résultats de ce difficile labeur ? Nous ne le pensons pas. Si kantiste, si criticiste que l'on soit, l'on est homme néanmoins et soumis aux inéluctables et innombrables nécessités de la vie pratique. Dans le bureau solitaire où Kant écrivait la *Critique de la Raison Pure* et M. Liard *La Science positive et la Métaphysique*, ces penseurs ne pouvaient pas s'empêcher de croire réelle leur table de travail et la plume avec laquelle ils écrivaient ; et en même temps ils étaient occupés à se persuader eux-mêmes que cette table et cette plume et tout le monde extérieur étaient des applications objectivées de leurs principes *a priori* subjectifs. Et ce combat de deux idées si diamétralement opposées, cette lutte contre nature était incompatible avec le repos et la tranquillité de la vérité possédée. A plus forte raison le calme intellectuel que les fondateurs de cette doctrine étrange n'ont pas connu, fuit-il persévéramment les efforts de leurs disciples.

Non, les criticistes, les kantistes ne possèdent pas, ne peuvent pas posséder la certitude, qui naît, non pas de l'évidence subjective de l'esprit connaissant, ni d'une nécessité interne aveugle, mais de l'évidence objective et d'une intuition immédiate. Ces hommes sont les victimes d'un scepticisme absolu, qui est le supplice de l'intelligence. Nous avons ici à enregistrer des aveux éloquents. Le kantisme, dit M. Liard, « n'est qu'une hypothèse. On ne peut résoudre ces questions que par des hypothèses ». Quoi de plus certain, de plus universel, de plus immuable, de plus nécessaire que les propositions de l'arithmétique et de la géométrie, que ces vérités : deux fois deux font quatre, la ligne droite est le plus court chemin d'un point à un autre? D'après M. Liard et les savants kantistes, cette nécessité n'est qu'hypothétique. « Cette nécessité de fait n'est pas une nécessité de droit. Nous pouvons concevoir, sinon imaginer, un espace avec d'autres propriétés. La chose est si vraie, que d'illustres géomètres, Gauss, les deux Bolyai, Riemann, Lobatschewski, n'ont vu dans la géométrie euclidienne, définie par l'axiome de la ligne droite et celui du plan, qu'un cas particulier d'une géométrie plus générale. Notre espace à trois dimensions ne serait alors qu'un des possibles contenus dans l'espace à un nombre illimité de dimensions ». Ce doute est logique. La nécessité subjective, ce dogme kantien, n'est rien autre chose que la constatation d'un simple fait personnel, nullement nécessaire. Si nous mettions nos organes dans une activité différente, nous pourrions faire d'autres expériences sur les propriétés de l'espace et en trouver d'opposées aux propriétés actuelles. C'en est fait de la certitude scientifique ; c'en est fait de l'immutabilité, de l'universalité, de la nécessité de la science. Le fondement de toute pensée est détruit : ce qui règne, c'est un scepticisme sans remède. Si c'est une nécessité subjective, une sorte d'habitude instinctive, de penser qu'il n'y a qu'une plus courte ligne entre deux points, c'est aussi une habitude de dire : deux fois deux font quatre, la même chose ne peut être et ne pas être sous le même rapport. Des savants kantistes ont pensé qu'il peut y avoir des régions dont les habitants peuvent soutenir avec raison que deux fois deux font cinq. Et nous ne voyons pas ce que les purs criticistes peuvent répondre à cette absurdité.

Si les sciences absolument vraies sont hypothétiques et relatives à la constitution de notre moi, combien plus incertaines sont les sciences naturelles ? Dans la philosophie objectiviste, ces lois sont fondées par le principe de la causalité et l'induction, qui reposent sur la constance des lois de la nature ; et la raison de cette constance est la sagesse divine. Mais un astronome criticiste qui se couche n'est pas sûr que le soleil se lèvera le lendemain, ou que, se levât-il, il continuera d'éclairer l'univers. Cela dépend de la structure de son moi et de la constitution de son œil. Puisque nous sommes dupes d'une illusion en croyant à l'existence objective du soleil et de la lumière, pourquoi cette illusion ne cesserait-elle pas ? Pourquoi le progrès du sujet pensant, du moi phénoménal ne ferait-il pas luire le soleil de la vérité à la place de l'autre soleil ? La prévision que la science apporte à l'homme ne diffère donc en rien de l'attente instinctive des cas semblables, que possèdent aussi les lièvres et les chiens.

Le criticisme se posait en défenseur de la science contre les prétentions de l'empirisme et du positivisme. Il accusait avec raison les associationistes anglais de rendre la science hypothétique, incertaine, fugitive, subjective. Nous venons de démontrer que ces objections se retournent contre lui. Ses principes et ses conclusions sont dans une contradiction évidente avec ses prétentions ; lui aussi aboutit logiquement à la destruction, à l'anéantissement de la science.

12. — Dans toutes les langues humaines, on appelle contradiction l'affirmation de deux choses opposées. Se contredire, au regard de toute intelligence, c'est soutenir deux idées qui se détruisent, deux faits dont l'un est la négation de l'autre. Si je dis qu'entre deux points donnés, on ne peut mener qu'une seule ligne droite, et qu'on peut mener entre deux points plusieurs lignes droites; si je déclare qu'au même instant, soit le 26 avril 1901 à midi précis, je vois à dix mètres de distance, un arbre fruitier couvert de fleurs et que à cet instant, je ne vois pas à cette distance un arbre fruitier couvert de fleurs, j'énonce deux idées, deux faits, qui se combattent et se détruisent. La vraie formule de la contradiction est celle-ci : ce qui est sous un rapport

donné n'est pas sous ce même rapport. La contradiction est la mort de l'intelligence. Avec elle, plus de pensée, plus de science, plus de société, plus d'être. A la base de toutes les sciences soit pratiques, soit spéculatives, on trouve le principe de contradiction, d'après lequel la même chose ne peut pas être et ne pas être sous le même rapport. C'est là le fondement inébranlable de toute certitude, de toute idée. Ce principe est nécessaire absolument ; il est la loi de toute pensée et de tout être.

Nous venons de signaler dans le criticisme une première contradiction essentielle. Ce système se propose de donner à la science et aux sciences les fondements solides de la nécessité, de l'immutabilité, de l'universalité. Nous avons vu, au contraire, que les principes de cette étrange théorie conduisent logiquement à l'anéantissement de toute science, puisqu'ils lui enlèvent le triple caractère qui lui est indispensable.

En poursuivant notre étude, en nous appuyant sur des citations textuelles, en dissipant l'obscurité avec laquelle le philosophe que nous combattons enveloppe ses conceptions, nous mettrons dans un jour lumineux un autre contradiction essentielle, qui fait le fond du système et dont l'expression se trouve presque à chaque page du livre : *La Science positive et la métaphysique*. Et cette énorme contradiction, la voici réduite à son expression la plus simple : M. Liard affirme l'existence du monde extérieur, et en même temps il nie l'existence du monde extérieur. « C'est un FAIT, déclare expressément notre philosophe, c'est un fait qu'il existe un nature extérieure à nous; c'est un fait que nous en faisons la science» (1).

(1) p. 206.

Ailleurs le penseur criticiste combat l'idéalisme et reproche à ce système d'absorber la nature dans la pensée. Dans beaucoup de passages, trop nombreux pour que nous puissions les énumérer, il est question de corps, de système planétaire, de molécules et d'atomes ; on parle d'un mouvement qui circule d'un pôle à l'autre du monde. — « Les changements d'état subis par les corps, sans que la constitution chimique en soit altérée, sont aussi des résultats du mouvement intime qui en anime les dernières particules. L'eau, par exemple, passe de l'état liquide à l'état gazeux, sous l'influence de la chaleur. Les molécules n'en sont pas décomposées, mais les distances qui les séparent sont accrues » (1). Les êtres ont un dedans et un dehors ; par leur dehors, ils constituent l'objet de la science. Nous ne les parcourons qu'en surface. L'intérieur nous est inaccessible (2). « L'objet de connaissance est une fusion de deux éléments, ou mieux un produit de deux facteurs : le sujet pur, l'objet pur, facteurs qui, en fait, ne nous sont pas donnés isolément, mais en leur produit commun » (3).

13. — Cette doctrine est réaliste et peut être admise, moyennant quelques explications, par l'école péripatéticienne. La distinction radicale entre le sujet et l'objet y est affirmée expressément. L'esprit pensant n'est donc pas tout ; l'objet possède une existence propre, spéciale à lui, indépendante de l'existence du sujet. Tous deux sont donc des êtres en soi, c'est ce que nous appelons, avec les philosophes de toutes les écoles, de vraies subs-

---

(1) p. 284.
(2) p. 297.
(3) p. 329.

tances. Il importe peu que M. Liard proclame, comme une vérité absolument certaine, que le dedans des êtres est pour nous inconnaissable. Cette erreur ne diminue en rien l'importance de l'aveu, par lequel est proclamée l'existence dans les choses, dans les corps, d'un *intérieur*, d'un *dedans*, d'une *constitution chimique*. Cette constitution intime, ce dedans, cet intérieur : voilà précisément ce que les scolastiques appellent l'essence des choses. Lorsque l'eau passe de l'état liquide à l'état gazeux, un effet est produit ; tout effet suppose une cause, cette cause du reste, M. Liard la désigne formellement ; c'est, dit-il, l'influence de la chaleur. La causalité est donc objective. Évidemment ce n'est pas moi qui produis l'ébullition de l'eau, c'est le feu que j'allume sous le récipient. Le philosophe criticiste constate que des changements d'état sont subis par les corps. Ceux-ci sont donc réellement passifs. Il suit de là que l'action, la passion sont des catégories objectives et réelles. Et c'est fort heureux, car il faudrait avoir perdu tout usage de l'intelligence pour attribuer au moi pensant les modifications qui changent la constitution chimique des corps.

Mais est-il bien vrai que l'intérieur des choses nous soit aussi inaccessible que notre philosophe le prétend ? Parler de constitution chimique, de particules dernières, d'atomes et de molécules, n'est-ce pas affirmer une certaine connaissance de la nature intime ? Cette science n'est pas complète sans doute : il reste encore à déterminer l'essence de la molécule et de l'atome. Mais de quel droit cette ignorance relative et particlle, dont les savants s'appliquent tous les jours, avec d'incontestables succès, à restreindre le domaine, ose-t-elle se poser comme une ignorance totale, absolue et nécessaire ? M. Liard vient lui-même de réduire à néant cette prétention ridicule, dont il s'était fait imprudemment l'écho.

En continuant de commenter les propres aveux de ce philosophe, nous ne tarderons pas à faire d'autres découvertes intéressantes. On sait qu'un des dogmes, le plus souvent affirmés par Kant et acceptés par les criticistes français, consiste dans la subjectivité de l'espace et du temps. La *science positive* contient plusieurs chapitres uniquement consacrés à démontrer qu'il est impossible et contradictoire que l'espace et le temps soient des déterminations objectives. Et cependant, notre auteur, dans une des citations que nous venons de faire, pour expliquer le passage de l'état liquide à l'état gazeux, déclare que les molécules de l'eau ne sont pas décomposées, mais que les distances sont accrues. Il ne peut être ici question que d'une distance objective et réelle. Prétendre le contraire, ce serait dire que le phénomène de l'ébullition produit uniquement cet effet de modifier ma faculté de sentir, de me représenter sous un volume plus grand une masse corporelle qui reste aussi petite qu'auparavant. Ce serait une absurdité, qui serait au-dessous de toute critique. La distance qui s'augmente dans l'état gazeux de l'eau est donc vraie objectivement, non pas seulement apparente, mais réelle et transcendantale.

Mais qu'est-ce que la distance ? sinon l'éloignement plus ou moins grand entre deux points de l'espace. L'espace existe donc dans le monde objectif : il n'est donc pas une affection du sujet sentant que celui-ci verse dans les choses extérieures. Et voilà l'une des plus inébranlables colonnes du kantisme et du criticisme jetée par terre.

Un raisonnement pareil va faire subir un sort semblable à l'autre dogme kantien sur le temps.

Si l'eau passe réellement de l'état liquide à l'état gazeux, si les distances entre les molécules s'accroissent, si des changements d'état sont subis par les corps, toutes ces opérations ne peuvent avoir lieu que dans le temps. Tout changement dans les choses naturelles implique la succession. A moins de nier le changement et d'affirmer l'identité et l'inertie absolue de toutes choses, on est obligé de reconnaître, si kantiste que l'on soit, que le temps n'est pas une pure modification, une simple forme de la sensibilité subjective, mais qu'il est objectif et réel.

Il en est ainsi du nombre. Les molécules sont une multitude finie ; un corps est composé d'unités véritables. L'eau n'est pas la même chose que le vin ou le marbre, ou la fleur ou le chien. Autant il y a d'êtres, autant on compte d'unités. Les éléments du nombre existant dans la réalité extérieure, nous devons conclure que le nombre est objectif.

Par conséquent d'après le propre témoignage de M. Liard et conformément à ses aveux très formels, le temps, l'espace, le nombre, la cause et la substance sont des déterminations de la chose en soi. Sur ces fondements peut se construire une métaphysique vraiment scientifique qui ne différera pas du tout de la métaphysique réaliste de Saint-Thomas.

14. — Maintenant, en face de ces affirmations réalistes, disséminées dans tous les parties de

l'ouvrage, essayons de comprendre une doctrine très différente qui constitue l'essence du système tout entier.

« — Nous ne percevons pas, dit le philosophe criticiste, un monde extérieur à nous, mais nous avons conscience de sensations de résistance, de couleur, de saveur, de son... » Nous n'avons une perception directe que de nos seuls états de conscience... (1). Les différences spécifiques de nos sensations *objectives* (2) viennent de nous et non pas de l'objet... La sensation ne fait pas le départ de ses éléments subjectifs et objectifs ; elle se témoignage à elle-même, comme objet, avec sa qualité spéciale (3).

N'allons pas croire que les éléments objectifs, dont parle notre auteur, viennent de l'objet réel, extérieur, transcendental. Nous commettrions une méprise grossière. Les deux éléments, distingués avec soin, viennent du sujet sentant. Et voici la raison de cette différence : « La pensée est distincte de la sensation. La sensation est, par exemple, la perception de la couleur, de la résistance, de la saveur du son. La pensée est le système des conditions qui président à l'exercice de toute pensée. Ces conditions, ces lois primordiales qui érigent nos sensations en objets et les rendent intelligibles — c'est-à-dire les élèvent à la dignité de pensées, — ce sont les lois de temps, d'espace, de nombre, de substance et de cause ». Pour devenir un objet de connaissance, la sensation doit revêtir des formes qui sont le résultat et l'expression des lois fondamentales de la connais-

---

(1) P. 49.
(2) Rappelons-nous que objectives veut dire ici subjectives.
(3) P. 108.

sance (1). Les sensations, en elles-mêmes, n'ont aucune preuve de réalité objective ; elles sont donc subjectives. Elles sont transformées en objet, parce que les lois qui sont les conditions inhérentes à la pensée elle-même leur sont appliquées. — « La pensée impose ses lois à la réalité entière ». — Gardons-nous encore une fois de donner à ces deux dernières expressions le sens d'objets extérieurs vraiment réel, existant positivement en dehors du moi. Cette réalité est purement apparente. L'objet est un objet-sujet ; le sujet est un sujet-objet.

Ou bien les mots doivent perdre toute signification, et il faut cesser d'écrire et de penser, ou bien cette doctrine est l'idéalisme le plus absolu.

Sortons de ces abstractions si nuageuses, plaçons-nous dans le monde réel, et faisons l'application de ces doctrines si étranges, si parfaitement inintelligibles, si incroyables.

15. — Ce qui fait la différence spécifique des sensations selon le criticisme, c'est le sujet seul. Éclairons ce dogme kantien par un exemple : Le 30 septembre 1900, à midi, je me trouvais à Paris sur le pont Alexandre III, me dirigeant vers le Trocadéro, lorsque je fis la rencontre d'un vieil ami de race blanche et même excellent Français de France et d'origine lorraine ; il était accompagné d'un nègre du Haut-Oubanghi, aux lèvres très lippues et aux cheveux très crépus, noir comme l'ébène et d'une taille au-dessous de la moyenne. Nous échangeâmes, l'ami et moi, quelques paroles de congratulation affectueuse et d'admiration vraie pour le spectacle qui s'étalait devant nos regards sur les

(1) p. 200.

deux rives de la Seine. Le nègre, qui savait une douzaine de mots français, aurait bien voulu prendre part à la conversation ; il nous interrompait de temps en temps pour placer quelques réflexions dans une langue où le dialecte nègre dominait. Puis voyant qu'il ne parvenait pas à se faire comprendre, il termina par une période assez longue où il ne se servit que de sa langue maternelle, en s'accompagnant de gestes qui exprimaient le dépit et la mauvaise humeur.

Voilà un fait. Tout homme raisonnable pensera qu'il y avait ce jour-là sur le nouveau pont, dont les arcs immenses sont de vrai fer, un groupe de trois hommes de taille, de couleur, de langage différents, et que ces différences étaient non seulement apparentes, mais réelles, objectives et transcendantales. La théorie d'un philosophe scolastique se trouvera d'accord avec le témoignage du bon sens, de la raison, de l'expérience universelle. Mais cette philosophie, dit M. Liard, est une « de ces doctrines inférieures qui, espérant se garder de ce qu'elles appellent les excès de l'empirisme, de l'idéalisme et de la critique, maintiennent, au nom du sens commun, des distinctions absolues entre les choses de l'expérience et celles de l'esprit, sans même se demander comment la communication pourrait s'établir entre choses radicalement hétérogènes. Ces doctrines inférieures leurrent l'esprit, car elles érigent en solutions les problèmes à résoudre » (1).

Ne voulant pas leurrer notre esprit, avide de vérité et de lumière, nous allons expliquer ce fait d'après les données du criticisme. Tout d'abord, nous

(1) P. 206.

prenons la résolution de « ne pas attribuer aux termes la signification qu'ils n'ont pas dans l'esprit du savant. » Les trois hommes, le pont, le fleuve qui passe dessous, le Trocadéro, les quais et toutes les merveilles étalées sur les deux rives de la Seine, le sol qui nous porte, le soleil qui darde ses rayons : tout cela, ce sont des mots qui nous trompent, en prétendant représenter des objets réels. Je ne perçois que mes sensations, les sensations de moi, pas celles de mon ami ni celles du nègre. Vous croyez sans doute que les différences de couleur que vous constatez sur le visage de ces deux hommes ont leur origine dans leur propre corps et dans leurs races diverses. Vous êtes dans l'erreur. Cette diversité vient de mon œil. Il vous semble que le sol du pont Alexandre III est plus solide objectivement que la masse liquide du fleuve : vous vous imaginez aussi évidemment que le langage de l'africain n'est pas du tout la même chose que le langage du citoyen français. Ces erreurs indiquent chez vous une ignorance profonde. Apprenez enfin et tâchez de comprendre et de retenir que les différences spécifiques des sensations ont pour cause unique le moi seul, et que ce moi n'est qu'une apparence.

Au regard de la science criticiste, il n'y a pas de pont, ni d'eau, ni de soleil. Ces hommes, de statures différentes, ont la même taille, ou plutôt, ils n'ont pas de taille du tout. Avez-vous donc oublié que l'étendue est une affection subjective du moi phénoménal ?

Vous avez dit : le 30 septembre, à midi précis. Et que devient le dogme criticiste sur la subjectivité du temps ? Vous osez soutenir que l'impossibilité de se faire comprendre est la cause vraie de la mauvaise humeur que manifeste l'enfant du Haut-Oubanghi ?

Sachez donc une bonne fois qu'il n'y a pas d'Oubanghi, ni haut, ni bas, ni d'Afrique, ni de distance, ni d'espace vrai et que la causalité n'a pas de réalité extérieure.

Cessez enfin d'être un homme de bon sens, élevez-vous au-dessus de l'abîme de ces croyances inférieures où vous êtes plongés, et apprenez enfin le dernier mot de la science criticiste : En réalité, il n'y avait pas trois hommes, mais un moi sentant et pensant. Ce moi-sujet s'est répandu hors de lui et a créé ces phénomènes extérieurs dont nous venons de parler et qui sont de pures et vaines images. Et quand ce moi est revenu chez lui, quand j'eus fini de franchir la distance de 250 kilomètres qui me sépare du pont Alexandre III — ce qui est une façon de parler absolument défectueuse, puisqu'il n'y a pas d'espace objectif — je crus avec une ferme conviction que Paris et les Parisiens existaient toujours. Mais je reconnais maintenant mon erreur. « Nous localisons nos sensations dans l'espace, enseigne le philosophe criticiste, et quand nous avons cessé de les sentir ou de les percevoir, nous ne laissons pas d'être convaincus qu'elles continuent d'exister. Le bon sens se révolterait à l'idée que ce sont là de vains fantômes, comme ceux du rêve. Cependant une rigoureuse analyse démontre que les objets avec leurs qualités spéciales, ce sont uniquement nos sensations projetées hors de nous et érigées ainsi en objets » (1). Donc quand nous ne les percevons pas, ils cessent d'être.

Si cette doctrine n'est pas l'idéalisme pur, avec

---

(1) P. 198.

son inintelligibilité et son absurdité, quelle est-elle donc? La théorie de Berkeley se résume dans cette formule : *Esse est percipi*. L'être des choses consiste dans ma perception. Y a-t-il la moindre différence entre cette théorie et le système criticiste ? Nullement ; en tout cas, nous ne pouvons la saisir. Nous savons bien que M. Liard, en maints endroits, soutient que les choses ont un dedans, un intérieur, et que cet intérieur est inconnaissable, bien qu'il proclame qu'il est constitué par les atomes en mouvement : ce qui nous donne sur la nature intime deux notions spéciales. Mais nous soutenons que cet intérieur, ce dedans, cet X inconnu et inconnaissable est un hors d'œuvre dans le criticisme comme dans la *Critique de la Raison pure*. Car c'est à Kant qu'est due cette invention géniale, et le philosophe français n'est ici, comme partout ailleurs, qu'un disciple trop docile. Si ma sensation seule fait la différence entre la terre et l'eau, entre le marbre et la fleur, entre l'air atmosphérique et le cheval, entre un mètre cube d'acide carbonique et un homme, entre ma tabatière et le soleil, si c'est moi qui crée les variétés infinies des natures, je n'ai pas besoin de vos atomes. Je créerai moi seul tout ce que je sens, tout ce que je touche, tout ce que je vois. D'autant que vos fameux atomes, vous faites profession d'ignorer ce qu'ils sont. Bien plus, vous vous déclarez condamné sur ce sujet à une ignorance irrémédiable. D'ailleurs, vous n'en pouvez rien dire. Si vous affirmiez que ces atomes sont quelque chose, on vous répondrait alors que ce quelque chose, c'est la substance objective ; si vous la connaissez, elle produit sur votre esprit cet effet de se faire connaître de vous, et c'est la cause objective. S'ils sont multiples comme vous dites, le nombre est donc réel. S'ils sont étendus, que devient la subjectivité de l'espace ? Si leurs mouvements sont successifs, que devient la subjectivité du temps ? Si vous ignorez tout de ces atomes, comment savez-vous qu'ils existent ? Ne sentez-vous pas qu'en affirmant leur existence, vous tombez dans toutes les contradictions que nous venons d'énumérer ? Ne comprenez-vous tout ce qu'il y a de contradictoire à proclamer l'existence d'une chose et de déclarer en même temps que cette chose est inconnaissable ? Il n'y a donc pas d'atomes. Et je suis le créateur du monde. Un phénomène subjectif crée des phénomènes objectifs. Car de vrai, en bon criticiste, je suis obligé d'avouer, bien malgré moi, que le monde n'existe pas, ni moi non plus.

16. — C'est en vain que, pour combattre cette conclusion très logique, les défenseurs du criticisme prétendraient que M. Liard parle très souvent de lois, de relations et de forces et que l'emploi de ces expressions, si toutefois elles sont intelligibles, suppose évidemment l'existence de choses réelles. La force est le principe de l'action corporelle ; l'attraction, la cohésion, l'expansion, l'inertie, l'affinité, etc., sont des forces : elles exigent l'existence des corps : sans eux, elles se réduisent à de vaines imaginations. La loi est la constance invariable avec laquelle la force agit dans certaines conditions. Par exemple, c'est une loi que la chaleur dilate les corps ; elle suppose évidemment que les corps ont une existence objective. La force est un principe réel, une vraie cause efficiente ; la loi est une idée générale, embrassant une série de phénomènes sensibles. Elle n'est pas une chose comme la force, mais elle a son

fondement dans les choses. La relation est ce mode d'être, cet accident de la substance qui exprime le rapport avec une autre substance. Elle exige évidemment deux êtres, le premier qui soit le sujet, un autre qui soit le terme de la relation ; elle suppose ensuite un principe de comparaison. Sans êtres relatifs, la relation est contradictoire. Pour saisir une relation de grandeur quelconque, j'ai besoin, outre le principe de comparaison qui est la grandeur, de percevoir deux êtres. Si je vois une relation, c'est que au moins deux substances existent là sous mes yeux. Comme il m'est impossible de constater un phénomène, c'est-à-dire une chose qui appararaisse si la chose n'est pas, la loi exprime les rapports de dépendance et de succession des phénomènes et l'ordre de leur retour.

C'est ainsi que raisonnaient et que raisonneront toujours les philosophes qui laissent le monde tel qu'il est, l'étudient en multipliant les expériences et parviennent à saisir les causes les plus profondes.

Ces théories sont considérées comme inférieures par le Criticisme, qui, s'il continue de se servir des mêmes expressions, se garde bien de leur donner le même sens. « Le penseur, dit M. Liard, ne doit pas attribuer à certains termes une signification qu'ils n'ont pas dans l'esprit du savant. » Plus loin, ce philosophe explique clairement ce qu'il faut entendre par les mots de forces et de lois. « Les lois objectives — c'est-à-dire les lois par lesquelles le sujet crée l'objet — ne sont pas autant d'avenues dirigées des choses relatives vers l'absolu (1). Elles ne sont que

---

(1) C'est « vers le réel » qu'il aurait fallu dire. Ce philosophe confond toujours *le réel* et *l'absolu* et cette confusion rend très difficile l'intelligence de pages trop nombreuses.

les rapports les plus généraux et les plus constants, suivant lesquels nous unissons nos sensations » (1). — Ces lois sont les lois d'espace, de temps, de nombre, de cause et de substance. Après avoir expliqué ce qu'il entend par force, M. Liard ajoute : « Nous n'avons pas à rectifier notre liste des lois objectives de la connaissance, la notion de force n'a droit à y figurer que comme un second nom de la notion de cause » (2). D'après le criticisme, la force et la loi sont donc subjectives comme l'espace, le temps, le nombre, la substance et la cause. On doit en dire autant de la relation. C'est nous qui les imposons aux phénomènes créés par nous ; comme les phénomènes ne manifestent pas les substances qui ne sont rien, ainsi leurs liaisons, leurs rapports de succession ou de simultanéité, de ressemblance ou de dissemblance, d'égalité ou d'inégalité jaillissent du sujet pensant dans le phénomène. De là vient la définition criticiste de la science. Selon les philosophes thomistes, la science a pour objet les essences universelles, immuables et nécessaires des choses. Selon le criticisme, la science a pour objet de découvrir des rapports relativement nécessaires et relativement universels entre des termes relativement simples ; et ces termes, ce sont nos sensations, et non pas les choses, existantes et réelles. « La science, dit expressément notre philosophe (3), parvient à déchiffrer le sens des sensations proprement dites ; elle ne va pas plus loin ». Et ailleurs cette conclusion, si parfaitement idéaliste : « Ce que nous sommes habitués dans la vie pratique à consi-

(1) P. 351.
(2) P. 297.
(3) P. 207.

dérer comme des personnes, comme des individus, comme des centres d'action, les autres hommes, les animaux, les plantes, les minéraux, notre globe terrestre, toute planète, tout soleil, tout cela, au regard de la science, s'évanouit, pour ne laisser derrière soi que des rapports ordonnés en un système abstrait. »

17. — Tout à l'heure, l'auteur de *la Science positive* déclarait en termes très formels : C'est un fait qu'il existe une nature extérieure à nous. Il énumérait les diverses espèces d'êtres et les changements d'état subis par les corps. Il proclamait la réalité, non seulement des existences, mais des essences objectives. Cette doctrine réaliste est en contradiction formelle avec la doctrine idéaliste dont nous venons de constater l'expression ; les développements de ces deux doctrines se mêlent et s'entrecroisent dans toute l'étendue de la thèse et étalent, dans une évidence lumineuse à chaque page, la contradiction la plus formelle qui puisse être. Cette contradiction tient dans cette formule : C'est un fait qu'il existe une nature extérieure à nous ; le monde, c'est un système d'abstractions produites par le sujet pensant. La même chose est et n'est pas. Oui et non, c'est tout un.

Quand on a étudié pendant deux heures le système du criticisme, on éprouve le besoin de laisser dans le bureau de travail *la Science positive* et toutes ces théories creuses qui fatiguent l'intelligence.

On sort de chez soi et l'on va respirer, sous les grands chênes de la forêt d'Argonne, les premières senteurs des fleurs des bois et des pousses printanières ; ce qui est une démonstration expérimentale de la vanité du criticisme et de la vérité de la doctrine péripatéticienne sur l'objectivité du monde extérieur.

18. — La contradiction que nous venons de signaler est considérable et suffirait, à elle seule, pour réfuter et discréditer à tout jamais une théorie philosophique. Cependant elle n'est pas la plus forte. Il ne nous reste à considérer et à faire ressortir, avec quelques développements, une autre contradiction, plus essentielle, plus radicale, plus fondamentale, plus évidente.

Malgré la docilité extrême avec laquelle le philosophe français admet toutes les théories écloses dans la tête du philosophe allemand, bien qu'il se plaise à répéter sous mille formes différentes, que les phénomènes extérieurs, seuls objets de nos perceptions, sont ces perceptions elles-mêmes, que ce que nous voyons, entendons, touchons, flairons, sentons, c'est le seul sujet sentant, répandu hors de lui, cet idéalisme absolu qui fait le fond de la doctrine kantienne ne peut pas être admis exclusivement et dans toute son intégrité par un vrai Français, vivant en France, ce pays si renommé par la clarté des idées et celle du langage. Il y a, dans le kantisme, des énormités si étranges, si ridicules, si parfaitement inintelligibles, que le bon sens se révolte à la fin, et que même les plus parfaits kantistes se sentent obligés de lui faire quelques petites concessions.

J'ai vu avant-hier de mes yeux, par une splendide matinée ensoleillée du commencement de mai 1901, une forte poule toute blanche, très éveillée, très vorace et très libérale, qui a franchi audacieusement les limites assignées dans ma cour à sa race. Elle parcourt audacieusement les plates-bandes du jardin où les légumes de toutes sortes commencent à sortir de terre en de petits filaments vert tendre, dont elle est très avide. La scélérate grattait partout, bouleversait tout et dévorait tout ce qu'elle pouvait trouver. Un pareil méfait appelait une répression sévère. La malheureuse fut condamnée à mort. Il ne fut pas facile de la prendre, elle se débattait avec de grands bruits d'ailes, distribuait force coups de bec et faisait entendre des appels de désespoir et de terreur ; mais enfin l'autorité finit par avoir raison. On exécuta la pauvre bête le soir même ; et le jour d'après, dorée et cuite à point, elle faisait honneur au talent de la cuisinière et constituait le mets de résistance dans de modestes et fraternelles agapes.

Si nous en croyons les principales théories du criticisme français, voici comment ce fait doit être expliqué: Dans le monde transcendantal, c'est-à-dire objectif et réel, il n'y a pas eu de cris, ni de verdure, ni de soleil. « Le monde est obscur et silencieux » (1). La succession des événements énumérés ci-dessus vient de moi, je l'impose aux objets : par conséquent, la période qui, dans la vie de cette poule, a précédé l'instant où elle s'est envolée au-dessus de la barrière, et la période qui a suivi jusqu'à sa mort et après, toutes ces déterminations du temps n'ont rien qui leur corresponde dans la réalité. Tout s'est passé simultanément et non pas successivement. L'espace étant une loi subjective de ma sensibilité, ne parlons plus de clôture franchie, de distance parcourue dans le jardin. Bien plus, la cour, les plates-bandes et le jardin lui-même ce sont des phénomènes subjectifs, de pures sensations, « c'est le sujet répandu hors de lui » (2), c'est moi répandu hors de moi. Quant à la poule, hélas ! je l'ai vue, je

(1) P. 198.
(2) P. 368.

l'ai entendue. Or, je ne puis percevoir que mes propres sensations. Donc, la poule est une de mes sensations, c'est-à-dire une partie de mon moi.

Mais elle a été mangée ; elle a satisfait l'appétit des convives et de moi. Ne nous sommes-nous nourris que des phénomènes subjectifs du moi percevant ? Le criticisme français ne va pas jusque-là. Laissons donc les idéalistes kantiens dévorer jusqu'au bout les absurdités inventées par le maître.

19. — M. Liard dit que le moi seul fait la différence spécifique des sensations ; par conséquent, dans le monde objectif, la poule et la terre sont deux objets absolument semblables. Cependant ce philosophe, interprétant dans un sens réaliste la doctrine ténébreuse de Kant sur le noumène, veut bien admettre un dedans, un intérieur dans les choses. Il déclare, sans doute, que la nature intime de ce dedans est inaccessible à toute connaissance ; mais cette ignorance n'est pas absolue. Hors de nous, il y a des atomes et du mouvement : « Toute sensation est un produit de deux facteurs, l'un intérieur, *l'autre extérieur qui est le mouvement...* Les sons sont des mouvements et des nombres... (1) La chaleur n'est qu'un mouvement moléculaire ; de même la lumière, l'électricité, le magnétisme. Les changements d'état subis par les corps, sans que leur constitution chimique en soit altérée, sont aussi des résultats du mouvement intime qui en anime les dernières particules... Cette explication, purement mécanique,

---

(1) Comment cette assertion s'accorde-t-elle avec la subjectivité du nombre, qui est l'un des dogmes fondamentaux du kantisme ? C'est ce que nous ne nous chargeons pas d'expliquer.

enveloppe de même les phénomènes qui altèrent et modifient la constitution des corps. L'affinité n'est pas une force spéciale et mystérieuse, elle se réduit au mouvement des atomes... Tout se réduit en mouvements, mouvement apparent et mouvement invisible, mouvement de translation et vibrations moléculaires et atomiques ; ces divers mouvements se transforment les uns dans les autres ou plutôt se succèdent les uns aux autres suivant des rapports fixes » (1).

Par conséquent, selon le témoignagne du criticisme, nous savons qu'il y a hors de nous des atomes qui se meuvent. Quels sont en soi ces atomes ? Homogènes évidemment, c'est-à-dire possédant la même nature. Sont-ils étendus ? Oui, sans doute ; si infiniment petits qu'on les suppose, ils possèdent des parties, un haut, un bas, un centre. Ce serait trop facile de mettre cette contradiction grossière avec elle-même, si elle admettait l'existence d'atomes matériels inétendus. Quoiqu'il en soit, ils existent ; ce sont des êtres. De cet aveu se déduirait sans aucune difficulté et en s'appuyant sur la vieille logique du principe de contradiction, l'objectivité de l'être extérieur, du nombre, de la substance, de la cause, de l'espace et du temps, et de toutes les catégories. Nous ne voulons pas insister sur cette démonstration. Nous nous abstenons également d'opposer à la théorie du mécanisme pur le système mécanico-dynamique de la philosophie péripatéticienne. Les scolastiques reconnaissent la nécessité du mouvement dans toute action naturelle. « *Omne ens non agit*, disent-ils, *nisi moveatur*. Mais ils

(1) P. 283-288.

proclament très-haut la nécessité d'admettre dans tout être qui tombe sous nos sens, outre la matière dont le mouvement est la loi, un autre principe très différent, un principe simple, fondement de l'unité, de l'action, des forces des corps. Ce principe est dans l'homme l'âme intelligente ; l'âme sensitive dans l'animal ; l'âme végétative dans la plante. Il existe aussi dans les molécules, les atomes inorganiques ; alors il n'a pas d'autre nom que celui de *forme substantielle ;* il est le principe de la distinction spécifique des corps simples. Les plus illustres chimistes proclament aujourd'hui son existence. Nous n'en disons pas davantage sur ce sujet qui exigerait de longs développements. Nous nous contentons de l'aveu de M. Liard sur l'objectivité du mouvement et nous allons voir si cette objectivité peut se concilier avec le système criticiste.

20. — Commençons d'abord par définir. Et constatons une fois de plus, que toujours dociles à l'exemple du maître, les disciples de Kant s'abstiennent toujours de définir. Les chefs d'école disent dogmatiquement : le kantisme est le salut de la pensée philosophique : hors de nous, le mouvement seul existe. Une grande partie des philosophes contemporains acceptent ces assertions comme des principes incontestables, sans examen, sans contrôle, sur la seule autorité d'autrui. Soyons plus curieux : pensons librement et recherchons si le mouvement objectif s'accorde avec les théories essentielles du subjectivisme kantien.

Qu'est-ce que le mouvement ?

Le mouvement est le passage d'un corps d'une partie de l'espace à une autre partie ; c'est le changement successif du lieu, l'acquisition continuelle d'une nouvelle place, unie avec la perte continuelle de l'ancienne. On le définit : ce qui devient toujours et cesse toujours. Il ne consiste pas essentiellement dans le seul changement des relations locales ; celles-ci suivent le mouvement, mais ne le constituent pas. Le mouvement est possible, quand même il n'existerait qu'un seul corps, une seule molécule, un seul atome.

Serrons de plus près l'idée et la réalité du mouvement : ce sera le moyen de bien connaître sa nature intime et profonde, son essence véritable. Et d'abord, par une abstraction facile, isolons-le du corps mû, étudions-le en lui-même. Dans la nature, le mouvement n'est pas une entité distincte de la chose mue. Les criticistes, qui semblent le dire lorsqu'ils affirment qu'en dehors du sujet, il n'y a que du mouvement, s'expriment en poètes et non pas en philosophes et réalisent des abstractions. Mais l'intelligence a le privilège de séparer ce qui est uni dans le monde et de décomposer par une analyse pénétrante les choses les plus étroitement associées. Etudions donc le mouvement en soi, isolé des corps dont il est une manière d'être.

Nous y distinguons deux sortes de parties qui présentent entre elles des différences notables, c'est-à-dire des parties extensives et des parties successives. Par les premières il acquiert un nouveau lieu dans l'espace : les dimensions quantitatives du corps mû, obtiennent, par le fait du mouvement une dépendance nouvelle et très réelle vis-à-vis des autres corps voisins. Cette acquisition est successive ; elle a pour règle le caractère de succession essentiel au mouvement. Ce caractère fait qu'à chaque partie de la durée successive, le corps mû occupe une place nouvelle. Le passage d'une partie à une autre partie, de l'avant à l'après, exclut la simultanéité de deux parties quelconques. Aucune fraction du mouvement, quelque petite qu'elle soit, ne demeure permanente, mais aussitôt qu'elle a été réalisée, elle cesse d'être. De ces idées, abstraites il est vrai, mais cependant claires, il résulte que l'étendue et la succession appartiennent à l'essence du mouvement.

Les parties successives et les parties extensives du mouvement ont des caractères communs, elles sont continues et homogènes. Il n'y a d'intervalle entre elles, ni quant à l'extension, ni quant à la succession. Le mouvement cesserait s'il y avait entre ses parties un intervalle quelconque. Les parties du mouvement ne sont pas rapprochées ni juxtaposées : on ne remarque entre elles aucune lacune, aucune rupture, ni même aucune limite. Elles sont intimement liées et soudées les unes aux autres, sans aucune solution. Elles sont homogènes. Les corps mus présentent d'innombrables variétés qui disparaissent quand on isole le mouvement des corps. Les vitesses se diversifient à l'infini : mais les parties essentielles du mouvement se ressemblent toutes. Les parties extensives sont toutes également continues quant à l'étendue ; les parties successives sont toutes également continues quant à la succession.

Or, qu'est-ce que l'étendue continue, sinon l'espace ? Qu'est-ce que la succession continue, sinon le temps ? Le temps, l'espace et le mouvement ont donc pour essence commune la continuité. Fixons notre attention d'une manière spéciale sur cette réalité et cette notion, dont l'importance est manifeste dans la question qui nous occupe.

21. — Une remarque préliminaire s'impose ici. Dans l'explication qui va suivre, nous faisons abstraction de toutes les propriétés des corps, mais non pas de leur réalité ; nous parlons de la continuité réelle.

Elle est définie par l'école péripatéticienne : ce qui n'est pas divisé en acte, mais est seulement divisible en parties, dont chacune, après la séparation forme un tout complet.

Il y a cette différence entre le continu, le contigu et le distant que, dans le premier, les limites sont les mêmes pour toutes les parties (1) ; que, dans le second, elles sont distinctes mais se touchent ; que dans le troisième, elles sont non seulement distinctes mais séparées par un intervalle.

Les scolastiques distinguent avec soin le continu extensif, par exemple toute grandeur, dont le caractère est la permanence : le continu intensif ou qualitatif, telle que la vitesse plus ou moins grande et les divers degrés de la qualité : c'est le continu successif, propre au mouvement et au temps.

Les parties du continu sont-elles distinctes les unes des autres en acte ou seulement en puissance ? Elles sont seulement distinctes en puissance, si on les considère dans leur forme, déterminée par des limites ; elles sont distinctes en acte, si on considère leur essence, sans penser aux limites. La distinction devient réelle, quand on désigne une partie spéciale de l'objet, ou qu'une partie quelconque possède des

---

(1) Tilmann Pesch. PHILOSOPHIA NATURALIS, pp. 18 et suiv. Nous ne faisons ici qu'analyser les idées principales de P. Pesch, qui est le plus profond métaphysicien de l'époque contemporaine, le plus savant commentateur et continuateur de S. Thomas d'Aquin.

qualités qui manquent aux autres parties. C'est donc une erreur de prétendre que tout ce qui est divisible soit par cela même une vraie pluralité. La notion de continuité exclut la simplicité ou l'indivisibilité, mais n'exclut pas l'unité ou l'indivision.

Le continu est divisible à l'infini ; c'est sa plus essentielle propriété. Il ne s'agit pas ici de la divisibilité physique ; celle-ci a des limites. Quand les parties sont devenues trop petites, la division ne peut aller plus loin ; la forme naturelle du corps disparaîtrait. Nous parlons de la divisibilité mathématique, abstraite. Soit une longueur d'un millimètre. Je puis la diviser en deux, partager chaque fraction en deux parties égales, et ainsi de suite indéfiniment. La raison de cette divisibilité est évidente. La partie non divisée du continu total a la même nature que le continu total lui-même ; il peut donc être encore divisé. L'essence de la quantité existe tout entière dans toute fraction de quantité, si petite qu'on la suppose. Je puis diviser en deux la centmillionnième partie d'un millimètre et continuer à diviser toujours.

Outre les parties divisibles, le continu renferme des indivisibles ; tels sont la surface, la ligne, le point dans le continu extensif ; le moment dans le continu successif. Et ces indivisibles ont deux fonctions spéciales ; ils limitent et unissent les parties entre elles. Ils ne sont donc pas une fiction de l'esprit. La limite de la quantité est réelle ; or, cette limite ne saurait être divisible ; car elle aurait besoin d'une autre limite, et la même question se poserait sans fin avec la même force. La notion de limite exige que toutes les parties soient circonscrites et qu'elle-même ne soit renfermée entre aucune limite.

Le continu est, par définition et par expérience, ce dont toutes les parties n'ont qu'une limite commune.

Mais la réalité des indivisibles n'est pas distincte de la réalité du continu et de ses parties. Entre le continu et les indivisibles, il y a seulement distinction de raison *cum fundamento in re*. Le point n'est que la ligne, considérée dans sa limite ; la ligne n'est que la limite de la surface ; la surface, c'est le corps lui-même, considéré abstraction faite de tout, excepté de la limite.

Cette théorie, qui se résume dans cette définition : le continu est composé d'indivisibles et de parties qui se divisent à l'infini, enveloppe un certain nombre d'obscurités. Mais ce n'est pas une raison suffisante pour la rejeter. De ce que nous ne savons pas le tout rien, on ne doit pas conclure que nous ne sachions rien du tout. « Il y a des hommes, dit fort justement Lactance, qui prétendent tout savoir, ce ne sont pas des sages. D'autres disent que nous ne savons rien. Chez ceux-ci non plus n'habite pas la sagesse. Les premiers accordent trop à l'homme, les seconds ne lui accordent pas assez. La sagesse consiste à s'abstenir de croire que nous possédons la science totale, qui appartient à Dieu ; ou que nous devons nous confiner dans l'ignorance totale, qui est le propre de la bête. Placée entre ces deux extrêmes, la science humaine existe, elle est une science vraie, mais incomplète. Elle est mêlée d'ignorance ».

22. — Appliquons maintenant la doctrine du continu au mouvement, au temps et à l'espace et considérons d'abord les parties successives du mouvement. Soit un mouvement d'un mètre de longueur ; le mobile est arrivé au milieu. Je puis diviser indéfiniment les cinquante centimètres déjà parcourus,

et les cinquante centimètres qui restent à parcourir. Les indivisibles sont les moments qui séparent l'avant de l'après ; il sont réels, puisque c'est juste là que se trouve le mobile : on ne peut pas les diviser, puisqu'ils n'ont pas de parties, ce sont des limites.

Si maintenant, après avoir distingué et analysé les divers éléments qui constituent la succession du mouvement, j'en fais le nombre, si je réunis, dans une idée et un terme collectifs, l'avant, l'après et les moments du mouvement, j'obtiens l'idée et la réalité du temps. Selon la définition d'Aristote, que nous avons expliquée dans un chapitre précédent, le temps est le nombre du mouvement, selon l'avant et l'après (1). Pour éviter une juste et subtile critique de Gassendi, nous ajoutons que le nombre dont nous parlons ici est concret et non pas abstrait. Gassendi rejette la définition d'Aristote, parce que le nombre, quantité discrète, ne peut être l'élément essentiel de la définition de la succession, qui est essentiellement continue. Saint Thomas avait déjà remarqué que le nombre qui sert à la définition du temps n'est pas le nombre abstrait, absolu, mais le nombre nombré, concret, le nombre considéré dans les choses comptées, parce que le temps est le nombre, de l'avant et de l'après, non en soi, mais considéré dans le mouvement des corps (2). Dix mètres d'étoffe sont une quantité continue, bien que le nombre dix soit une quantité discrète.

Le temps consiste donc dans la succession du mouvement. Il n'y a entre le mouvement et le temps

---

(1) Ἀριθμὸς κινήσεως κατὰ τὸ πρότερον καὶ ὕστερον.
(2) Sanseverino. *Ontologia*, p. 201, note 1ʳᵉ.

qu'une simple distinction de raison, analogue à celle qui existe entre une multitude réelle et une multitude comptée. L'identité est fondamentale, comme nous nous en convaincrons plus clairement encore en comparant entre elles les parties du temps et les parties successives du mouvement.

Les parties du temps sont le passé, le présent et l'avenir. Les parties du mouvement sont l'avant, le moment, l'après. Le passé et l'avenir sont, comme l'avant et l'après, divisibles à l'infini. Dans l'exemple cité tout à l'heure, nous avons vu que les cinquante centimètres parcourus et les cinquante centimètres à parcourir peuvent être divisés sans fin : ainsi les années, les mois, les jours, les minutes, les secondes, qui sont les parties du passé et de l'avenir, peuvent être divisés sans fin. L'instant qui constitue le présent est, comme le moment, indivisible ; ce sont deux limites. La réalité objective du temps consiste dans l'instant : car le passé n'est plus et l'avenir n'est pas encore. La réalité objective du mouvement consiste dans le seul moment, car le mobile est là et n'est que là : il n'est plus dans l'avant, il n'est pas encore dans l'après. Pas plus que le mouvement n'est composé des seuls moments, le temps n'est composé des instants seuls ; puisque l'instant et le mouvement sont indivisibles, et que le temps, comme le mouvement, peuvent être divisés à l'infini. Ni l'un, ni l'autre ne consiste dans les seules parties divisibles ; autrement, ni l'un ni l'autre n'aurait la réalité objective qu'ils possèdent, grâce au moment, grâce à l'instant.

Ainsi le temps et le mouvement se correspondent parties par parties ; et ces parties ont la même essence. Il en résulte qu'ils sont tous deux identiques. La distinction que nous concevons entre eux est purement idéale. La vérité de cette théorie péripatéticienne, si subtile et si profonde, est consacrée par la parole humaine. On se sert des expressions de passé et de futur pour désigner les parties antérieure et postérieure du mouvement et du temps. Moment et instant sont synonymes dans toutes les langues.

23. — Considérons maintenant les parties extensives du mouvement. Nous avons vu que, par le mouvement, la chose mue acquiert continuellement un lieu nouveau et perd d'une façon également continue, son ancienne place.

Or, le lieu, c'est l'espace qui contient les corps. Par conséquent, le changement de lieu, qui est essentiel au mouvement, exige de toute nécessité, l'existence du lieu, l'existence de l'espace. Ceci est de la dernière évidence.

Le mobile, pour se mouvoir, a besoin d'une quantité continue permanente. La quantité, c'est-à-dire ce qui a des parties situées les unes hors des autres, est nécessaire au mouvement, qui est une grandeur. Cette quantité doit être continue ; autrement le mouvement essentiellement continu cesserait. Il n'y aurait plus déperdition du lieu ancien, acquisition du lieu nouveau, s'il y avait dans l'espace une solution de continuité.

Enfin cette quantité continue doit être permanente. Aristote considère avec raison le lieu comme la première limite IMMOBILE du corps enveloppant. Par conséquent, le concept du lieu implique la permanence, l'immobilité. Absolument le lieu peut être mû, comme tout être matériel. Mais alors on ne le considère pas comme lieu. Le lieu occupé par un corps est acquis et perdu par le mouvement. Il est l'origine du mouvement, quand il est perdu ; il en est le terme, quand il est acquis. Il doit donc être fixe. Car une chose extérieure à l'objet qui change, ne participe pas au changement, mais reste immobile.

Cette doctrine est confirmée par l'expérience. Si la quantité continue où doit s'écouler le mouvement n'était pas permanente, le mouvement cesserait d'être perceptible. Supposons deux trains lancés sur deux voies parallèles dans la même direction avec une vitesse égale, et deux voyageurs placés dans chacun des trains et se tournant l'un vers l'autre. Si chacun d'eux concentre son attention sur son interlocuteur seul et sur le wagon seul, il ne percevra pas le mouvement. Or la perception du mouvement est un fait d'expérience universelle. Le lieu est donc immobile.

Donc la quantité continue permanente est si nécessaire au mouvement que sans elle celui-ci serait inintelligible. Mais la quantité continue permanente est l'espace même. Donc l'espace est indispensable au mouvement. Sans l'espace, il n'aurait pas de parties extensives ; sans le temps, il n'aurait pas de parties successives. De là vient que de profonds métaphysiciens définissent le mouvement : le composé de l'espace du temps.

De ces principes résultent les conclusions suivantes.

24. — Si l'espace et le temps sont de pures formes de la sensibilité, de simples lois du sujet pensant, le mouvement aussi est une forme de la sensibilité, une simple loi subjective.

Si vous dites que le mouvement est extérieur à nous, objectif et réel, la logique vous oblige à dire également que le temps et l'espace sont des réalités distinctes de nous, existant objectivement, dans le monde réel et transcendantal.

Soutenir l'objectivité du mouvement et la subjectivité de l'espace et du temps, c'est soutenir que le mouvement n'a pas de parties successives — il ne les possède que par le temps — et n'a pas de parties extensives — il ne les possède que par l'espace, — c'est soutenir que le mouvement n'est pas le mouvement, c'est purement et simplement se contredire.

Voilà précisément le cas du théoricien du criticisme dont nous combattons les doctrines. M. Liard, nous l'avons prouvé par des citations très claires et très formelles, déclare que le mouvement est extérieur à nous, et qu'il existe vraiment dans l'objet. D'autre part, le même penseur s'efforce d'établir, par une multitude d'arguments, la subjectivité de l'espace et du temps ; il va même jusqu'a penser qu'un temps et un espace objectifs sont contradictoires. Cette théorie est fondamentale dans le criticisme, comme d'ailleurs dans le kantisme pur ; nous la trouvons formulée de cent manières dans la *Science positive*. Donc, hors de nous, il n'y a pas d'espace ; hors de nous, il n'y a pas de temps. Le mouvement extérieur n'existe donc pas. Où le mettriez-vous, puisqu'il n'y a pas d'espace ? Comment s'écoulera-t-il, puisqu'il n'y a pas de temps ? Et cependant, vous avez dit : Le mouvement est extérieur à nous ; le monde objectif se réduit au seul mouvement.

Ainsi brille dans une pleine lumière la plus splendide, la plus éclatante de toutes les contradictions.

Il fallait nier le mouvement. Zénon d'Élie chez les anciens, Herbart chez les modernes ont eu l'audace d'enseigner qu'il est une apparence trompeuse et que sa réalité est impossible. Mais leurs arguments ont un caractère si évidemment sophistique et même puéril, qu'un vrai philosophe ne saurait les admettre. Ce serait d'ailleurs se mettre en opposition flagrante avec la science moderne, qui réduit tout au seul mécanisme.

Ou bien, il fallait ne rien préciser et rester dans le vague, à l'exemple de Kant, le grand maître, qui s'est bien gardé d'avoir une doctrine précise sur le noumène, et qui, après avoir dit que la chose en soi est inconnaissable, n'aurait jamais ajouté qu'elle consiste en atomes qui se meuvent.

Une autre solution était encore possible : placer le mouvement dans le sujet seul, en faire une loi subjective, analogue aux lois d'espace, de temps, de nombre, de substance et de cause, nier son objectivité, ajouter cette négation à tant d'autres négations, enseigner que seul le moi pensant meut le soleil, la lune, les étoiles, la terre, l'eau qui coule, le vent qui souffle, le mercure qui monte dans la colonne thermométrique, l'arbre qui grandit, l'animal qui court, l'homme qui marche. C'eut été l'idéalisme absolu ; mais un philosophe français ne se permettrait pas impunément de descendre à cette profondeur dans l'absurde.

Si grandes que soient les concessions faites à l'heure présente au kantisme, si étroite que soit la docilité avec laquelle un grand nombre de philosophes contemporains s'emprisonnent dans les abstractions allemandes, l'esprit français a trop de spontanéité et de droiture pour ne pas s'agiter un peu dans ces ténèbres et produire quelques fissures par où passe un rayon de ce pauvre bon sens, si décrié par les philosophes modernes. Mais alors on n'évite l'absurdité que pour tomber dans la contradiction.

Les criticistes se vantent de ne rien accepter sans contrôle, ils veulent se rendre compte de tout et scruter jusque dans leurs dernières profondeurs, les fondements de la connaissance. Ils accaparent le beau nom de critique, il appartient à eux seuls, ils s'en servent pour désigner et caractériser leur système. Ils s'enveloppent d'obscurités et d'abstractions et ne définissent jamais. Cherchez dans tout le volume de M. Liard une définition claire, nette et précise de la substance, de la cause, du nombre, de l'espace, du temps, de la loi, de la relation, de la force, de la continuité, du mouvement. Vous chercherez en vain, vous ne la trouverez pas.

Alors du sein des ténèbres, le Criticisme, pareil à la sybille de Cumes sur son trépied, prononce ses oracles infaillibles avec une telle assurance, que des esprits timides, séduits et trompés, des catholiques mêmes, les acceptent avec résignation, et répètent que c'en est fait de la métaphysique, irrémédiablement condamnée par la science.

Ce verdict ne doit pas être accepté. La métaphysique vivra tout le temps qu'il y aura des hommes, et qui penseront par eux-mêmes. Elle n'a jamais été si nécessaire qu'à l'heure présente. Quelques définitions d'Aristote et de S. Thomas d'Aquin, commentées par Pesch et San Severino suffisent pour ruiner le criticisme jusque dans ses fondements et montrer, clair comme le jour, que ce système est un tissu d'erreurs et de contradictions.

RÉSUMÉ ET CONCLUSION

Sommaire : 1. Idées principales de la « Raison pure ». — 2. De la « Psychologie » de M. Rabier. — 3. De « La Science positive » de M. Liard, théorie du criticisme. — 4. La Critique kantienne est la théorie de l'Athéisme ; de là vient sa vogue actuelle. — 5. Kantistes catholiques ; M. Foussegrive, curieuse citation. — 6. M. Piat ; quelques citations extraites de « La Destinée de l'homme » et de « La Personnalité humaine ». Subjectivisme de cet auteur qui admet la théorie cartésiano-kantienne de la connaissance sensible. — M. Piat essaye de combattre la métaphysique thomiste, en s'appuyant sur les dogmes kantiens. — 8. Le remède au mal est indiqué clairement par le Souverain Pontife, qui trace aux savants catholiques les grandes lignes d'un programme, qui sera très fécond.

1. — En commençant ce travail, notre intention était de le terminer par un article intitulé : *Le Réalisme de la philosophie chrétienne*, dans lequel nous aurions exposé, après avoir répondu aux objections soulevées au nom de la science contemporaine, la très belle et très juste théorie scolastique sur la connaissance sensible et la connaissance intellectuelle, toutes deux éminemment objectives. Mais ce sujet est trop vaste ; il exige des développements considérables ; nous espérons le traiter à part dans un avenir prochain. La tâche nous sera rendue plus facile par l'étude critique que nous venons de faire et dont nous croyons opportun de donner un résumé.

Fidèle à la pensée de Descartes, qui est le véritable

ancêtre de la philosophie subjectiviste, Kant dénie tout caractère objectif aux *sensibles propres ;* d'après lui, le son, la couleur, la saveur, la dureté, la résistance etc. ... résident dans le sujet sentant et n'ont rien de semblable ou d'analogue qui leur corresponde dans l'objet senti. Descartes avait apporté quelques preuves, qui sont d'ailleurs de vrais sophismes. Le philosophe allemand n'en donne aucune ; c'est, à ses yeux, une vérité si évidente que toute argumentation devient superflue.

L'introduction de la *Critique de la Raison Pure* est tout entière consacrée à poser les fondements de tout l'ouvrage, c'est-à-dire les jugements *synthétiques a priori* destinés à supporter l'édifice.

La seule faculté d'intuition, admise par Kant, la sensibilité et ses formes, constituent l'objet de *l'esthétique transcendantale*. Ces formes sont l'Espace et le Temps ; elles résident dans le seul sujet et nous font paraître successifs et étendus les phénomènes, qui sont, en soi, dépourvus de ces déterminations.

Mais si nous n'avions pas d'autres facultés que la sensibilité, nous ne pourrions parvenir à rien connaître. Les phénomènes nous paraîtraient disséminés dans le Temps et dans l'Espace sans liaison entre eux, sans unité, sans ordre. La science serait impossible. Alors interviennent l'entendement pur et d'autres formes également vides, qui sont étudiées et analysées dans l'*Analytique transcendantale*, première partie de la logique.

Il n'est pas facile de se faire de ces sortes de récipients une représentation claire. Elles sont dans l'entendement et même le constituent. Ce sont des actes de l'esprit, de vrais jugements : mais ces jugements ne nous apprennent rien sur le monde objectif et n'ont aucun contenu positif. Leur nombre est de douze, qui diffèrent les uns des autres. Ils se divisent en quatre grandes classes : la quantité, la qualité, la relation, la modalité, dont chacune se subdivise en trois compartiments plus petits. La quantité comprend l'unité, la multiplicité, la totalité ; la qualité comprend la réalité, la négation, la limitation. Dans la relation, il y a la substance et l'accident, la cause et l'effet, l'action réciproque et la communauté ; dans la modalité, il y a la possibilité, l'existence, la nécessité. Ces idées ou plutôt ces jugements qui forment l'entendement pur se précipitent sur les phénomènes spéciaux et temporels qui nous paraissent alors coordonnés entre eux, dont les uns ont alors l'air de substances, les autres de causes, etc.... Les substances, les causes... n'existent pas en elles-mêmes. Ce qui leur donne cette apparence, ce sont les douze catégories, les douze compartiments dans lesquels elles sont emprisonnées.

Toute pensée suppose un sujet pensant. Il y a donc un sujet, mais purement phénoménal. Kant blâme Descartes d'avoir conclu du « Je pense » à sa propre existence substantielle ; pour ne pas tomber dans ce sophisme, Kant déclare problématique et impossible à connaître l'existence du sujet comme être distinct et vraiment objectif.

Après avoir étudié la sensibilité pure dans l'esthétique, et l'entendement pur dans la première partie de la logique, appelée analytique, le grand penseur étudie la *Raison pure* dans la seconde partie de la logique, qu'il appelle *dialectique transcendantale*.

La Raison n'a aucun rapport avec l'expérience. Cette faculté a pour unique fonction de ramener à l'unité plus générale les règles de l'entendement au moyen de trois idées a prioriques et subjectives, c'est-à-dire des idées de l'âme, du monde et de Dieu. Les catégories sont les principes *constitutifs* de l'expérience ; les idées de la raison sont les principes *régulateurs* des catégories. Et comme celles-ci n'ont d'autre usage que l'usage empirique et ne peuvent nous montrer s'il y a des substances, la raison est impuissante à nous apprendre quoi que ce soit sur les choses en soi, sur l'âme, la morale et Dieu. Les conclusions de la psychologie rationnelle, de la cosmologie rationnelle, de la théologie rationnelle sont donc des sophismes évidents. Kant démontre cette impuissance de la raison à rien savoir sur la substantialité, la spiritualité, la liberté et l'immortalité de l'âme, sur l'existence de Dieu et la Providence, par ses fameuses propositions contradictoires, qu'il appelle *les antinomies.*

Il est vrai que nous prenons souvent les idées transcendantales de la raison pour des concepts de choses réelles. Mais cette illusion naturelle et inévitable est dissipée, si l'on s'assimile bien la *Méthologie*, dernière partie de la critique et de la Raison pure.

Nous nous apercevons que, dans cette rapide analyse, nous avons oublié le *noumène*, mais le mal n'est pas grand ; car le grand homme a sur le noumène trois doctrines contradictoires. Nous nous abstenons aussi volontiers de mentionner la cathartique de l'entendement vulgaire et l'amphilobie des concepts de réflexion ; les plus déterminés kantistes français, eux-mêmes, laissent de côté ces appellations bizarres et les idées qu'elles expriment.

2. — M. Rabier, dans sa psychologie expérimentale, se montre disciple de Kant, mais disciple

assez indocile. Il rejette absolument l'analytique transcendantale et les douze compartiments vides qui forment l'entendement pur. Le subjectivisme de l'espace et du temps est regardé seulement comme vraisemblable, bien qu'il soit fondamental dans le criticisme. Malgré cette liberté d'appréciation, cet auteur considère comme acquise à la science la théorie kantienne de la perception extérieure. Nous ne percevons, dit-il, que nos sensations ; la vue directe de la réalité nous est interdite ; nous n'avons pas de sens externes. La psychologie est la science totale. Alors, se pose le problème de l'origine de l'idée du monde extérieur. Cette idée est une illusion : en croyant voir un monde extérieur à nous, nous sommes victimes d'une hallucination ; mais il se trouve que cette hallucination est vraie, parce qu'en réalité, le monde existe. Comment le savons-nous ? M. Rabier ne le dit pas. La contradiction est évidente. Kantiste par l'affirmation de l'impossibilité où nous sommes de percevoir une réalité étrangère, anti-kantiste en soutenant l'existence, non pas de noumènes inconnaissables, mais du monde véritable, le malheureux philosophe se débat dans ces contradictions ; il sent tout le poids de la servitude kantienne et n'est pas assez courageux pour s'en délivrer. La solution laborieuse, qu'il propose sur cette question n'arrive pas, on le voit bien, à le satisfaire, pas plus que la distinction de l'idéal transcendantal entre le moi pensant, la personne, pur phénomène, et le moi substantiel dont l'existence est indémontrable. Pour expliquer cette invention géniale, M. Rabier a recours à la métempsychose ! D'ailleurs la tâche d'appliquer les principes kantiens à la physiologie est ingrate. Le maître se garde bien de quitter la région des abstractions et des généralités : il a laissé les difficultés à ses disciples qui emploient à les résoudre un grand travail intellectuel et n'arrivent qu'à mettre en pleine évidence les contradictions et les inintelligibilités contenues toutes en germe dans la *Critique de la Raison pure*.

3. — Si M. Rabier garde, vis-à-vis de l'œuvre de Kant, une réelle indépendance d'appréciation, nous avons en M. Liard un disciple très-docile de l'illustre maître. Les changements qu'il se permet sont purement extérieurs. Au fond la *Science positive et la Métaphysique* n'est que la traduction, en style français, du livre du philosophe allemand. Toute les idées de l'esthétique, de l'analytique et de la dialectique transcendantales y sont exposées avec une précision, une pénétration et une vigueur de raisonnement, qui manquent peut-être dans la *Raison pure* où les inventions géniales les plus étranges paraissent absolument dénuées de preuves et ont l'air de sortir de l'imagination seule. Mais lorsqu'on étudie avec une attention soutenue le livre de M. Liard, on ne tarde pas à constater, sous l'éclat de la forme et la rigueur verbale des déductions, la même indigence de preuves vraiment solides. Il suffit de mettre la doctrine critiste sur l'Espace, le Temps, le Nombre, la Substance et la Cause, en face de l'exposition simple et claire des théories thomistes sur les mêmes questions, pour voir combien l'insuffisance de la critique éclate à tous les regards.

L'auteur de la *Science positive* se pose en adversaire irréconciliable de la métaphysique qu'il veut effacer du nombre des sciences. Mais il n'atteint en réalité que les systèmes de métaphysique opposés à la philosophie péritatéticienne et thomiste. Les grandes idées et les grandes réalités, que celle-ci étudie avec une puissance d'analyse et une pénétration si évidentes, résistent victorieusement à ses objections, et la lumière qu'elles projettent fait, pour ainsi dire, toucher du doigt l'incohérence et la contradiction, au cœur même du Criticisme.

Au fond, la philosophie subjectiviste ne repose sur aucun argument digne de ce nom. M. Liard le reconnaît avec une sincérité entière : « Si Kant ne prouve rien, dit-il, c'est que les principes n'ont pas besoin d'être démontrés ». Cela est vrai lorsque les principes sont évidents par eux-mêmes. La réalité objective de l'arbre que je vois de mes yeux ouverts et sains, la vérité des axiomes de la géométrie et de l'arithmétique sont au-dessus de toute démonstration : elles brillent par elles-mêmes. Mais, s'il s'agit d'un système qui attaque la certitude la plus évidente, qui se met en contradiction formelle avec le bon sens, et la raison, et l'expérience, rejeter comme inutile toute démonstration, c'est employer un procédé anti-scientifique et se condamner d'avance à toutes les illusions et à toutes les erreurs. Descartes et Kant sont des penseurs de génie, mais leur autorité, si grande qu'elle soit, ne saurait suffire à imposer leurs conceptions étranges, démenties par les faits et souvent contradictoires, et c'est le devoir de tout homme de penser par lui-même et de scruter la solidité des bases où s'est édifiée une architecture si bizarre. Nous l'avons fait dans notre travail ; nous avons examiné les principales objections de ce subjectivisme effréné aux grandes vérités de la métaphysique, et nous nous sommes convaincu de la fragilité et de la fausseté de ces doctrines.

4. — Si, non content de comprendre les idées mat-

tresses du kantisme, le penseur veut essayer de saisir quel a été le but du patriarche de Kœnigsberg, lorsqu'il entreprit la Critique de la raison pure, il ne partagera nullement l'appréciation trop bienveillante de M. Liard : « Kant a voulu, dit ce théoricien du criticisme, tirer la philosophie hors de peine, en montrant l'impuissance irrémédiable de la métaphysique à parvenir à la vérité ».

Ce qui nous paraît hors de doute, c'est que le philosophe allemand se proposa de chasser Dieu de la pensée humaine. Il reproche à la métaphysique chrétienne de déduire de la théologie naturelle toutes les vérités particulières. Nous avons démontré que cette objection ne repose sur rien. Mais l'intention de Kant, de faire la théorie de l'athéisme, apparaît évidente à celui qui l'étudie avec attention et sans parti pris.

L'homme s'élève à la connaissance de Dieu en considérant le monde et en se considérant lui-même. Voyant devant lui une multitude d'êtres qui n'ont pas en eux-mêmes la raison de leur existence et contemplant l'ordre admirable qui règle leurs rapports, la raison aboutit par ses seules forces naturelles, et avec toute la rigueur d'une démonstration mathématique, à la connaissance de Dieu et des attributs divins.

Toute théologie naturelle a pour point de départ nécessaire l'existence des êtres qui composent l'Univers. Si cette existence est niée, il est impossible à notre raison de s'élever jusqu'à lui.

C'est pourquoi le philosophe de Kœnigsberg a nié le monde objectif. Il s'est renfermé dans son cabinet de travail, a fait abstraction de tout ce qui existe, et avec des idées vides de contenu, il a essayé de créer le monde. Tout ce que nous voyons, sentons, touchons, la couleur, la résistance, la dureté, tout cela n'est qu'une pure apparence subjective. Vous êtes dans l'erreur de penser que votre maison est étendue, que ses parties sont situées les unes à côté des autres ; l'étendue est subjective et c'est vous qui l'imposez aux apparences phénoménales.

Vous pensez que les événements se succèdent vraiment et qu'entre la bataille d'Actium et celle d'Austerlitz, deux mille ans se sont écoulés. C'est une erreur : le temps est une forme subjective et n'existe pas en soi. Il y a de l'ordre et de l'intelligence dans les êtres, qu'il s'agisse des étoiles et autres corps célestes ou de la molécule chimique, ou qu'il s'agisse du grand chêne de la forêt ou des multiples organes qui composent le corps d'un chien. Cet ordre, cette intelligence, ce n'est pas vous qui l'avez mis, sans doute, dans l'Univers et dans les êtres qui le composent. Vous saisissez cet ordre, parce que vous êtes intelligent, mais vous n'en êtes pas le Créateur. « Erreur, dit Kant et répètent après lui ses disciples, l'ordre que nous voyons dans le monde vient de nous : la causalité est subjective. « Vous pensez qu'il y a une multitude très grande d'êtres ici-bas, et que ces êtres sont distincts les uns des autres. Votre illusion est colossale : le nombre et toutes les autres distinctions viennent du sujet pensant. Enfin, si vous êtes persuadé qu'il y a quelque chose en dehors de vous, vous êtes un halluciné, car vous ne percevrez que des apparences subjectives, c'est votre moi qui est le seul objet de votre perception. Quant au noumène, s'il existe, — et Kant n'en sait rien, ni ses disciples non plus, — vous ne le connaîtrez jamais. La substance est une nécessité du sujet percevant, une synthèse a prioriqueet subjective. »

Qu'est-ce que ce système, s'il n'est pas la théorie du plus complet, du plus radical athéisme ?

Et ceci nous explique la vogue dont jouissent, en France, depuis vingt-cinq ans, les divagations kantiennes. Si l'athéisme ne découlait pas très logiquement du subjectivisme kantien, celui-ci n'aurait jamais été connu en France. Cet outrage perpétuel au bon sens, à l'expérience universelle et à la raison, ces contradictions audacieuses, ces affirmations inintelligibles, toute cette fantasmagorie de formes vides et de formules creuses, qui n'a pu éclore que dans l'intelligence ou plutôt dans l'imagination d'un allemand de Kœnigsberg, n'aurait pas pu pénétrer dans l'esprit d'aucun citoyen français, jouissant de toutes ses facultés, n'aurait été enseigné dans aucune école. Ce qui a fait sa vogue, c'est l'athéisme qui l'a inspiré et qui en est la conclusion.

Aussi ne devons-nous nous étonner en aucune façon de la faveur dont jouit le kantisme ou le criticisme auprès des professeurs et dans les établissements de l'enseignement officiel. M. Liard, autrefois professeur de philosophie à la Faculté des Lettres de Caen, et aujourd'hui Directeur de l'enseignement supérieur au ministère de l'Instruction Publique va plus loin dans l'athéisme que Kant lui-même. Celui-ci, effrayé de son œuvre, composa la critique de la *Raison Pratique* pour essayer de reconstruire l'édifice de la science philosophique, anéanti dans la raison pure, et, par une contradiction nouvelle, voulut bien admettre comme postulats de sa morale, privée de tout fondement objectif, l'immortalité de l'âme et l'existence de Dieu. Le kantiste français ne croit pas « nécessaire de faire dériver la loi du devoir d'une autorité extérieure à la conscience » (1).

5. — Mais ce que nous ne comprenons pas, ce qui explique trop bien les plaintes douloureuses que le Souverain Pontife exhale dans sa récente Encyclique au Clergé Français, c'est que le subjectivisme de Kant envahit même les écoles catholiques de France, c'est que des écrivains catholiques, des prêtres mêmes se font très imprudemment les disciples de l'athée de Kœnigsberg et acceptent, sans les contrôler, les principales doctrines de la *Critique de la Raison Pure*.

« Le kantisme, dit M. Fonssegrive, a répandu dans les esprits cette conviction qu'il ne saurait y avoir de démonstration des vérités métaphysiques. La vérité métaphysique n'est que l'ordre cohérent de nos plus hautes pensées ; elle peut bien nous fournir l'idée de Dieu, nous donner un Dieu idéal, mais non un Dieu réel. La raison en est que nos pensées ne sauraient sortir d'elles-mêmes et nous faire atteindre quoi que ce soit, hors de nous. Pas plus que dans l'ordre physique, nous ne pouvons sauter hors de notre propre corps, nous ne pouvons dans l'ordre moral, sauter hors des limites de notre esprit... Le fondement de la vérité ne peut être extérieur à l'acte de la pensée. L'esprit doit toujours être reconnu supérieur à la vérité qu'il conçoit » (2).

---

(1) Liard. *La Science positive et la métaphysique*, p. 483.
(2) Cité par le P. Fontaine dans son livre récent : *Les infiltrations protestantes et le clergé français*. Le savant jésuite réfute, dans cette thèse, l'exégèse subjectiviste et protestante qu'un certain nombre de prêtres français s'évertuent à propager actuellement en France. Le P. Fontaine démontre que ces écrivains imprudents vont chercher leurs inspirations

Un élève de grand séminaire qui aurait suivi pendant deux années un cours bien fait de philosophie scolastique, ne serait pas en peine de réfuter une à une toutes les erreurs énormes contenues dans cette citation. Quoi de plus saturé de matérialisme que la comparaison tirée du saut hors de notre corps ! Selon la belle théorie scolastique de la connaissance sensible et de la connaissance intellectuelle, notre esprit a des aptitudes qui dépassent la puissance de la matière. On ne devrait pas se trouver dans la nécessité de rappeler cette vérité à un écrivain catholique. Une intelligence n'a pas besoin de sortir de ses propres limites pour connaître l'objet extérieur. Nous saisissons celui-ci par une représentation sensible ou intelligible, produite par l'objet dans le sens ou dans l'intelligence. Et cette représentation est le *moyen* qui nous sert à percevoir la chose objective : celle-ci est le *terme* de l'acte de connaissance.

M. Fonssegrive supprime l'ordre réel et objectif de l'être et l'absorbe dans la logique, lorsqu'il ajoute : « La vérité métaphysique n'est que l'ordre cohérent de nos plus hautes pensées. » Il est difficile d'anéantir, d'une façon plus décisive et d'un trait de plume plus léger, toute la métaphysique chrétienne, la métaphysique dont Saint-Thomas est le représentant le plus profond et le plus autorisé.

6. — Pour bien se rendre compte du déplorable scepticisme et des erreurs plus déplorables encore, où l'oubli de la philosophie chrétienne et la contagion du kantisme entraînent les catholiques imprudents, il ne sera pas inutile de mentionner quelques

dans les œuvres des pasteurs protestants qui enseignent à Berlin, et d'autres professeurs des facultés de théologie luthérienne d'Allemagne.

allégations contenues dans les livres récents de
« *La destinée de l'homme* » et de « *La personnalité
humaine* ». L'auteur est M. l'abbé Piat, professeur à
Paris.

« Le sujet lui-même, qui constitue notre personnalité, est-il radicalement distinct de la matière, et, s'il l'est en réalité, peut-il encore et penser et vouloir, lorsqu'il se trouve à l'état séparé ? L'ontologie de l'âme, telle que la tradition nous l'a léguée, ne suffit plus à résoudre ces questions... Les sciences nouvelles : embryogénie, physiologie, pathologie, cérébroscopie, montrent l'intime solidarité du physique et du mental (1).

« D'après les données de l'expérience vulgaire (2), ce sont les objets eux-mêmes auxquels appartiennent les qualités sensibles. Ce sont les fleurs qui répandent les parfums ; ce sont les forêts, qui frémissent sous le souffle du vent ; c'est la mer, qui retentit, en se brisant contre les falaises ; c'est le soleil qui projette dans l'espace ses rayons lumineux, où la nature entière puise la joie et la vie. Aux yeux du savant moderne (3), tout autre est la conception qu'il faut se faire du monde. Il n'y a de lumière et de couleur que dans notre rétine ; il n'y a d'harmonie que dans le tympan de nos oreilles ; il ne se produit

---

(1) Cette solidarité était connue de saint Thomas, d'après lequel le physique et le mental ou plutôt le corps et l'âme sont unies si étroitement qu'ils ne forment qu'une seule substance. — Saint Thomas connaissait également, sous un autre nom, la cérébroscopie, lui qui a localisé dans différentes parties du cerveau les divers organes des facultés sensibles.

(2) Qui est ici très compétente et qui a raison.

(3) Non pas ; il faut dire : aux yeux du philosophe kantiste. Le kantisme ne peut revendiquer, à son profit, AUCUNE expérience scientifique.

de parfums que dans nos nerfs olfactifs. C'est au contact de notre sensibilité que l'Univers se transforme et prend l'éclat que nous lui prêtons. En lui-même, il n'est qu'un vaste système d'atomes, qui se déplacent avec plus ou moins de vitesse, qui se choquent, rebondissent et vibrent en silence. En lui-même, il n'est que du mouvement... Ils sont donc victimes d'une illusion colossale, ceux qui se figurent l'esprit humain, comme un registre, où la nature vient elle-même écrire son histoire (1). »

« L'ontologie de l'âme, telle que la tradition nous l'a léguée, ne suffit plus à résoudre la question de la spiritualité. Continuer à se servir de la démonstration scolastique, c'est se rendre coupable de scandale intellectuel ».

« L'intelligence est susceptible de fatigue, aussi

---

(1) « *La Destinée de l'homme* », p. 87. Il y a dans ce passage autant d'erreurs que de mots. A des négations dénuées de preuves, nous nous contentons d'opposer des affirmations également dénuées de preuves. La couleur est objective, et le son, et l'odeur, etc., etc., etc. Un volume serait nécessaire pour développer la très belle et très vraie théorie scolastique sur la perception sensible. M. Piat n'est pas un groupe d'atomes en mouvement, mais un homme, mais un savant professeur que je connais par ses livres en me servant d'abord de ma perception sensible. Le mécanisme pur a fait son temps. La matière mue n'est pas le seul élément des corps : il y a la *forme substantielle*, qui détermine la matière, la domine, lui donne son genre, son espèce, et s'il s'agit d'un homme, sa personnalité. La philosophie scolastique est infiniment plus *conforme à toutes les découvertes des sciences modernes*, que le subjectivisme inintelligible de Kant. Celui-ci n'est d'ailleurs qu'un nominatiste de décadence, plus ingénieux que le vieil Occam, mais pas plus raisonnable. Qu'est-ce que les formes de la sensibilité et de l'entendement, sinon les formes substantielles, si abhorrées, et que le patriarche de Kœnigsberg place, sans aucune preuve, et à l'encontre du sens commun, de la raison et de l'expérience universelle, dans le sujet ? Qu'est-ce que le noumène, inconnu et inconnaissable, sinon la matière première d'Aristote, travestie à l'allemande.

que les fonctions inférieures de la vie. Quelle raison métaphysique avons-nous de croire qu'au bout d'un certain temps de travail plus ou moins pénible, elle ne descend pas une bonne fois à zéro, pour ne plus en revenir ? Sans doute, l'âme ne peut périr par décomposition. Mais pourquoi ne périrait-elle pas par extinction (1), à la manière d'une flamme qui s'évanouit ? »

Bien qu'il suffise au but que nous nous proposons ici, d'extraire d'ouvrages composés par des catholiques un certain nombre de citations, nous ne pouvons résister au désir de constater le caractère sophistique du raisonnement précédent. Pour prouver la possibilité d'une fatigue purement intellectuelle, il faudrait isoler la pensée de toute image. Or, dans la réflexion la plus abstraite, par exemple dans le travail nécessaire aux analyses et aux synthèses mathématiques, les idées se revêtent toujours de formes sensibles, ne serait-ce que de celles du mot, du signe, du chiffre. La pensée pure n'a jamais été constatée par aucune expérience personnelle. Alors, pourquoi attribuer à l'intelligence une fatigue, dont la cause, d'après Saint Thomas, réside dans la formation des images et des mouvements des cellules cérébrales ? Par conséquent, la possibilité pour l'énergie intellectuelle de descendre à zéro et de s'évanouir comme une flamme, s'évanouit à son tour comme une vapeur très légère et n'ébranle en rien la solidité de la preuve thomiste.

Le philosophe dont nous parlons. a des comparaisons étranges et des négations et des doutes plus étranges encore, qui étonnent et attristent de la part

(1) P. 87.

d'un professeur catholique. « Le fond de notre intelligence nous échappe (1), dit-il ; à plus forte raison ne pouvons-nous suivre jusqu'à sa racine ce principe unique d'où sortent nos facultés comme autant de rameaux, ce *vinculum substantiale* sur lequel les philosophes ont soutenu tant d'infructueuses discussions. Et dès lors comment savoir avec l'unique secours de la métaphysique, si notre âme est ou n'est pas radicalement distincte de tout le reste, si *elle est essentiellement indépendante ou non d'une réalité plus riche et plus profonde ?* (2) Comment définir si elle n'est pas inhérente à quelque autre sujet, qui la développe et l'enveloppe derechef, d'après des lois inconnues d'où elle sort, où elle rentre au bout d'un certain temps, à la manière de la matière sidérale, qui passe de l'état nébuleux à l'état de système planétaire pour retourner à l'état nébuleux ? »

Le danger de suivre un maître aussi peu sûr que Kant apparaît ici avec une évidence lumineuse. D'après le philosophe de Kœnigsberg, la conscience n'atteint que le moi-phénomène, le moi-noumème

---

(1) *La Destinée de l'homme*, p. 89. Il est vrai que nous ne pouvons nous faire une *représentation sensible* du fond de notre intelligence. Mais la conscience intellectuelle, qui selon Saint Thomas, ne voit pas la nature, l'essence de l'âme m'affirme avec une autorité indéniable et une évidence souveraine, l'existence de mon moi substantiel, un et identique. Aucun doute, aucun raisonnement abstrait ne peut ébranler cette certitude absolue.

(2) Les mots soulignés enveloppent une obscurité qui doit être éclaircie. La substance est l'être en soi, non pas l'être par soi. Pour fonder son panthéisme, Spinosa la définit *ens in se* et *a se*. M. Piat n'accepte pas évidemment cette définition ; mais alors il ne fallait pas mettre l'indépendance essentielle au nombre des caractères de la substance.

est hors de ses prises. C'est sur cette distinction arbitraire, dénuée de toute preuve, et que la seule autorité de Kant impose à ses disciples, que sont fondés les doutes kantiens de M. Piat. De ce scepticisme effréné peuvent sortir les plus révoltantes conclusions. En voici la preuve : « On ne voit pas pourquoi (1) il n'y aurait point dans une même substance tout un ordre de réalités distinctes, qui bien qu'inhérentes à leur fond commun, contiendraient en elles-mêmes une essence propre et une énergie spéciale, qui seraient ainsi de vrais principes d'actions, opérant pour leur compte. »

Non seulement le doute exprimé dans ces lignes atteint les preuves métaphysiques de la spiritualité de l'âme, mais il légitime toutes les rêveries panthéistiques des anciens Eléates, de Spinoza, de Fichte, de Schelling, de Hégel.

Nous ajoutons qu'en confondant la substance de S. Thomas et le noumène de Kant, notre philosophe tombe dans une erreur évidente. Le noumène est tout ce qu'on veut bien imaginer. Son inventeur n'a pu le définir sans se contredire lui-même. La *Critique de la Raison Pure* a trois doctrines sur le noumène. D'après la première, il n'est rien du tout; d'après la seconde, il est quelque chose ; d'après la troisième, il n'est ni rien, ni quelque chose, mais une pure idée de limite. On peut donc en dire tout ce qu'on voudra. Il n'en est pas ainsi de la substance, l'être en soi, n'ayant besoin d'aucun sujet d'inhérence. Ma substance et mon moi, c'est tout un. La question de mon existence substantielle est résolue par ma conscience, avec une force invincible que ne peuvent

---

(1) *La Destinée de l'homme*, p. 97.

ébranler les dénégations kantiennes dépourvues de toute preuve. Et je n'ai pas à craindre de me séparer jamais de mon moi, pour passer à l'état nébuleux et m'agglutiner à un autre individu.

Franchement, il est étrange qu'un philosophe catholique, pour combattre la métaphysique de S. Thomas, suive avec cette docilité les leçons de Kant, le grand maître du scepticisme et l'athéisme contemporains !

8. — Ce qui paraît manquer à ces écrivains, c'est la connaissance approfondie de la philosophie thomiste, et surtout de la métaphysique générale. Les sarcasmes du XVIII° siècle contre les notions et les réalités, désignées sous les noms d'essence, de nature, de substance, d'accidents, de quantité, de qualité, d'action, de passion, etc... ne sont pas bien redoutables et ne doivent pas en imposer aux esprits philosophiques. La nécessité de revenir à ces fortes études brille d'un vif éclat, en ce temps de scepticisme universel, pour le salut de la pensée française et de la science chrétienne. Si on ne la comprend pas, on laisse régner dans ses idées la plus inextricable confusion.

Lorsque les penseurs dont nous parlons seront bien pénétrés des enseignements de saint Thomas, ils scruteront avec indépendance les fondements du kantisme. Au lieu d'accepter de confiance les conclusions de l'*idéal transcendantal*, ils réfuteront victorieusement avec l'éclat de leur talent et la magie de leur style, la dialectique, l'analytique, l'esthétique transcendantales, sans oublier d'examiner à fond l'introduction et les préfaces de la *Critique de la Raison Pure*, où sont exposées la théorie subjectiviste des sensibles propres, et la doctrine des jugements synthétiques *a priori*.

Ils comprendront que, s'il est vrai de dire que la sensation de la lumière ne saurait exister sans un œil, s'il est vrai que le mouvement de l'éther soit indispensable pour que la lumière se produise, cependant l'essence et l'existence de la lumière ne dépendent pas de la configuration de l'œil humain, et que tous les sensibles propres sont, à des titres divers, éminemment objectifs. Là est la clef de tout. Si vous niez le soleil à midi, je ne m'étonne pas que vous ne voyiez pas très clair dans l'ontologie de l'âme.

Si l'on attaquait énergiquement, avec les armes fournies par la métaphysique chrétienne, chacune des erreurs de Kant, on rendrait un service éminent non seulement à la philosophie spiritualiste, mais aussi à la pensée française. En lisant avec attention les ouvrages des savants qui ne sont pas des nôtres, de M. Élie Rabier, par exemple, directeur de l'enseignement secondaire, de M. Liard, directeur de l'enseignement supérieur, on ne tarde pas à sentir combien leur pèsent les chaînes de la domination kantienne.

Celui-ci, qui a déployé, pour s'assimiler le kantisme, toutes les ressources d'un esprit très pénétrant, ne fait nulle difficulté d'avouer que Kant ne prouve rien, et que ses idées sont de pures hypothèses.

Celui-là s'est imposé la tâche ingrate d'appliquer les dogmes de la Critique à l'explication de notre connaissance du monde extérieur. Et voici quelle est sa conclusion : notre perception du monde est une hallucination, — ceci est un sacrifice fait à l'autocratie kantienne — et cette hallucination est vraie, — ceci est la revendication du sens commun, de l'expérience et de la raison contre les divagations kantiennes. — Comment saurions-nous, en effet, qu'il y a un monde extérieur, si l'oracle kantien était juste et qu'il nous fût impossible d'atteindre la chose en soi ?

M. Léon Dumont fait toutes les concessions exigées par la mode au dogmatisme de Kant. Cependant, il admet la possibilité d'erreurs fondamentales de la part du grand homme, et s'en console très facilement. « Alors, ajoute-t-il, les qualités des corps seraient hors de nous analogues, sinon semblables à ce qu'elles sont en nous ; le monde serait à peu près tel qu'il paraît être au vulgaire. Le sens commun aurait raison contre la philosophie et ce ne serait pas la première fois » (1).

Les scolastiques, si méprisés, ne disent pas autre chose. Seulement, ils ne se contentent pas d'invoquer le sens commun. Leur doctrine, très scientifique, résout toutes les objections contemporaines contre la perception immédiate par les images représentatives. D'ailleurs, aucune de ces objections, nous disons AUCUNE, ne peut, en dépit des affirmations des catholiques kantistes, obtenir en sa faveur, sur aucun point, le moindre témoignage des sciences physiques, chimiques, physiologiques, pathologiques et cérébroscopiques, qui toutes trouvent leur explication philosophique dans la théorie thomiste.

Les catholiques français ne feraient-ils pas un plus noble usage de leur intelligence, s'ils étudiaient et approfondissaient la philosophie scolastique, au lieu de la combattre avec des arguments empruntés aux sceptiques, aux athées, aux protestants incrédules ? La métaphysique de saint Thomas est si

(1) Léon Dumont. *La Théorie scientifique de la sensibilité*, p. 113.

vraie que, malgré les erreurs du saint docteur dans le domaine purement scientifique, les découvertes modernes s'accordent parfaitement avec ses principales conclusions. Aux penseurs chrétiens, aux professeurs de philosophie dans les Universités catholiques de France revient l'honneur de chercher et de montrer cette harmonie dans toutes les questions particulières.

Ce n'est pas nous qui leur traçons ce programme. C'est l'Auteur de l'Encyclique *A Eterni Patris*, publiée en 1879, et des Instructions adressées en septembre 1899 au clergé de France, c'est le Souverain Pontife Léon XIII. Notre rôle, plus modeste, a été de montrer combien ces instructions pontificales sont opportunes et combien nécessaires pour le salut de l'esprit français et de la philosophie chrétienne.

TABLE DES MATIÈRES

AVANT-PROPOS I

SOMMAIRE : 1. La philosophie française, humble vassale de la pensée allemande. — 2. Idée générale de la *Critique de la Raison pure*. — 3. Protestation du bon sens. — 4. Le point de départ de Kant est une contradiction. — 5. Invasion du kantisme chez les catholiques : citation de M. Piat. — 6. Subjectivisme cartésien dans les manuels de baccalauréat. — 7. Saint Thomas a posé les principes d'une théorie critique de la connaissance. — 8. Nécessité de les étudier ; réponse à l'objection tirée des examens officiels. — 9. Idée générale de notre étude, qui est une réponse aux principales objections de Kant, de MM. Rabier et Liard contre la métaphysique. — 10. Nécessité de la métaphysique. — 11. Beau texte de Mgr Mignot. — 12. Utilité apologétique de ces études.

PRÉFACE 5

SOMMAIRE : 1. L'Encyclique « Aeterni Patris » du 4 août 1899, sur la philosophie de S. Thomas. — 2. L'envahissement toujours croissant de la doctrine subjectiviste en France rend nécessaires les nouvelles instructions de l'Encyclique au Clergé français. — 3. But du présent travail.

CHAPITRE Ier. — LE SUBJECTIVISME KANTIEN 11

SOMMAIRE : 1. Caractère objectif de la connaissance humaine, conformément au sens commun, justifié par la *critique* thomiste. — 2. Idée générale du subjectivisme. — 3. Subjectivisme modéré de Descartes. — 4. Subjectivisme extrême de Kant. Son fondement dans les jugements synthétiques *a priori*. — 5. Fausseté des exemples allégués. — 6. Caractère analytique des propositions géométriques. — 7. Conclusion. — 8. L'Esthétique transcendantale : affirmation de la subjectivité de l'espace et du temps. — 9. Sophismes de Kant sur l'espace. — 10. Doctrine thomiste sur l'origine de l'idée d'espace et son caractère objectif. — 11. Sophismes de Kant sur le temps. — 12. Réfutation. — 13. Obscurité, impuissance et contradiction du subjectivisme de l'esthétique transcendantale.

CHAPITRE II. — LE SUBJECTIVISME KANTIEN *(suite)* .. 35

SOMMAIRE : 1. L'ANALYTIQUE TRANSCENDANTALE. Son objet. — 2. Théorie thomiste de la connaissance intellectuelle; objectivité. L'universel. — 3. Les 12 catégories de Kant, formes subjectives de l'entendement pur. Injuste critique des catégories d'Aristote par Kant. — 4. Réfutation. Inutilité, contradiction, inintelligibilité de l'hypothèse kantienne, justement critiquée par M. Rabier. Ruine de la causalité. — 5. Le NOUMÈNE. Trois théories diverses de Kant sur le Noumène. Nouvelles contradictions. — 6. LA DIALECTIQUE TRANSCENDANTALE. — Les trois idées de la Raison Pure : l'âme, le monde, Dieu. Elles sont subjectives. Le moi. « Je pense. » Donc je ne suis pas. — 7. Dogmatisme de Kant. Un rêve sans rêveur. — 8. Les deux autres idées de la Raison Pure. Les antinomies. Solution kantienne. Toujours la contradiction. L'IDÉAL TRANSCENDANTAL. — 9. Où vient aboutir le kantisme. Du fragment réaliste laissé par la Critique, il résulte que la Chose en soi n'est pas du tout inconnue. — 10. Scepticisme universel. La guerre du Transwaal appréciée par un vrai kantiste. — 11. Le Panthéisme ou plutôt l'idéalisme absolu des disciples de Kant : Fichte, Schelling, Hegel. Descartes, ancêtre du subjectivisme. — 12. Conclusion.

CHAPITRE III. — LES KANTISTES FRANÇAIS : M. RABIER ET LA PSYCOLOGIE.................................. 83

SOMMAIRE : 1. Opposition radicale entre le kantisme et l'esprit français. Cependant influence du préjugé kantien sur la philosophie contemporaine en France. — 2. M. Élie Rabier et sa psychologie. Malgré une certaine indépendance,

M. Rabier est disciple de Kant. — 3. Principe de la psychologie kantiste : Nous ne percevons que nos sensations. La psychologie est la science universelle. Prétendue preuve scientifique. Obscurités, contradictions. — 4. Aucune conclusion des sciences physiques et physiologiques ne favorise le kantisme. Sophisme évident. — 5. M. Rabier admet la subjectivité de l'espace et du temps. — 6. Application des principes de Kant à la question de l'origine de l'idée du monde extérieur. Identification sophistique de la perception et de la conscience. D'après M. Rabier, nous n'avons pas de sens externes. — 7. La critique du perceptionnisme est incomplète : M. Rabier n'a aucune idée de la théorie thomiste. — 8. Il admet l'illusionnisme. Tous les hommes sont des hallucinés ou des dormeurs perpétuels. Pauvreté de l'argumentation : toutes nos sensations aussi internes que la douleur. — 9. Idée générale de l'illusionnisme. Obscurité de ce problème : Comment projetons-nous au dehors nos états de conscience ? Par l'association. Les faits cités à l'appui de la thèse sont dénaturés. — 10. Démonstration plus profonde de l'illusionnisme : Comment connaissons-nous notre propre corps ? Par l'association des sensations musculaires, tactiles et visuelles. Critique. — 11. Comment connaissons-nous les corps étrangers ? Comme notre propre corps, en associant des sensations musculaires, tactiles et visuelles. Ces sensations groupées se localisent au dehors, en s'associant à leurs conditions extérieures. Rôle de l'attention. — 12. Critique : la représentation de notre corps ne précède pas la représentation des objets extérieurs. La théorie de M. Rabier démentie par les faits qu'il cite : Cheselden, mouvements des animaux. — 13. Inintelligibilité de ce système, contradictions palpables. — 14. Origine de l'idée du moi : la métempsychose invoquée par M. Rabier pour légitimer la distinction kantiste entre le moi personnel phénoménal et le moi substantiel nouménal. — 15. Conclusion. La philosophie chrétienne inconnue même de bon nombre de savants catholiques. Opportunité de l'Encyclique au clergé français.

CHAPITRE IV. — Les Kantistes français : M. Liard
  et la Métaphysique.......................... 131
Sommaire : 1. Dédain des philosophes contemporains —
positivistes, spiritualistes, cartésiens et criticistes pour
la métaphysique. — 2. Objet de la métaphysique,
science de l'être. Sa distinction d'avec les autres sciences.
La science de Dieu n'est pas le commencement, mais
le couronnement de la métaphysique. — 3. L'idée d'être,
la plus facile à acquérir, la première acquise, la plus
universelle. Grande valeur philosophique de cette notion.
— 4. Énorme erreur du kantisme, qui nie l'objectivité de la
notion d'être. Opposition irréductible entre le kantisme
et la philosophie chrétienne. — 5. Injustice des dédains
des modernes contre la métaphysique, qui est éminemment objective et ne crée aucune entité. — 6. L'essence,
l'existence, la possibilité, la puissance et l'acte. —
7. Unité, vérité, bonté de l'être. — 8. Rien d'insaisissable
dans ces déterminations transcendantales de l'être. Le
grand principe scolastique : Nihil est in intellectu......
Erreur du nominalisme et du criticisme sur les idées
générales. — 9. Notre science est inadéquate, discursive,
non intuitive. Nous connaissons un grand nombre
d'essences. — 10. Le mépris de la métaphysique engendre
chez les philosophes contemporains une confusion
extrême. Exemple tiré de la *possibilité permanente*, expressions qui se contredisent. — 11. Modes généraux de
l'être : catégories. De la substance. Fausses notions de
MM. Rabier et Liard. — 12. L'origine de cette idée est
l'expérience interne et externe. — 13. Notion précise de
l'accident. Erreur énorme des criticistes, qui confondent
l'accident avec le phénomène de Kant, la substance avec
le noumène. — 14. L'existence des accidents est empruntée
à la substance. La substance est donc donnée dans
l'intuition sensible. — 15. Très grande importance de
cette notion et de cette réalité. Vérité objective de la
substance. — 16. Objections de M. Liard. Objection tirée
de l'unité de la substance. — 17. Réponse péremptoire.
— 18. Objection tirée de la multiplicité des substances.
Réponse. — 19. Objection tirée de la divisibilité de la

substance. — 20. Nous n'avons pas la science intuitive de la nature de la substance. La définition précise est obligée de recourir aux accidents. La science humaine n'est pas parfaite ; ce qui ne veut pas dire qu'elle soit nulle. — 21. Belle théorie de la matière et de la forme, qui répond victorieusement à l'objection tirée de la divisibilité de la matière à l'infini. — 22. L'idée de cause vient de l'expérience. Actions multiples de tous les êtres organiques et inorganiques. — 23. Idée intellectuelle de cause et principe de causalité. — 24. Théorie de Hume : il travestit l'expérience. Réponse du péripapétisme. Réponse de Kant. — 25. Objections de M. Liard contre la causalité objective. Idées fausses de ce philosophe, qui confond la causalité et la puissance créatrice. — 26. La métaphysique ancienne ne donne pas à la cause le pouvoir de créer le mouvement. — 27. Obscurités du style philosophique de M. Liard. — 28. Objections multiples, qui viennent d'une idée très fausse de la cause. De l'action transitive, niée par Leibnitz et M. Liard. Possibilité de cette action ; sa réalité prouvée par le *choc*. — 29. Les objections se résolvent d'elles-mêmes. — 30. M. Liard prétend que la *cause* contredit l'expérience. Erreur. — 31. Nécessité de la notion de cause pour la science. Sans elle, toute science est impossible. Conclusion.

CHAPITRE V. — Défense de la métaphysique chrétienne contre les attaques du criticisme............ 189

Sommaire : 1. Doctrine criticiste sur l'espace et le temps. — 2. Confusion établie par Kant et admise par ses disciples. — 3. Des sensibles communs. L'étendue et le temps particuliers sont perçus par les sens. Les animaux ont ces représentations. — 4. Erreur de M. Liard sur la formation des idées générales : abstraction sensible et abstraction intellectuelle. — 5. Origine de l'idée du lieu, d'après la philosophie chrétienne. Preuves expérimentales. — 6. Définition du lieu par Aristote. Le criticisme ne définit jamais. — 7. Justification de la définition aristotélicienne. Caractère évident du sophisme kantien. — 8. Valeur objective de l'idée d'espace. — 9. Origine expérimentale de l'idée du temps : définition d'Aristote.

— 10. Des parties du temps et de l'instant : définition de saint Thomas. — 11. Objectivité du temps particulier. Elle réside dans l'instant. Subjectivité du temps absolu. — 12. Réponse aux objections du criticisme. — 13. Théorie criticiste sur le nombre et l'étendue géométrique. — 14. Théorie scolastique du nombre ; unité et multiplicité. — 15. Réfutation des objections. — 16. Quantité géométrique. Son caractère objectif. — 17. Origine sophistique de la doctrine kantienne. — 18. Résumé de la doctrine thomiste. 19. Curieuses citations de M. Liard. Le criticisme français n'a pas d'autre fondement que la seule autorité de Kant.

CHAPITRE VI. — LES GRANDES CONTRADICTIONS DU CRITICISME.. 235

SOMMAIRE : 1. Les deux grands procédés scientifiques : l'analyse et la synthèse. — 2. La méthode de la philosophie thomiste est analytique. Sensation. Simple appréhension. Premiers principes. Sciences exactes. Sciences naturelles. — 3. Méthode de la cosmologie, de la psychologie, de la théologie scolastiques. — 4. A l'exemple de Kant, le criticisme veut réagir contre l'empirisme contemporain, qui ruine la science. — 5. Le criticisme fait voir les conséquences désastreuses du système positiviste. — 6. Formes de Kant. Lois objectivo-subjectives du criticisme.—7. La méthode de cette doctrine est exclusivement synthétique, c'est-à-dire antiscientifique. Foi aveugle dans l'infaillibité de Kant. — 8. Anéantissement de la science. Exemple tiré de l'attraction universelle. La psychologie est la science unique. Aveux. — 9. L'Esprit, réduit au moi phénoménal, ne peut donner à la science l'universalité et la nécessité requises.—10. Les prétendues lois du criticisme, aveuglément acceptées, conduisent fatalement à l'erreur. — 11. Scepticisme absolu, même dans les sciences exactes. Aveux précieux. Le criticisme, qui voulait fonder la science, aboutit à sa ruine. Énorme contradiction. — 12. Nouvelle contradiction. Affirmations réalistes. — 13. De ces affirmations résulte l'objectivité de la substance, de la cause, du nombre, de l'espace, du temps. — 14. Affirmations idéalistes. — 15. L'idéalisme criticiste éclairé par un exemple : Un groupe de voyageurs sur le pont Alexandre III. — 16. Subjectivité de la loi, de la force, de la relation, entendues au sens criticiste. — 17. Contradiction évidente entre ce réalisme et cet idéalisme. — 18. L'idéalisme français n'est pas absolu. Les méfaits d'une poule. — 19. Le criticisme admet l'objectivité du mouvement. — 20. Définition péripatéticienne du mouvement. Il a des parties extensives et des parties successives. — 21. De la continuité. Ses caractères essentiels : la divisibilité à l'infini et les indivisibles. — 22. Identité fondamentale entre le temps et les parties successives du mouvement. — 23. La quantité continue, permanente, c'est-à-dire l'espace, est indispensable aux parties extensives du mouvement. — 24. L'objectivité du mouvement implique l'objectivité de l'espace et du temps. Énorme contradiction du criticisme. Ce système est fondé sur la contradiction.

CONCLUSION 303

SOMMAIRE : 1. Idées principales de la « Raison pure ». — 2. De la « Psychologie » de M. Rabier. — 3. De « La Science positive » de M. Liard, théorie du criticisme. — 4. La Critique kantienne est la théorie de l'Athéisme ; de là vient sa vogue actuelle. — 5. Kantistes catholiques ; M. Fonssegrive, curieuse citation. — 6. M. Piat ; quelques citations extraites de « La Destinée de l'homme » et de « La Personnalité humaine ». Subjectivisme de cet auteur, qui admet la théorie cartésiano-kantienne de la connaissance sensible. — 7. M. Piat essaye de combattre la métaphysique thomiste, en s'appuyant sur les dogmes kantiens. — 8. Le remède au mal est indiqué clairement par le Souverain Pontife, qui trace aux savants catholiques les grandes lignes d'un programme, qui sera très fécond.

LILLE, IMPRIMERIE H. MOREL, RUE NATIONALE, 77

www.ingramcontent.com/pod-product-compliance
Lightning Source LLC
Chambersburg PA
CBHW070858170426
43202CB00012B/2110